日本史籍協會編

採襍錄 一

東京大學出版會發行

採襍錄第一

例言

一、本書は明治廿九年史談會に於て採集せし史籍の一部にして侯爵細川家編輯員たりし高原淳次郎氏の提出に係る、素何人の手に成れるものなるやを詳にせすと雖も肥後藩人の手記せるものなる事は推測するに難からす、本書は主として文久より元治年間に至る國事に關係ある勅書を初め達書、建白書、意見書、尺牘、風說書、落書、詩歌等多方面の文書を收錄せるを以て朝威の伸張、幕權の陵遲、諸藩の擡頭等時勢の變革を知るに有力なる史料なるのみならす肥後藩の國事周旋に關しては普通の文書記錄等に漏れたる幾多貴重なる史料を提供せるものなり。

一、本書は素より系統的に編纂せられたるものにあらす得るに從ひ隨時集錄せられたるものなるを以て文書の配列錯雜を免れさるも姑く原體裁に從ひ敢て變改を加へす、但年月日等を逸せる文書に對しては編者に於て年次を註記して讀者の參考に供せり。

一、本書の校正等は總へて史談會作製の寫本に據れり、今回之れを上梓するに當り上下兩卷に分ち上卷には主として文久年間の文書を收め下卷には多く元治年間の文書を載たり。

一、本書刊行に方り特に本會の爲めに其上梓を許諾せられたる東京帝國大學史料編纂所の好意を深謝す。

昭和六年九月

日本史籍協會

採襍録第一

目次

卷一

一　攘夷決定勅詔之事二通　文久二年十月　一頁
二　御親兵之儀勅命之事　文久二年十月十二日　二
三　我少將(熊本藩主細川慶順)君へ勅命之事　文久二年十月　三
四　傳奏坊城大納言より所司代牧野備前守へ示之事　文久二年十月　四
五　長門藩主獻策之事　文久二年十月五日　四
六　因幡藩主(池田慶德)へ勅命之事四通　文久二年十月　六
七　宇和島藩主(伊達宗德)へ勅命の事　文久二年十月　八
八　筑前藩主(黑田齊溥)へ勅命之事三通　附御請書之事　文久二年十月　九

九　津藩主(藤堂高猷)へ勅命の事　文久二年十月廿九日　一〇
一〇　後醍醐天皇之陵鳴動之事　附　山陵鳴動之例　文久二年十月十八日　一〇
一一　勅命御遵奉少將之君(熊本藩主細川慶順)御上京之處先　良之助之君(藩主弟)御上京の儀藩命の事　文久二年十月廿七日　一一
一二　長門藩使者土屋某(矢之助)贈吾藩士尺牘之事　文久二年十月廿八日　一二
附　長岡(米田)家臣書翰之事
一三　吾藩(熊本)執政より長門藩家老へ返牒の事　文久二年十月廿七日　一四
一四　或人(熊本藩士)江戸客中より手簡之事　文久二年十月八日　一五
一五　阿波人中島永吉話　文久二年十月頃　二一
一六　彥根藩士加藤某(吉太夫)等幕府へ嘆願書之事　文久二年十一月　二五
附　同藩澁谷某書翰之事
一七　國老米田氏(長岡是豪)登京之儀朝命之事　文久二年十月廿九日　三一
一八　長門藩士來原氏(良藏)祭之事　文久二年十一月　三二

一九　勅使（姉小路公知 三條實美）御東下幕府御請幷布告之文長門諸公之草案之事　文久二年十一月　三三
二〇　吉井忠助書翰「薩藩士本田彌右衞門等宛」　文久二年十月廿九日　三五

卷二

一　備前藩士彦根外聞之書翰　文久二年十一月廿日　三七
二　長門藩益田某（彈正）我藩（熊本）執政へ手簡之事　文久二年十一月七日　三八
三　後醍醐天皇陵鳴動に付勅命の事　文久二年十一月十三日　三九
四　和宮女王御稱呼之儀に付幕命之事　文久二年十一月十二日　四〇
五　筑前久留米藩有志禁錮赦免之旨關白殿下被命之事「黑田齊溥・有馬慶賴宛」　文久二年十一月廿一日　四〇
六　宮部增實・轟木寛胤耳目集之事　文久二年十・十一月　四一
七　攘夷之勅詔征夷將軍遵奉之事附御親兵之

八　勅命同復奏之事　文久二年十二月五日　五二
　　攘夷之勅命征夷府より列藩へ布告之事　文久二年十二月　五四
九　宮部増實・佐々木直介・山田信道攝海日記之事　文久二年十二月　五五
一〇　我少將(熊本藩主細川慶順)御奏議之事　文久三年三月廿八日　七一
　附　幕府へ御建言之事
一一　塙次郎伏誅之事　文久二年十二月廿一日　七八

巻　三

一　詩歌文集　七九
二　吉田寅次郎より越藩士へ贈りし尺牘　嘉永六年頃カ　九九
三　吉田寅次郎より郷里知友へ贈りし尺牘　安政元年三、四月　一〇〇
四　詩歌數件　一〇二
五　祭吉田大人(寅次郎)命祝詞　一〇六

六　常陸の女上書之事　一〇七
七　吉田先生(寅次郎)之事附故郷え之書翰　安政六年九月　一一〇
八　詩歌數件　一一二
九　奉安藤對州閣下外國奉行堀織部正遺書之事　文久二年十二月　一一三
一〇　詩文二件　一一五

卷四

一　大橋正順の妻菊池氏日記之事　文久二年二月――閏八月　一一七
二　時世詠歌拾集之事　一二九
三　又次漫士編撰之事　文久二年正月十五日　一三五
四　培覆論　文久二年正月二日　一四五

卷五

一　轟木寛胤書簡之寫　元治元年四月十八日　一五一
二　轟木寛胤獄中上疏　元治元年四月　一五五

巻六

一　因幡藩主源(池田)慶徳朝臣上表之事　元治元年正月十日　一七九
二　府中藩主京禁歟幕命之事　元治元年二月十九日　一八四
三　或人(大野安國)就縛之時書付て家に遣る歌之事　元治元年二月五日　一八四
四　幕府沙汰之事　元治元年二月中旬　一八五
五　宸翰勅諭之事附江戸右大臣奉命之事　元治元年正月　一八六
六　將軍請書之件　元治元年二月カ　一八九
七　水井(精一)山本(誠一郎)二士に關する件　元治元年二月廿六日　一九一
八　長門高橋某(利兵衛)殺身遺書之事　元治元年三月十日　一九三
九　龍野藩主(脇坂安斐)征夷府へ建議の事　元治元年三月　一九七

一〇　中原景況の事　元治元年一、二月　一九八
一一　六卿長門國に在て陳情幷奏議之事　元治元年正月　二〇〇
一二　加賀藩(前田齊泰)國中布告之事　元治元年正月十五日　二〇二
一三　水戸武田某(正生)小川館之徒に與へし尺牘之事　元治元年正月廿四日　二〇三
一四　世上流布勅諭と云ふものゝ事　元治元年正月廿一日　二〇五
一五　島津三郎藩士共へ諭書之事　元治元年二月　二〇六

巻七

一　大樹公右府御拜任之事附參内等の事　元治元年二月　二〇九
二　中外問對に付、《マ》、之優柔醜夷之傲慢可觀事　元治元年二月　二一〇
三　幕吏勝某(麟太郎)等長崎へ下向之事　元治元年二月　二一六
四　長州征討の幕命に付我澄(熊本藩世子)良(同藩主弟)御建白之事　元治元年二月　二一六

五　或人(山田信道)従囹圄中送妻手簡之事　元治元年二月十一日　二一九
六　筑前侍従慶賛(福岡藩世子)幕府へ建議之事　二二四
七　松平肥後守參議辭退先祖正之朝臣へ御贈官願文之事　元治元年二月　二二七
八　森井某(惣四郎)江戸府下時勢報知手簡之事　元治元年二月廿六日　二二八
九　上方中國風說抄省書之事　元治元年二月　二三一
一〇　尾張慶恕(徳川)卿奏議之事　元治元年三月　二三二
一一　在長門國紳縉家御詠歌之事附眞木和泉守等詠歌之事　元治元年　二三三
一二　長門藩主(毛利敬親)奏議之事　元治元年三月　二三五
一三　紀伊藩主(徳川茂承)征夷府へ建議之事三篇　元治元年三月　二三八
一四　備前藩主(池田茂政)幕府へ建議之事　元治元年三月　二四二
一五　柳川藩主(立花鑑寛)歸國之議幕府へ書達之事　元治元年三月　二四七
一六　因幡藩臣土井謙藏策問之事　元治元年三月　二四七

一七　米澤藩主(上杉齊憲)假領之民心糺明候樣幕府へ願書之事　元治元年三月　二四九
一八　大洲藩主(加藤泰秋)幕府へ建議之事　元治元年三月　二五〇
一九　澄之助之君(熊本藩世子)へ自天朝御賜之事　元治元年三月廿四日　二五三
附　從幕府御刀御拜領之事

卷八

一　斬奸趣意書　豐原邦之助　文久二年　二五五
二　安藤對馬守より屆書之事　文久二年正月十五日　二六〇
三　在關東人來狀　文久二年正月十五日　二六二
四　小河一敏祝詞の件　文久二年正月廿八日　二六四
五　山田十郎上書の件　文久二年三月　二六六
六　小坂(秋月)翁上書艸案　文久二年四月九日　二七四

七 熊本藩廳より達等の件 文久二年三月 二七六
八 米田三淵兩家へ投文之寫 文久二年四月十六日 二七八
九 風說書之件 文久二年四月十八日 二七九
一〇 宸筆にて公卿方へ御下けに相成候趣意 二八五
一一 長井雅樂於京師申立候書附 文久二年三月カ 二九一

卷九

一 長州侯(毛利敬親)上疏 文久二年二月 三〇三
二 長州侯(毛利敬親)再建白 文久二年五月 三〇八
三 薩州より陽明家(關白近衞忠凞)を以建白 文久元年十一月 三一一
四 長州御處置の趣書付 文久二年三月頃カ 三一八
五 薩州侯(島津茂久)内々御家中へ御示之書付 文久二年三月 三二〇
六 和泉樣(島津三郎)被仰出之書付 文久二年三月 三二一

七　京都市中評判之趣同町人書取　文久二年四月——六月　三二四
八　薩州江戸御留守居(西筑右衛門)より屆之書付　文久二年四月廿五日　三三一
九　京都御所司代(酒井忠義)書付　文久二年四月十日　三三二
一〇　大阪詰藤井某(熊本藩士)來狀之内　文久二年五月二日　三三四
一一　薩州大阪御屋敷御家中(熊本藩)にて聞取書　文久二年五月朔日　三三五
一二　井口訓導(呈助)江戸より來書　文久二年五月五日　三三九
一三　主水樣(永井主水正)《カ》御直命聞取　文久二年五月十一日　三四七
一四　五月十五日新清二位長谷三位岩倉中將之外書記御用掛一同連署建白書　文久二年五月十五日　三四九

卷十

一　長州侯(毛利敬親)於京師邸家中面々へ被諭候直書　文久二年七月　三五一

二　長州侯(毛利敬親)於京都邸中其藩中へ爲讀知　文久二年七月廿四日　三五一
三　京地風聞書　文久二年七月廿一日　三五二
四　藤堂家(津藩主藤堂高猷)上書　文久二年五月廿日　三六一
五　土州藩人大阪より同藩への文通　文久二年四月　三六七
六　井上(呈助)來狀　文久二年六・七月朔日　三七一
七　大久保一藏詩之事　三七八
八　一條家より内達に關する件　文久二年七月　三七九
九　姫路侯(酒井正績)言上書　文久二年六月　三八二
一〇　石山家より通知の件　文久二年七月三日　三八三
一一　島田氏(左近)梟首の件　文久二年七月廿三日　三八四
一二　本間氏(精一郎)同上　文久二年閏八月廿一日　三八八
一三　宇郷氏(玄蕃)同上　文久二年閏八月廿三日　三八九
一四　京都より來信の件　文久二年閏八月　三九〇

一五　京都の近況　文久二年八月　三九一
一六　堀小太郎(伊地知貞馨)御咎之件　文久二年八月三日　三九二
一七　京都近況の件　文久二年八月　三九三
一八　朝廷より被仰出書　文久二年閏八月十五日　三九五
一九　京畿動靜　文久二年八月　三九六
二〇　生麥事變に關する件　文久二年八月廿六日　三九七
二一　石部驛斬賊(京都町與力等遭難)之事　文久二年九月廿三日　四〇〇
二二　中山殿へ長州家兩人御呼出にて御渡之書付　文久二年閏八月廿七日　四〇一

卷十一

一　地下官人(村井政禮等)上書　文久二年九月　四〇三
二　御沙汰書の件　文久二年四月七日　四〇六
三　老中より傳奏へ文通の件　文久二年八月七日　四〇七

四　有馬家に關する文通の件　文久二年八月　四〇九
五　學習院に於て長州侯へ仰含の件　文久二年八月　四一〇
六　幕達數件　文久二年四月――八月　四一四
七　老中より所司代への文通　文久二年五月廿六日　四二二
八　同　上　文久二年五月二十日　四二三
九　幕達等數件　文久二年閏八月　四二五
一〇　上意の件　文久二年閏八月　四三三
一一　上杉家(米澤藩主)より諸家へ廻達　文久二年閏八月廿二日　四三四
一二　幕達數件　文久二年閏八月　四三五
一三　目明文吉の件　文久二年閏八月　四四六
一四　道中御奉行届書　文久二年閏八月　四四七
一五　竹田侯(中川久昭)御直書　文久二年十月　四四八
一六　筑前藩平野次郎歌の事　文久二年　四五一

一七　府中御觸命の事　文久二年九月二十日　四五二
一八　幕府達書　文久二年九月二十日　四五三
一九　土藩士(谷守部等)持參三條卿(實美)より直書の事　文久二年閏八月頃　四五四
二〇　英人打果に付再達書　文久二年閏八月廿九日　四五八
二一　勅意被仰之御書　文久二年閏八月十五日　四五九

目次終り

採襍錄第一

採襍錄卷一（原題、採襍錄 壬戌冬 雜部 貳ノ甲）

自十月　至十二月

一　攘夷決定　勅詔之事 二通

攘夷之念先年來至今日不絶日夜患之於柳營追々變革施新政欲慰　朕意怡悅不斜然（候畢イ）擧天下於無攘夷一定人心難至一致乎且恐人心不一致異亂起於邦內早決攘夷布告于大小名如其策略者武臣之職掌速盡衆議定良策可拒絶醜夷是　朕意也　十月

攘夷之儀先年來之　叡慮至今更御變動不被爲在候於柳營追々變革新政施行　叡旨遵奉相成候條々不斜　叡感被爲在候然處天下之人民攘夷一定無之候而は人心一致にも難至且　國亂之程も如何と被惱　叡慮候間於柳營

彌攘夷決定有之速大名へ布告有之候樣被　思召候尤策略之次第は武將之職掌に候間早速盡衆議候而至當之公論に決定有之醜夷拒絕之期限をも被
議奏　聞候樣　御沙汰候事　十月

二　御親兵之儀　勅命之事

今般攘夷之儀決定有之天下へ布告にも相成候上外夷何時海岸劫掠し畿內へ闌入之程も難測候間　禁闕之御守衛嚴重被　仰付度　思食候然處海圀は夫々防禦向も有之海岸に引離候諸藩は救援之手當等有之候事に付邊鄙より畿內へ警衛差出居候而は自然不行屆之筋も可出來且闔國之兵備手薄に相成國力之疲弊にも可至歟に候間京師守護之儀は
御親兵とも可稱警衛之人數を不被爲置候而は實以
宸襟をも不被安候間諸藩より身材强幹忠勇氣節之徒を令撰擧時勢に隨ひ

舊典を御斟酌に相成御親兵を被爲置候に付ゐは武器食糧等准之候間是又諸藩へ被　仰付石高相應貢獻致候樣被遊度候但是等之儀は制度に相渡候事に付於關東取調諸藩へ傳達有之候樣被　仰出候最卽今之急務に候間早速評定有之候樣　御沙汰被爲在候事　十月

以上三通十月十二日征夷府へ之　勅宣也　勅使三條實美卿姉小路公知朝臣翌十三日御發輿御下向候事

三　我少將之君へ　勅命之事

越中守先達ゐ　御內沙汰之儀御請　御滿足に思召候其節先不及上京御時宜に付其由申入候處其後三條中納言より掛合之儀有之今般以勅使攘夷之事被　仰出候に付ゐは諸藩へ漏聞難計　帝都非常之御備無之ゐは　御不安心之儀に付御備之儀關東へ被　仰出候右等之御時節に付上

京　朝廷輔翼之儀斡旋有之候樣更內々　御沙汰之事　十月
右以一條公被　仰下

四　傳奏坊城大納言より所司代牧野備前守へ示之事

是迄傳奏御役被　仰付候節誓狀有之候今度御改革彌　公武御一和に就而は誓狀にも及間敷候間已後可被停止　御沙汰に候右之趣老中方へよろしく可申入旨關白殿被命候仍申入候事
十月　日俊克
牧野備前守殿

五　長門藩主獻策之事

今度　勅使御下向攘夷之儀被　仰出候於關東御遵奉有之候上は外夷何時
西海を動し南海を掠め北陸東海に跋扈し殊に　畿內に亂入致候も難計既
戊午四月三日
神意幷京都御警衛之儀被　聞召度段被　仰出候儀も有之誠以平常之如御
手薄にては不相叶候然上は海內は夫々防禦向も有之海岸に引離候事に付
邊鄙より　畿內御警衛自然不自由も出來可仕候恐多も京都は
神器之所在
列聖山陵之所在に候得は早速　御親兵とも申へき人數御置不相成候ては
實以　宸襟御安被爲遊候儀則無覺束奉恐察候往昔は大伴佐伯を以內兵と
なし又武勇之者を撰ひ內舍人と被爲成且六衞之　御禁衞御嚴重に被　仰
付等之儀有之候事に付古今御洞觀時勢に隨ひ御舊典を御斟酌被爲有　御
親兵之儀急度關東へ被　仰下候て諸藩より身材強幹忠勇氣節之徒を令撰
擧其上往昔兵部にて試練被　仰出候如く於

朝廷御精選被遊度奉存候右鋭兵被爲置候に付而は武器食糧は准之候間是又關東へ被　仰出候而諸藩より石高相應貢獻仕候樣被遊度是等之儀尤制度に渡り候事共委曲之儀關東へ被　仰付天下之公論を以早速取調諸藩へ傳達有之候樣被　仰出候儀今日之御急務と乍恐奉存候以上　十月
右十月五日被上候由

六　因幡藩主へ　勅命之事　四通

蠻夷渡來已後　皇國之人心不和を生し當時不容易形勢に至深被惱　宸襟候に付　皇國之御爲は勿論公武猶々御榮久候樣去五月關東へ　勅使被差下被　仰出候旨趣有之候處於大樹家も去七月朔日　叡旨御請被申上御滿足之御事に付追々制度改革之旨　叡感に候猶又　叡念彌以速に被行候樣被遊度被　思召候既水戸故前中納言忠節卓越たるによつて被追贈從二位

大納言候折柄相模守儀も實父之事故右遺志を繼爲　國家抽丹誠周還《マヽ》之儀御內々御依賴被遊度　御沙汰候事　十月十四日下

今度以　勅使攘夷之事被　仰出候に付而は諸蠻へ漏聞も難計　帝都非常之御備無之候而は御不安心之儀に付御備之儀關東へ被　仰出候右等之御時節幸通行に付暫滯京可有之候樣被遊度　思召候事　十月

攘夷之儀被　仰遣候　勅使不日着府叡旨委細申達且談判等可有之就而は速に遵奉之儀とは　思召候得共彼是異論等難計候間相模守にも出府候而程能大樹へ相談周旋可有之思召候事

十月廿日下

於關東周旋之儀は諸事馳走所へ行向　勅使と面談有之候樣　御沙汰之事

爲京都御警衛可然家來人數等可殘置被　仰下候事　十月

七　宇和島藩主へ　勅命之事

蠻夷渡來已後　皇國人心不和を生し當時不容易形勢に至深被惱　宸襟候に付　皇國之御爲は勿論　公武猶々御榮久候樣去五月關東へ勅使被差下被　仰出候趣有之於大樹家も去七月朔日　叡旨御請被申上御滿足之御事に候追々制度改革之旨　叡感に候猶又　叡念彌以速に被行候樣被遊度　思召候將今般以　勅使攘夷之事被　仰出候に付諸蠻へ漏聞も難計　帝都非常之御備無之候而は御不安心之儀に付御備之儀關東へ被仰出候得共猶又於遠江守も防禦之心得方有之度　思召候父伊豫守には先年以來殊に國忠丹誠之趣兼而達　叡聞候上京も有之正論被聞召候はゝ可爲御滿足　御沙汰候事　十月

右關白殿下より御達

八　筑前藩主へ　勅命之事　三通　附御請書之事

今般以　勅使攘夷之事被　仰出候に付　帝都非常之御備無之候ては　御不安心之儀に付御備之義同關東へ被　仰出候右等之御時節幸通行に付暫滯在可有之候樣被遊度　思召候事

十月十八日下

攘夷之儀被　仰遣候　勅使不日着府　叡旨委細申達談判可有之就ては速に遵奉之儀とは　思召候得とも彼是異論も難計美濃守にも出府周旋可有之　思召候事　十月廿五日下

爲　帝都御守衞家來人數等殘置可被仰下候事　十月

爲　帝都御守衞家來人數可殘置被　仰下候段以御別紙御達之趣奉畏候且又此節は差急出府被　仰付候に付參　內は不被　仰付候此後上京仕候節は參　內被　仰付にて可有之旨御口達之趣奉承知難有仕合奉存候以上

十月廿六日

松平美濃守留守居
藪　幸　三　郎

九　津藩主へ　勅命之事

今度以　勅使攘夷之儀被　仰出候に付ゐは蠻夷へ洩聞も難計於藤堂家兼ゐ御警衞も被申付候儀故此比上京防禦之心得方等も被　聞食度候此段被
仰出候事十月
右十月廿九日關白殿下より御達

一〇　後醍醐天皇之陵鳴動之事附　山陵鳴動之例之事

吉野塔之尾山如意輪寺境内御座候

後醍醐帝御陵十月十八日朝五時比より翌曉七時比迄も鳴動仕則　御陵前に御座候石鳥居形戸開付幷左右之瑞籬十本石花打倒相損申候云々

山陵鳴動例續日本紀十三

楯列山陵鳴動其聲如雷　神功后皇《マヽ》

村上山陵頻鳴動天元二年六月廿八日

深草山陵鳴康《マヽ》平六年五月廿九日　仁明天皇

譽田天皇御陵震動放光治暦二年五月廿五日

天智天皇山陵鳴動寶治三年六月廿八日

一　勅命御遵奉　少將之君御上京之處先　良之助之君御上京之儀藩命之事

攘夷之儀累年　叡念不被爲絶今度以勅使關東へ被　仰遣候　御趣意有之

太守樣へも其旨御心得　叡慮徹底候樣御周還（ママ）猶又報國盡忠可被遊御勵旨内々　御沙汰之趣一條樣より御直書到來に付早々可被遊御出京處彼是御手間被爲取候間先良之助殿被遊御差登　太守樣へは御用意被爲濟次第被遊御發駕旨被　仰出候

十月廿七日

一二　長門藩使者土屋某贈吾藩士尺牘之事　附贈長岡米田家臣書翰之事

排天下之大難不易解天下之大紛尤難今夫亂者斬是固氣盛勇有餘者事至于天地事物之變往來紛錯轇轕相纒於無窮之際者非彼俊傑安能辨之哉長門土屋根

事勢切迫に差懸候故不顧唐突啓上仕候今晩破約攘夷之　御沙汰被降候に

付ゟは最早不及遲疑　太守樣御上京之儀は勿論御事に候得共實形之場合に於て日數彼是之御用捨も有之急速御上京と申わけには參兼可申哉何分切迫之事勢毫も御緩怠に相成候ゟは乍恐　國家安危之境在今日と奉存候御家樣之儒は宗藩有數之御名族殊に御先公樣之義聲天下に耀赫し于今其餘風相貫御遺志御紹述之由承及候故宗藩御安危之境は御家樣に於て其關係不容易之御事に奉存候かゝる切迫之場合明然刮目之御處置無之ゟは宗藩御先公樣へ御忠孝之筋不被爲立のみならす天下仰慕之志士へ被對如何御諭解可被遊哉差當り要着(マヽ)之御手段は當時　良公子御明英に被爲在過日轉法輪家御內書　公子御上京御沙汰に相成候由京師表にゟ內々承及候故御家樣より斷然御願出に相成御家御一手之勢御引卒被成　公子御保助にゟ二三日中に御發駕御上京に相成候樣今日至要之御良籌歟と奉存候當時御免役中强て御願出と申候儀は定格に於て支障筋も有之なと申者も可有之候得共非常之節に當り非常之英斷を爲にあらされは英雄豪傑之處置と

は被申間敷候若緩々舊習に泥み逗撓不遣ときは大機會を誤るのみならす却而無窮之大禍を釀し候儀候《マヽ》必然たる事に候薩州公も不日御出駕之由御城下御通行之節御藩よりは一兵一馬之御出方も無之なとゝ外方之指斥に相成ては如何にも口惜次第ならすや最早此節京師にては諸侯伯及諸大夫夥敷出張之事と奉存候故一様尋常之舊習を抛ち御獨斷を以御上京御願出に相成　良公子御保助に而直樣御發駕被爲在候はゝ御城下御出發の日期乃忠孝顯明之萠芽　國家磐石之基本故一切之庸論に不泥斷然御專任可被成樣伏而奉希上候前條失敬之儀奉恐入候得共切迫之時勢不忍默止敢而獻狂言候宜樣御披露可被下候以上　十月廿八日土屋矢之助拜

一三　吾藩執政より長門藩家老へ返牒之事

御札致拜見候各樣彌御堅固被成御勤珍重存候然者先達而越中守樣へ　御

所向より　御内沙汰被爲在御請をも被仰上候付而正親町三條樣より御書取を以御內沙汰被爲在候由にて大膳大夫樣仰之趣委細被仰越右に付而京都表之事情をも爲御知態と土屋矢之助殿被差越演述之趣共具に致承知早速越中守樣へ申上御別書も差上候處御懇厚之段深忝次第思召候御面目之御事に御座候得共不容易儀御當惑之御事に御座候此節御弟長岡良之助樣御差登越中守樣へは御用意濟次第御上京被成筈に御座候間猶委細之義は矢之助殿より御聞取被下度候此段及御報旨被仰付候長々御滯京各樣にも御配意之程致深察候恐惶謹言

十月廿七日　長岡佐渡有吉將監小笠原備前連署

毛利筑前樣益田彈正樣

一四　或人江戸客中より手簡之事

一當表は益新政御主張之勢に有之水府加刕其外御譜代且儒生安井山田吉野か說には御頓着無之既先日當時參府に相成居候諸大名一同御暇賜り彌以御英決と相見重疊可賀事に御座候然に加州抔は右之通兎哉角と俗論有之哉に風聞仕候處如何打變候哉既一昨々日御住居一同御息女達に至迄御引拂に相成案外神速成事共に御座候仙臺は當五日其他逐一は覺不申候得共既に御引拂有之候侯伯歷々として不暇屈指此勢に候得は來月中には必定無殘引拂相濟可申被察申候然に此節之新政は成程富國强兵之御英策にて是迄悠々無斷因循姑息之弊風一時振興之勢に相成誠に可賀事に候得共　叡慮遵奉之大根本たる攘夷之筋一向相見不申のみならす內輪益御親睦之樣に相見候得は御決意之處は如何可有御座哉と天下有志之士は大に危疑を懷き安堵不仕候に付頗攘夷之端を御示被遊候ては如何可有御座哉と之儀長州桂列より越前之方へ論駁仕候由其砌之事にや越前公桂を御召出にて被仰候は人たるものは決心致さゝれば誠

不立誠立されは萬事皆虚僞なりと被仰候由に御座候此御一言を玩味致候得は彌以攘夷に御決心有之候事と被察申候

一長州は桂列被登庸候後は上下共義論一紛いたし誠に々々可羨事に御座候是と申も畢竟は時勢之所令然とも可申候得共大に吉田輩是迄正義を以士氣作興致置候功勞も亦不寡と竊に相考申事に御座候依而今日吉田在らば此風雲之會に乘し如何計か驥足も展び可申と頻に懷舊之情を催候事に御座候桂周布抔は吉田之門生にて吉田よりは餘程才力も劣可申候得共當時諸藩應接役にて言聽れ謀行れ實に風雲の勢とも可申諸藩交接之士絡繹無絶時門前成市程に御座候

一長州は右之通人材擧り國論一和尊　皇攘夷之大義相立候得共御國抔は于今御國是相定候御模樣も拜聽不仕實に對諸藩無面目次第に御座候御國抔は實に諸藩より稱譽致候通深山大澤にて桂周布之如き人物には遙に超過致候人才も不寡候得共如何せん艸野之間に棄捐被致候ては不被

登用誠に々々口惜事に御座候近來御國之御内情を諸藩よりも最早窺知候者と相見大に御評判不宜肥後之藩士は正義之黨へは入れ不申偶入れ候ても始終隔心有之打明不申譬は諸藩有志之面々打寄時勢之談抔有之席へ參候得は其談話忽相止み話頭相變候位に有之誠に々々耻ヶ敷事共にて御座候依之世間へは一切面出しも致間敷と存候得共左樣致候ては頓斗耳目相塞り候に付不得已諸方奔走は仕候得共何となく隔心有之樣にて寸計不面目事共に御座候

一先達ては此方樣へ一條樣よりの御使にて
御内勅有之候由右に付ては御國論如何相決候哉乍恐御家之榮辱隆替は此時と奉存候事に御座候右　御内勅有之候後土刕之藩士兩人主命を蒙り共に
天朝之御爲周旋仕度との趣にて御國へ參候由又長州よりも土屋矢之助と申者右同樣之趣を以理解に參候由如何成首尾にて爲《マヽ》有之哉大に案勞

仕居候夏之比は右土屋同趣にゐ備前之方へ遊說仕候處備前之方は首尾大に相調たる由に御座候

一今度又々　勅使御下向之由如何成御用筋と申儀聢とは承不申候得共此節は屹度攘夷之事を關東へ被　仰下候筈之由御座候此度之　勅使は轉法論三條卿副使姉小路御兩卿にゐ附添は土州侯に被　命候由　勅使は來る十二日京師御發與土州侯は其前日發途之由に御座候御兩卿共いまたに二十五内外之御方に候得共餘程御英明に被爲在就中副使姉小路卿は御傑出之由長州之藩士久坂玄瑞抔は大に嘆服壯居候由に御座候何樣此勢に候得は夷賊鏖盡之期も不遠事に相成

天朝之大御威稜を世界萬國に可耀時節到來仕候事に候得は片時も安閑として可過時無之返す々々も御國抔些大夢之覺候樣御處置は有之間敷哉不堪杞憂之至候然に米田家初魚住家抔彼始末に相成候上は先暫手之附先は無之と申物にゐ實に御國之不幸にゐ御座候當時薩長土邊り之論

は最早今日に至候ゐは中々一身一力而已にては果敢取不申とても全國を負荷し尊攘不仕候ゐは大事難相立候に付各一國々々に力を盡し全國勤王之志に引立候樣周旋仕海內和協　神州一團之正氣に相成候樣相働候外有之間敷との趣にゐ薩長土抔は拳々として其氣勢に相成居申候御國抔も何卒御同樣に有之度懇禱仕居候

一先日は於京師九條家初久我岩倉千種富小路少將局衞門內侍五男二女洛中居住にゐは首領難有《タモチ》之勢に有之願之上何れも申合洛外へ隱遁之由餘り愉快成事共に御座候

一一橋侯御上京當月五日之筈に候處御延引相成いつ比と申儀一向相分不申風に承候得は一橋侯も戊午以來些俗說御染被成攘夷之筋に於て頗御拘泥も被爲在候哉に承り誠に可嘆事共に御座候其上此節之新政を破壞せんと相謀居候姦徒種々手を盡し二公之御間を離間いたし候者不寡いまた御若氣之至歟夫等之處やゝもすれは御動搖被遊且左右に良弼無之

一故か些事情にも疎く被爲在候共承實以不安事共に御座候
會津侯上京有之候樣被　仰出近々發途之由に御座候右に付會津侯より
幕府へ被申立候には今度　天朝より被爲　召候は決而餘之儀にては有
之間敷必定攘夷之事を被　仰出には相違有之間敷然る時は如何御答申
上候而可然哉兼而御決意之處奉伺居不申而は折角上京仕候詮も無之甚
奉恐入候儀に付とくと御決定之處拜聽之上上京仕度との趣被伺候由之
處如何被仰出候哉相分不申候得共とふか當十五日發途有之筈之由に付
如何樣とか御決意被仰出候事とは被察申候以上

十月八日發十一月上旬達本藩

一五　阿波人中島永吉話

昨日阿州人中島惠《マヽ吉》へ參種々談話之中に先日井伊掃部頭高拾萬石被召上候

御辭令之御文言は至極至當之御儀に而上もなき勸懲之御處置に有之候處久世安藤二家はいまた人意に不滿樣に覺候との趣咄に付夫は如何なる事に候哉何も井伊家に阿諛いたし候よりの事に而萬事之罪は井伊家に有之事に付井伊家に比候得は久世安藤二家之罪輕く相聞候に付先井伊樣のみを如是被仰付候ものと一通り相考居候處子細にても有之候歟と相尋候處咄に先年ホルトカル幷にイスハニヤ罷越申出候には自國は往昔御交通も致居候因み有之候然るに故もなきアメリカ抔へは開港被仰付候而自國は左も無之候而は宇內に面目を失ひ申候事に而此度は是非英佛同樣和親被仰付被下候樣若此儀も彼是と御申譯に而難相叶候はゝ不得止軍艦差向可申との事に付久世安藤二家大恐怖に相成返答之見込も付兼候間其比江戸在留之アメリカ通辨官キユルスケン赤羽根にて被誅候奴に相談有之候處是又見込無之由に而御斷申出候に付彌恐怖を被重初定約之節和親致候上は其外之國より如何樣之難題申懸候とも如何にも理解可仕若不聞入節は戰爭にも

可及との請合も有之候間此節柄宜敷所置致呉候樣再應賴に付通辨官も左迄被仰聞候を理解不仕之見込を以御斷可申ものも不本意に候間先金二十萬兩被下候はゝ其を兩方に分遣し如何樣とも相談可仕見申との事に付其は直に御渡し有之候處其策略は到頭行れ不申猶通辨官申出候は兩國申分は此節之儀宇內に國辱を取候事故金銀にゐは御相談難出來段申向候故閣老方彌增顏色を失ひ猶通辨官へ處置振等相談有之候得共見込無之事とて及御斷申候處折入て再三御賴談に相成候間通辨官申候には左あらは一策無にあらす候得共此儀はあまりの事にゐ言出しも憚り多く又申出候ゐも御聞濟には相成間敷と度々申張兩閣老よりは何卒其策を是非とも申聞せくれ候樣御賴に付左樣之儀ならは見込可申上此度は重大之事ゆゑ一通りにゐは御斷も相成間敷候間先何事もアメリカへ御隨從に相成新アメリカと國號御改被成將軍始御役々連印之御書付御渡有之候はゝ無事之御申譯出來仕自國よりも彌以張込斷切可申と申候得は兩閣老も流石夫には仰天に相

成其事は何分出來不申と返答に相成候處通辨官は却ゟ大に致立腹右は度々御斷申候得共何分御賴被成との事に付前條之御相談にも及申候然るに此事を御聞捨に相成候ゟは一旦申出候末空言のみに相成如何にも結局付不申此御談判に至ては一圓不得其意此上は兩國申合自國よりも軍艦差向不申ゟは難相成と詰懸られ終に御處置筋御取失彼是御申分も有之將軍家御印とては御取計出來兼候間先假に久世安藤若年寄酒井右京亮三家御連印手形出來御渡に相成候處跡にゟ外國奉行堀織部正此儀を聞出大に驚愕致し兩閣老等へ大激論有之候へは兩閣老冷笑にゟ實に安民之大政さへ相立候はゝ國號抔之稱呼は何にても宜くはなきか左樣なる狹少之論は非急務と一切採用無之候故無致方斷然と引取に相成此擧之顚末を委細書面にしたゝめ同役と子息に殘し置割腹に相成候を一人之同役亦聞付直樣早馬にゟ夷館へ驅付前條之御證書今少し書加可申事あり依て暫返し候樣申向候處早くも其意を悟り返し不申候間既に討果可申氣談相懸り候に恐れ遂に

返し候を直に引裂き而後歸府に相成候由右に付通辨夷は赤羽根邊にて被誅又東禪寺之一件幷安藤家を恨候にも堀家之浪人加り居申候由右等之姦謀黠計を以て見候得は此度蟄居壹萬石被召上候位にては人意は慊り不申事共に有之候噫

一六　彦根藩士加藤某幕府へ嘆願書之事　附同藩澁谷某書翰之事

以書附御嘆願奉申上候

井伊掃部頭儀此度京都御守衛御免且又領地之内蒲生神崎二郡御用に付上知被仰渡誠以家中一同驚入候事に御座候就而は右樣被仰付候子細柄且御嘆願之筋等重役共段々申出候得共公命之儀は難易に不拘決而違背仕間敷旨先祖直孝之遺言も有之且此御變革之折柄右樣被仰付候儀は深き御子細も可有之と奉存候得は決而動搖仕候儀不相成段種々理解申聞拙者共申立

候事一切取上不申候元來掃部頭儀は御譜代席中過分之大祿を頂戴仕京都近に被指置候儀も權現樣深き思召被爲在御深密之御用被仰付候儀に付二百年來非常之節は人數操出し方手配等兼而用意罷在候事に而士分之者は百石以下之小祿たりとも馬を飼せ足輕小者に至迄京都に日着仕候者ならでは召抱不申候規則相定置候も全右御用蒙り居候譯柄に御座候且安政度御守衞一廉手厚可仕樣被仰出候に付夫々人數差出し置御所司代御指圖次第何等之御用筋に而も急度相勤へき心得に罷在候處卒爾御免に相成候子細柄何共相分り不申候且又二郡上知之儀も彼地方續き仙臺領郡山領其外一國之儀にも無之掃部頭領内に限候得は是又御用柄一切相分り不申候當掃部頭儀は幼年なから一昨年格別之上意を以遺領無相違被下置其後も毎々御懇之上意を蒙當年は御大禮之上使も相勤官位昇進被仰付候折柄前件御守衞御免二郡上知之儀は全先掃部頭在職中不都合之次第柄有之候故之儀も可有之然るに先掃部頭在職中勤向之儀は家來共へは重役を初申談候

事一切無之摠て御公役方等評議之上夫々台命相伺取計候趣にて在職中彼是諫言仕候家來共有之候へは公邊之儀は歴々御役方萬事御評議之上御處置被爲在候事故決て其方之案思に不及旨申聞候且公方樣より誠忠之二大字御直筆にて賜り申候猶又一昨年三月三日登城之折柄狼籍者に逢不慮之怪我致候節も上使として御若年寄御側御用人等御差向被下置天下之動搖に相成候ては以之外之儀に付一藩中難忍候を忍候樣にと御懇之御内沙汰被下置其後も毎々御懇之上意を蒙り候へは重役共右之御趣意堅相守且國守外樣と違候家柄に候得は弊藩より天下之騷動を釀し候ては如何にも不相濟段堅申聞候に付君臣之大義を忘れ腰拔共之世評を承り傳候得共是迄決て妄擧不仕辛抱罷在候儀深く上意を重し奉り候故之義に御座候其後も前條申上候次第にて幼年之主人へ出格之思召を以遺領も直樣被下置上使御用官位昇進等被仰付誠以難有上意之段深く拜戴仕一統彌増上意を重し罷在候儀に御座候然處今日幼少之掃部頭へ右樣存外之事共被仰付候儀は

先掃部頭在職中之御咎にも可有御座哉と被存愚昧之拙者等一統承服不仕候若又一藩上下腰拔者にて御守衛向等無覺束思召候儀に候はゝ一昨年來台命を重し深く愼罷在候事は一統心得違仕居候義に候哉若又當夏薩長二藩京都へ罷出候已後御守衛向不都合にも被思食候はゝ只今迄御指揮無御座候は如何之儀に御座候哉若又御守衛向不行届にて　輦下騷動いたし候儀を御咎被仰渡候儀に御座候はゝ其騷動いたさせ候者共は如何御處置可被遊候哉右等不分明之儀にて存外之事共被仰渡候樣相見候に付有志之者共申合重役共へ段々嘆願之筋申出候得共前件之通唯台命之重きと先祖直孝之遺言を堅く相守一切取上不申候に付拙者共一統存意相違仕候より無據國元立去不顧恐御役場へ罷出歎願奉申上候抑六七年來夷人渡來に付天下之議論種々相立候得共打拂之儀は權現樣以來之御定にて日本武士之無異議所に御座候然處一旦交易御許容に相成候事は於公邊も深き思召被爲在一時應變之御處置にて行々は御定法通り打拂可被仰出旨も兼て承知罷

在是迄にも天晴御用向相勤可申と武事相勵罷在候處先掃部頭逝去被致候後奸臣長野主膳宇津木六之允等重役木俣清左衛門廣原助右衛門誑（本ノマヽ）兎角柔佞諂諛之言を相用忠直武勇之士氣を挫き專ら太平を唱ひ追々國害を釀し候に付有志之者憤激之餘り其罪を訴出當八月下旬四人之者を黜罪被申付候右仕置後國政一新武備充實專一に相心得居候處於公邊も大變革被爲在彌攘夷之御親政被仰出候折柄と奉伺候に付一藩殊更奮興仕如何樣御用筋にても急度相勤是迄腰拔之世評を一洗仕權現樣以來之大恩を報ひ奉り直孝之遺忠を續天晴公邊之柱石と復古可仕一統勇立罷在候處存外之被仰付に一藩上下落膽泣血仕候次第に御座候實以弊藩之儀は二百年來格別之上意を蒙り格別之大祿を戴格別之御用筋相勤申居候處俄に家格被召上土地被召上候へは從茲國氣衰弱士心沮喪仕遂には御用筋難相勤相成候而は權現樣以來之格別之思召被下置候御深意も消失可仕哉嘆ケ敷次第に奉存候唇亡れは齒寒く又股を刳而腹に充るの譬も御座候得は拙者共願出候存意

決而公命を拒み候義には無御座厚く公儀を奉重候心得に御座候弊藩重役共前條理解而已申居候而は有志之者共承服不仕行々一藩之騷動にも可及と甚以心配仕候に付則拙者共兩人御嘆願申出候何卒愚昧之微臣深く御賢察被下置御憐愍之御沙汰被仰出被下置候樣偏奉願上候

痛哭三年恨有餘、君臣大義果何如、一刀是筆血是墨、爲寫公家寃白書、

寝てもさめても起ては猶もやまぬ世よ死ぬより外はみちなかりき程

文久二壬戌十一月

加藤吉太夫

岡村吉之允

去月十六日弊藩中加藤吉太夫と申仁出奔江戸表へ罷越當月七日御月番井上河内守樣御內玄關へ罷出歎願書差出自殺仕候處誤而不備宋マヽ管卒倒は仕候得共直樣御役人衆取押厚く御介抱被成下願書は御取上に相成翌八日弊邸に御渡に相成候由昨十二日夜飛脚着仕候右願書寫備電覽候是て弊藩之變革荒增相分候間御評伺度奉存候一同行之岡村某は道中にて死去候由此

前九人同志之者其後出奔右之趣意願立之積に候由相分り次第可申上候
一弊藩之意風聞他邦にゐ種々相立候由籠城謀反抔は無跡空説口惜次第に
御座候

一七　國老米田氏登京之儀　朝命之事

細川越中守上京之事先達ゐ被　仰出候處同家老長岡監物彼亡父當監物共
國忠盡力之趣兼ゐ達　叡聞候間越中守一同登京猶又丹誠有之候樣被遊度
若越中守發足後に候はゝ自跡引續上京可有之御内々　御沙汰之事　十月
廿九日
右關白殿下より桃園御殿へ御達に相成候

一八　長門藩士來原氏祭之事

有備館稽古人數より來る十二日來原良藏祭儀仕度段申出被聞召屆祭儀料として白銀十枚賜之當日有備館講堂之中央に松水來原君良藏神位と申掛物をかけ前に新菰を敷大之八足卓（白木）二脚を並列鏡餅神酒洗米時食（栗昆布打鮑）掛鳥掛鯛奠之迎神之式祭文（山縣半藏書之）讀之（波多野金吾）畢而神拜神酒頂戴之第一番浦靭負根來上總清水美作名代家來一人右美作所勞に付爲名代備中高松に而殉死之者子孫引離井上小豐後

右懷中より白紙包之香を出し高香爐に薰之拜畢而座を退き又拜之

公儀人兩人非番御小姓中　御用方幷御周旋御用掛其外役人中有備館稽古人數役人衆以下御陸士退有志之者陪臣明良敦之助坂上忠助

此外有志之者

右道神畢而捴人數講堂へ四行樣列敷紙肴大折二ッに積之掛鳥掛鯛徹之煮熟衆人に頒之酒酣にして神靈之舊作

詔書屢下
宸憂頻、率土何人非王臣、時無楠公與諸葛、觀望各自護一身、草莽微臣某未死、睥睨東風吹胡塵、
此詩を一同に再三吟之神意を慰む畢ゐ退去
右祭事中俄に烈風雷雨祭畢ゐ天氣渙散寔に天神も感應有之たるやと其夜燈火硯水に老涙を和して記之

一九　勅使再御東下幕府御請幷布告之文長門諸公之草案之事

以下三通は
勅諚於幕府御奉行之次第試に愚考仕見候段　勅使へ被仰達書面を以被入御熟覽各別御異論無之に付容堂公へ御相談春岳公へも內々御廻し相成格別御氣付無之由にゐ容堂公より被成御達候に付近々之內表通り幕

府へ差出に相成候筈に候

一先年來之
叡慮猶此度被　仰出候
勅諚之御旨謹而遵奉仕列藩へも及布告候策略期限等巨細之儀は衆議決定來春二月中上洛之節御窺可申上候事　右御請

一此度
叡慮之御旨遵奉攘夷之儀及決定候條於列藩も屹と可相心得候依而は攘夷之策略期限等衆議を盡し候樣との
御旨に付各至當之公論承度候條來正月中を限り氣付筋申出置二月に至り上洛之節各可有上京候左候はゝ策略期限等奉伺
叡慮致一定其旨可申渡候事　右布告

一攘夷之策略期限等來春二月中上洛御窺可申上候萬一同月中上洛難仕都合も出來候はゝ後見總裁職を以右策略期限等具に言上可申候事

二〇　吉井忠助書翰

各賢御揃御奉職奉遙賀候御姫樣方今日御發駕被遊頓首安心御同慶奉存候高崎廿六日夕着御地之模樣委細承申候誠に御盛之御事一言も無御座候即越土は拜謁成行申上候處別而御悅之由

勅使今日御着館昨夜品川御旅館へ御機嫌伺として參上拜謁被申候閣老松平豐前守上使として同處迄御出迎將軍家より御菓子被遣春岳公も同處迄御出迎爲天下大慶之至御座候營中此間より議論紛々にて大混雜一橋公を初閣老以下愚論越は態と御引入容堂公一人にて必死を以御論破一旦は愈御請不仕筋に相決居候處此上は力不及此方德川家之厚恩二百餘年來蒙居候得共君臣之大義には難替に付去可申と大目付岡部駿河守と申者へ散々御論破岡部見苦敷目に逢退出其儘引入一橋も三日計引入既に廟堂兩立之

勢に候處廿六日に至終に愚論之徒屈服致春岳公も七ッ時分より俄に登城
一橋公も登營是迄之儀別而御後悔と申事に而今は懸念も無之樣に奉存候
然し内情は何共難計此くらいにひとく突當り不申而は又候守返候義も可
有之に付幸因州も東下之由に御座候に付途中迄御出懸越土之合體寸《本ノマヽ》切臭
氣打拔候樣申込請合に御座候奉迎之義は偏に土侯之盡力に而誠に氣味能
次第に御座候
將軍家痲疹之由暫
勅使御對顔も六ヶ敷候半先近之形勢如此御座候尙隨分能風光に御座候追
々可申上候恐惶謹言

十月廿九日　　吉井忠助

本田彌右衛門樣　高崎佐太郎樣　北條右門樣

採襍録巻二

一 備前藩士彦根外聞之書翰

此度従公儀被仰出候次第荒増聞取左之通
父掃部頭在職中權威を以政事取計候に付父掃部頭存命に有之候はゝ嚴敷
御成敗も可有之處格別之思召を以拾萬石御召上被仰付候段奉畏候御請申
上身分伺御座候處公私愼被仰付候旨諸家中不殘幷寺院共町屋迄戸しめ愼
遠慮誠に以藩中大變にあ御門は不殘外側之柵門迄戸をしめ誠に以恐入候
次第何共難申町家之者歎敷存候故五十日計と內說承申候御召上地何方を
差上候義伺に相成候樣子承申候私儀卽刻罷上可申候處外に秘密用御座候
間引續登　京可仕候以上　十一月廿日巳刻　(文久二年)

二　長門藩益田某より　我藩執政へ手簡之事

一筆致啓達候寒氣之節各樣彌御堅勝可被成御座珍重存候然者先達而越中守樣へ　御所向より　御沙汰被爲在候由に付御上京可被遊奉察上候就而は住江甚兵衛殿魚住源次兵衛殿列今般御上京御供に被召連候は丶　御所向之御都合別而宜敷可被爲在存罷在候此邊之儀は素より御疎無之事に御座候得共實は一昨五日御用御座候に付中山大納言殿へ罷出候處前段之趣拙者ゟ申越候樣には相成間敷哉と被仰聞候差出ヶ間敷如何に可被思召甚以心痛罷在候得共此内尊藩へ弊藩より御應復之事　御所向より　御沙汰被爲在候御行懸りも有之事に付致御斷も不都合に被相考猶兼て御因柄之義當時勢旁不顧嫌疑次第に御座候間大膳大夫樣へ御内々申上爲御含得御意候樣に御座候此段不惡御汲取被成下度所希に御座候時下折角貴體御自重肝要存候恐々謹言　十一月七日

肥後御家老衆中　　益田彈正

右十一月八日發京同十八日到着長藩飛脚と稱し野村和作吉田榮太郎兩人より差出時に住江氏宮部轟副は本月三日爲上京發足其餘同志中一列魚住氏等大略　良之助之君に從隨し上京として本月十三日發途なれは直様其由返簡有之候由　（文久二年）

三　後醍醐天皇陵鳴動に付　勅命之事

後醍醐天皇御陵自去月十八日辰刻比到十九日曉鳴動石鳥居瑞籬石花立等顚倒破損之旨則及言上候處希代之儀深　思召候和三郎奉行之儀に候間早々參向取計書面之通如元形修復可有之勿論之儀に候得共深謹愼にて修復可有之　御沙汰候事　十一月十三日　（文久二年）

四 和宮女王御稱呼之儀に付幕命之事

御臺樣御事　御所向にゐは　和宮樣と被稱御當地にゐは　御臺樣と奉稱候處御當地にても以來　和宮樣と可奉稱旨被仰出候　十一月十二日(文久二年)

五 筑前久留米二藩有志禁錮赦免之旨　關白殿下被命之事

有馬中務大輔
黑田美濃守

其藩國事に係り幽閉禁錮之者多分有之候趣に候元來赤心報國發起之事故早々赦免可有候事

十一月廿一日　(文久二年)

六　宮部増實轟木《マヽ》寛胤耳目集之事

勅使

一十月十三日　勅使三條中納言様副使姉小路少將様關東御下向之御趣意
且御下着後之處は雜記と日載とに相見候間此に略す

岡

一先達關東より御奉書到來御役儀被仰付候趣に付御着坂に相成候處薩州
藤井良節鵜木孫兵衛長州より桂小五郎佐々木男也土州より手島八助乾
作七都合六人議奏衆より内命を奉し夜中謁見申入候處御不例に而御逢
不被成旨に付右之面々より今日是迄御出被遊候程之御病症に候へは兩
三日中には御快復も可被爲在夫迄此御座に御待可申段申入候處漸く御
逢に相成候間御東下之儀幷に
朝廷より被遊御褒賞候小川列如何之罪状に而御譴責を蒙候哉と奉伺候

處御東下は於關東御役儀被仰付候旨に付御參府之筈小河一列は無據譯にゐ罪狀申付候との事に付右譯合御尋申候處唯々無據と計幾度も御申聞是は家來之者へ可相尋段御申聞にゐ御退座に付御家來某へ右之次第相尋申候へ共矢張無據譯と迄申出候故夫にゐは御申譯難相立全く違勅之筋に御當り可被成と議論及數刻候へ共決着不致候に付右之始末歸京可申達と三藩士申向候處暫相留め座を立暫くして國侯出座大に悟悔いたされ候趣にゐ是迄の次第重疊奉恐入候間三藩士より唯々御詫申上吳候樣御賴に相成候へ共右は國侯御出京に相成御直に御斷可被仰上儀とはね切り申候由に付御出京に相成漸御斷濟には相成候由初青門樣右京師へは御立寄に不相成直に御東下之由達御聽大に被遊御奮怒處置可有之關白以下へ被申聞旨被仰聞候響にゐ押ゐ罷通候はヽ悉く打取可申と伏見へ薩州より百人計長州より五六十人計大津へ薩長より合ゐ八十人計伊賀越へ薩長土久留米より合ゐ百人計武器用意出張いたし候由宮

へ御聞被成荒打に相成候ゟは難叶故急き押留候樣被仰聞候へ共思切たる者とも中々聞入候模樣無之候に付其中之頭分五六輩呼來候樣左候得は直に御談論可被遊と彼是御心配被遊候御内御斷に相成候彌以悔悟之段申來候間其事は治候由然處右之通御出京御斷に相成候段聞屆右人數は京へ引取候由依ゟ國侯出京に相成重疊被恐入候に付御赦宥被仰付候由近日彌增悔悟之段被申出此儘滯京盡力仕度段願出に相成候に付三藩へ存付御問下有之候處薩論は江戸へ御差下しに相成候樣有之儀との趣長論は一と先歸國いたし御國元にゟ黜陟賞罰等有之國政一新之上改ゟ出京有之候はゝ至當之儀との趣に相聞候處朝議は一旦出府有之其上歸國にゟ尙又出京可被仰出哉當時江戸へ御取遣に相成居候由いまた御滯京に相成居候事

筑前

一國侯先々月御出府と申儀にゟ京師御立寄之處御時節柄暫御滯京之旨十

月十八日蒙　仰候處　勅使御東下異論差起候も難爲計
叡慮にᢅ同月廿五日出府被　仰付候尤京都御守衞には可然御家來人數
等被殘置候樣との儀も被仰付候此節は被差急御出府候に付參內は不被
仰付此後上京之節參內被仰出にᢅ可有之旨十月廿六日之比御出立に相
成候由に御座候事右件々之御書付在別紙
右御着京早々之事に候歟此節御家老立花彈正を被召連此ものは於國元
正義を以國忠を盡候趣にも無之哉に相聞將又國中正論之族譴責を受居
候由如何之次第に候哉と堂上より御尋に相成候處如何御申譯有之候哉
其段不承候へ共右御家老は御當地より追返に相成罪戾を受居候者は早
々御赦宥に可相成候段被申上候由之事

因州

一今般御出府之節於伏見十月十四日御沙汰有之候趣に曰水戶故中納言殿
御忠節卓越たるに依ᢅ御贈官に相成候折柄國侯には御實父之事故右遺

志被繼爲國家抽丹誠周旋之儀内々御依賴被遊候御内沙汰在別紙被爲在候に付早々御出府之趣に而御上京に相成候處當時柄に付暫滯京被仰付有之候内十一月四五日之比御參内或堂上方に而御詠歌

玉の緖をよしたへぬとも一とせ〳〵よ我大君の勅捧らむ

當時於關東　勅諚御請之儀種々御懸念之儀も有之且一橋卿には御兄弟之儀此節御引込も如何と御懸念に而御東下御内願に相成候處被聞召屆十月廿日　勅諚在別紙有之於關東異論難計依而國侯早々出府に而程能大樹公も御相談周旋可有之との義に付翌廿一日より御東下に相成候由然處一橋卿御果斷之御說も無之御引入之處容堂公其外御心配に而　勅使御著前日に至御出勤には相成候へとも猶又十一月十八日より御引入此節は御後見御斷にも可相成との趣に而國侯御心痛に相成居候由

久留米

一十月十三日江戸より御歸國に而御出京十一月十日比參内同廿四日御歸

國に相成候由御退京之節は如何成故に候哉廿三日夜半俄に出立に相成候由御出立之事御家中之面々も多不存候由御滯京中御擧動不分明之事も爲有之由にゐ物議にわたり候趣も相聞候

長州

一十一月十一二日之比長州久阪玄瑞列十五人關東之御所置兎角因循にゐ勅意御遵奉攘夷之一事相立兼候を憤り一同申合夷館打破り首の十計を取り幕役之者へ投擲可申と勃起致候に付段々御止留相成候處素り思切たる者ともにて亡命にをよひ走向候間長門守樣御走騎にゐ御追懸種々御示喩漸々御連歸に相成候由此時土州より見舞之御使者參居候處にゐ周布政之助申候には玄瑞等の所置穴勝に非とすへからす關東之御處置餘りに御因循にゐ如此之變も暴起致せり只今之樣に因循に相成候はヽ我々とても此暴發は可致容堂樣へも餘りに御因循と實は風諫之意にゐ申候由之處土人不悟周布政之助容堂樣を罵り玄瑞等を贊助すと引受大

に腹を立此由容堂樣へ申上候處君耻かしめらる時は臣死すと承る自身の覺悟可有之と被仰付候由にて此者とも政之助を討果しに參り候得共居合不申其事不遂其後段々六ヶ敷相成今以治り不申候由

阿波

一御內勅之趣に付阿波守樣江戶より新井與一助を以淡路守樣へ御妄動無之樣被仰遣候由之處與一助京都に來時體考察仕候御猶豫有之時節にて無之候間國元に不罷下夫より直に引返其趣申上候由夫に付淡路守樣今十一月七日御上京に相成る

肥前

一十一月廿六日御着京直に眞如堂へ御留宿嚴重に番所に立他藩人私之應對一切制禁何か譯有之歟之趣寂然たる御樣子に付如何成御處置有之歟と人々怪異仕候同廿八日藤堂公より御出京且御滯留之御趣意被相伺諸事無御腹臟御相談被成度由御直書參る朝之內之由之處其日返事無之翌

廿九日には藤堂侯御出可被成由之處其朝御病に而御逢相成兼候段御返事參る夫に付御出無之翌晦日には藤堂侯京御出立に而御歸國藤堂侯御咄に肥前へは兼而御心易追々御國家之事も御咄合被成候に付此節御自身より御手紙參り候得は必御心事も被明候半と思召候處意外所置難御心得何樣御國元より御往復可被成候との事

一長州侯へは當前之御使者參候由今二日參內迄に而未た時勢之御相談も無之由

備前

一土肥典膳番頭祿四千石此人備前第一勤王之人物度々上言申立等も有之候由六月初より大坂御陣屋に詰十一月二日京師之御模樣を承り乍病中組人數を引連出京す家來野呂久左衛門岡本太郎兩人夏之比より爲探索上京爲致置申候

一御家老戸《マヽ》倉彈正樣一萬石餘十一月始上京大目附伊藤佐兵衛同斷景山良

藏周旋役昨冬より出京仕居候由
一君侯には御病に而御上京無御座當時〔ママ〕京仕居候もの右に就而は色々苦心仕居候趣依而水戸侯御舍弟民部大輔樣御養子最早御願濟に相成

尾州

一先達而長州より手入之末に候歟近來竹腰兵部少輔蟄居田宮列再出御側御用人生駒賴母祿四千石御家老代に而十一月廿日比出京著後外出も不致候由所存相分兼申候

土州

一勅意雜記に相見當時此御地には他邦應對役平井收次郎殘る外々之面々は何も御供に而東下深尾丹波と申家老十一月廿一二日比國元より上京此人は正議之由此人動候へは國も動候由丹波咄に若黨二三人に而諸藩之有志尋問可仕之趣然處同廿七八日比急に東下何御用か不相分其弟相殘居諸藩へ交る

津

一御内勅を受候而在別紙御上京之由に候處是迄通之表裏之御姿は餘程御眷《マヽ》念と相見先達而來爲探索家來御差出被置候は一條樣御内古田藏人と申者伊勢齋宮之税唱罷在候折柄此者と段々談合勿論藤堂家之方にも初より此説は起居候由會筑前之浪人結城一郎先年國元に而月方列一同罪戻に羅居候者に有之候處如何にも仕候而月方列之罪戻を解候半と思案之内幸藤堂侯へは親しき御因も有之此節御上京之事に付御頼申上んと思居候中此齋宮之儀一條家に起る一郎も久敷齋宮之事は申立居候由旁々に而出京仕居候者とも一郎同道石部の驛迄御迎として罷出候處齋宮之事心配之段御懇意之御意給物等有之候由十一月廿一日京著翌日廿三日一郎御召出に而段々昨日御内分之　勅許有之候間今明日には表立可被仰出候との趣御啣薩州村山才助此日此趣初而承り内輪に而種々論破致す同廿七日晝より因州留守居周旋役安達清一郎土州他邦應接役平井

收次郎筑浪人結城一郎被召出色々御談合等有之候由夜に入長州御側御用人前田孫左衞門御召に相成候得共病中にゐ御斷申上同周旋役佐々木男也罷出候處遲刻にをよひ候に付其時分は御次にゐ右三人は御馳走頂戴致居候由尤直に召出にゐ丁寧之御意畢ゐ齋宮之事は宜敷樣との御挨拶振有之候由翌廿八日晚又々前田佐々木平井結城被召出饗應被仰付膳之上にゐ金子五百疋宛給之結城役人へ心を附候處反物に改め給之候由其節之御咄に今朝肥前へ此節之上京如何成含にゐ候歟今日は參り申候段申遣候得共今に返事も遣不申肥前儀は兼ゐ心易致候人にゐ往復も度々致し候に素り文筆は達者返事等延引いたし候事は更に無之人に候處此節に限り返事不仕は不審との趣被仰候に付四人一同申上候には左樣之思召に被爲在候はヽ明後卅日御下國には被爲在候得共肥前侯之御儀はいつれも奉懸念居候間何卒明廿九日彼方御本陣迄御出浮被下乍恐爲天下御論談被下候樣と頻に申上候處至ゐ御憤激之體にゐ御受合に相成

候由以下之事は肥前之件に記之

一藤堂侯より御內　勅振御咄に當時不容易折柄に付
神宮別而御大切海岸筋等警衛無手拔致候樣右之趣に候得は　神宮之社
人ともへは社人丈之警衛現實に出來候樣御申付可被成御國中是に准候
樣可被成との由

一御歸國之節御咄に齋周旋被仰付此儀申立候段
叡感思召候との趣一條樣へは　叡感不斜との趣

宇和島

一國侯江戸より御歸國懸け上京に相成候處　勅諚に候哉不相分御隱居伊
豫守戊午年阿州土州御一同先年已來殊に國忠丹誠之趣兼達
叡聞候上京も有之正論被聞召候はゝ可爲御滿足御沙汰全文在別册被爲在候
に付御歸國に相成候又大御隱居春山樣七十餘歳勤王正義之御方之由

七 攘夷之 勅詔征夷將軍遵奉之事附 御親兵之

勅命同復奏之事

勅書謹ゐ拜見仕候　勅諚之趣奉畏候策略之儀は

御委任被成下候條盡衆議上京之上委細可奉申上候誠惶謹言

文久二壬戌年十二月五日　臣家茂花押

今度被　仰出候攘夷之　叡慮天下へ布告仕候に付ゐは　御親兵之儀　御沙汰之趣奉承候就ゐは家茂征夷之重任に膺り且右近衛大將をも兼任仕候上は御守衛之儀は職掌に候間乍不肖堅固に御守衛等之手配可仕尙不足にも被爲　思召候はゝ諸藩より召登も可仕候得共一體外夷を攘候には　皇國全地警衛肝要に付列藩之儀は國力を爲養九州は誰々奥羽は誰々と申如く藩邸之任を專に爲仕候はゝ可然哉と奉存候仰願くは此旨被爲　聞召分

候樣仕度奉存候猶明春早々上京之上警衛之方略具に奏　聞を可奉經候恐惶謹言　十二月

八　攘夷之　勅命征夷府より列藩へ布告之事

此度攘夷之儀　勅書之通被　仰出候に付ては銘々之策略被爲　聞度被思召候間見込巨細相認來二月御上洛前迄に早々可被差出候依ては　御國内之人心一致に無之候ては難相成儀に付兼ても申達置候得共尚此上別て入念武備嚴重相整候樣可被心掛候尤委細之儀は衆議之上　叡慮御伺に相成候間方今無謀之所行無之樣銘々家來下々へも屹度可被申付置候事

十二月　（文久二年）

九　宮部鼎藏增實佐々木淳次郎直介山田十郎信道

攝海日記之事

壬戌十二月十七日晴本月十二日學習院に於て議奏衆より我藩と列國十一藩へ

命を下されしは異賊攝海へ闌入せんも難圖由近日頻に風聞せり然れは海邊幷に內地の警備嚴整なるや否や各藩の見込を言上すへきとの事なり依て伏見古城邊の形勢淀川淀城八幡山崎近傍の要害安治川木津川神崎川等の注海處岸和田住吉兵庫尼ヶ崎の海灣等地形探索の命あり時巳に未の上刻なり官府に稟白の事なと彼是の事件に手間を取て夜戌の下刻南禪寺を出立先書肆に行て畿內南邊の地圖及ひ測量器磁石等の物品を購んとて三條四條の街頭に行しに市肆皆寢たり三條街の逆旅に投宿す十八日晴早朝街頭に出て用物を購京南左邊山下の衢路を見んとて大佛三十三間堂の前を過二寺境內廣地勢稍高し兵を屯するに東福寺門前を南行す此寺尾州侯

の所僦と云伏見稲荷社の祠官羽倉伯耆守なる者あり曾て其名を聞行て古城の形勢を問んとせしに道を行過て不逢古城二の丸の下三軒屋善兵衞と云者あり城山の鄕導を能すと聞彼家に行て尋しに善兵衞伏見奉行の下吏に從て山上に役使す依て登臨を果さす故に竊に間道より二の丸跡に登り地勢を略觀するに京師を中央にして東は比叡の山脉南走し降て此地に止り北は鞍馬愛宕の連山亦連綴南走して米上山天王山に至り此地を距こと二里相對して稍窄まり西走して攝丹の山となる

桓武天皇の詔に山背山河襟帶自然成城夫改山背國曰山城國と實に天然の地勢一國金城の形をなせり而て此地と天王山の間本城南面の大門關にして守衞最嚴ならすんは有へからす昔特豐大閤此に城を築て王室を翼戴せられしも地勢大に所を得たりと謂へし唯今日最高處に登り極目形勢を不盡を恨み他日の再探を待のみ下りて宇治川の西堤を南行す左は大河にして右は沼なり沼幅員廣所は十町以上なるへし一里にして淀

の小橋を渡り稲葉侯の城邊を一觀す城は宇治木津二大河の落合に據て險とす防河の一藩屏たるへし大橋の上を舟渡し河を右にし下ること一里至八幡謁

石清水神社々は正南面高陽の地なり東南遠眺するに指掌了々たり薄暮山下に投宿す

十九日晴早朝神厩を過八幡山を左にして北に匝ること三四丁橋本に至る此地北山崎天王山と陽河相對し山城攝津の咽喉要扼の地なり故に近年因州侯に命せられ守備を設らる里の入口に番所あり里の南邊に陣屋あり杭木に松平因幡守拜領陣屋地と記せり營後に山あり登臨するに東北の間は京師伏見の地方北西の間は天王山左右の連山西南淀河下流の形勢一目瞭然の地なり卽ち方位を考へ遠近を量り概略を圖し畢りて淀河を渡る橋本の渡と云川幅百間餘川を離るゝこと四町許にして離宮八幡の社山下に在山を弓手にして圖る事四町餘にして天王山の一の華表あり坂路屈曲大に

險なり上ること四町二の華表あり松田與左衞門戰死の處と云又上ること四町牛頭天王の祠に至る祠守の老僧に逢僧茶を煮て明智合戰の事を談す俚談の中亦可聞ものあり祠上に明智陣屋跡と云傳る平坦の地ありと云行て觀又高岡に上る前に橋本の山上より望みし地方は固より目中に湊合し加之山城大和河內和泉紀伊の諸山遠近連綿し八幡の山全形を眼下に呈露す又方位遠近を目擊し略圖をしたゝむ豐大閤明智光秀を一戰に討亡されしは實に天祐け人與するの義兵なれは未戰して勝算顯然たることなからし此山の爭地を得て如何にも無造作に勝を得られしは固より論なし今や戎虜の警戒嚴にせすんはあるへからさる時なれは前に謂る如く伏城と相對して南面の大門關にして攝州より北上する兵は必此間に湊合すへし然るに其兵や坂城の大藩鎭を壓倒せされは來らす若來らは鋒先太た銳ならんたとへ數萬の大軍勢ひに乘して突入すと雖此の關門は寸兵も越し免す是非慶し盡さすんは有へからさる樞要無二の地なれは必勝の籌策預め不可

議定也岡上より未の方にあたり二十町許に岬有山勢斗出の地にて觀察せすんはあるへからすとて山を下り寳寺の前を過南行して櫻井村に至る路傍楠樹の下に楠大明神の小祠あり盥漱拜謁す村外路側に大さ二圍半强の老松あり子別れの松と云傳ふ懷古の情彷徨不忍去行こと半里許にして山勢斗出の地に至る神南村と云田夫を傭して鄕導とし峻小坂を上る事三丁餘山頭に至る亦四望濶然候望烽燧を可置地也亦方位を圖す又南行淀河に沿て下る半里にして日暮半里にして大塚に至り舟渡す川幅二百八十間至平潟驛自驛至大坂五里河の兩傍皆平衍の地にして守防の要地に非す可觀ものなし故に夜半舟を傭して河を下る天明前大坂三軒屋に到着す

廿日晴先浪華城を見んとて天滿口より入追手前を過玉造口に至る此處に御城付與力高橋鐵藏と云人あり曾て其名を聞く因て過訪す鐵藏近日有故謝客其親佐次右衞門に逢近況の形勢を聞に一橋侯幷に小笠原侯不日に登坂一橋侯は西本願寺に留宿せられ模樣に依て上京小笠原侯は直に上京と

の趣江戸より注進ありしと云又中川山長か製する大湊一覽と云地圖を出し示す善圖也探索に益あり依て山長へ就て圖を覔んとて紹介添書を乞卽辭去て城の後郭内より靑屋口の刎橋前を通り北に匝り鳴野口京橋々追手先迄一周歷觀す高壘深池の制法則森然固より間然なし城地を大觀するに北は京師を擁護し長く淀の大河を帶ひ東西に河内和泉紀伊攝津の山河をつきはさみ南淡路阿波を門闕とし中に大江を抱へ船舶輻輳の一都會所謂四通八達の地也大藩鎭を置四方に號令指揮すへき要區也周防町中川山長か家に至り大湊一覽圖を覔む山長往年紀刕加田浦苫ヶ島に遊摸寫せし書を出し目擊の地勢を談す亦可聞ものあり又街頭に出數書鋪に就て近畿諸國の地圖を購る安治川に沿下る安治川四丁目に因刕の陣屋あり又下りて天保山に至り川口の形勢を一覽し方位を圖す近十年浚河の事ありと雖淤沙たまりて船舶の出入に便ならすと云木津川筋は是より深しと云山下に因刕の兵器置所あり大體攝泉の沿海總て平沙の遠淺にして天保山の沖は

二十丁の内外ならては異賊の大艦を寄ること不能併し賊上陸せんと欲せは必バッテイラを可用なれば高岸礁壁の険なきに依て沿海數十里の地皆賊衝ならさるはなし故に礮臺を設くるの地にあらす賊小舟を用ひは我運轉輕便の小礮を以て擊碎すへし必竟賊勢に依て汀渚の際に利を爭ふ事は下策の極にて足利尊氏西上の時官軍兵庫の汀にて防戰利を失し覆轍に傚へからす又防海の術は防河の法に異ならす防河の法孫子既に千古不易の規則を掲示して曰欲戰者無附水而迎客視生處高と是に反する則は古昔宇治勢多等の戰一度も勝を得さりし如くならむ殷鑒昭々たり萬一不虞の事あらは能主客の勢を較量し地形の利を推窮し陰陽の宜を時制し我奇正を整正し彼か虚實を洞察し機變の妙用を施すへし守邊の要務潜心考究せすんは有へからす日已に暮山下の賣茶店に投宿波を枕にして臥す

廿一日晴堤上の曉霜を踏て海邊を一觀し尻無川を越南行するに天王寺の大伽藍二十丁許弓手に屹然たり卽木津川を渡り今宮村を過行て登臨す此

地坂城の正午に當り相距る事一里許城より直南に岸あり住吉に亘る古歌に所謂住吉の岸是也東面は地勢漸く下りて城後を廻る寺は岸上高阜に在加之五重伽藍高く聳たれは候望の爲に設けたるか如し東南には生駒くらかり十三峠志貴ふた子葛城金剛の諸嶺近くは三四里遠くは七八里に連綿し内に河内和泉の數郡を包む小勢南に極れは則紀伊の加田岬也岬前に地ノ島苫ケ島沖ノ島海中に並列す乃攝海の咽喉要扼の地也海備を嚴にせんと欲せは先此海門を固守すへし若不能則は賊の要衝は岸和田以北堺の左右なるへし故に此兩所最嚴備を設けすんは有へからす若不能は賊天保山左右の地より市街を亂妨放火するの勢を張反りて此寺邊高阜の地より坂城玉造口に押寄んも計へからす又阪城は押への大軍を置て河内の地を山に添長く驅て宇治の地方より伏見の要地に突入せんも亦不可計故に坂城を根據として此地には智勇の良將大軍を將て出張せすして不叶の地なり古昔楠公夫子屢出られ戰勝を得られしも地勢の利を得玉へは也又東照公

の茶臼山の營も此傍に在古人兵を用る皆地利を大助とする所以亦可觀也
塔を下り南行一里住吉社に至る境内海汀に臨む快濶の地松樹蓊欝亦以て
兵を屯すへし但し天王寺の備より先陣を出置へき地也又大和川の橋を越
南行一里堺庄に至る亦大港也南北庄合て長さ廿四丁東西八丁許戸數三萬
口數十二三萬港口の陂塘二つ長さ百餘間港内我大船を泊するに足る港上
柳川侯の礮臺あり五年前より港口を守ると云此港近傍高陽の地なし偶市
外に丘阜あり行て觀んとす途にして
仁德帝の陵なる事を聞走り拜んとす日巳に暮暗黑不可行遙拜して逆旅に
歸り宿す
廿二日晴煖和可喜此日海上より攝劦の海汀木津安治神崎川等注海の形勢
を探觀し兵庫に赴かんと欲し拂曉舟を傭ひ港口を出朝霞曖々の中に加田
岬外の島々彷彿として並列す往て不觀を恨む亦再探を期す海汀を右にし
概略一觀するに平沙遠淺前に謂るか如し舟行十里兵庫港に至る和田岬に

出形勢を歴観するに此地攝西斗出の處にして西上の船必寄るへく爭ふへきの地也尊氏か海陸の賊軍此地に湊合して官軍利を失ひし覆轍最不可不警戒也然て此近傍形勝の地なし唯北嶺の摩耶山白旗の古城のみ屈竟の要害なるへし道を湊川に取楠公の墓に謁し行こと二里寺内村に至る村より左折し山を登る事十八町半腹に至る日晩る計りに山頭に達すること不能と閻魔堂下茶店に宿す

廿三日晴晨起山に登る坂路羊腸崎嶇峻嶮特に甚し一丁毎に石を建第十一石に老松二株あり赤松圓心か旗懸の松と云俯て四望すへし又上る事七石山門を過観音閣に至る境内南北五十間許東西十六七間廣狭不一境下に六坊を置山頭に水あり今以て城とすへし閣前より眺望するに淡路以内の海灣目前に瞭々として掌を指か如し若兵を用る事有は此山を本城とし兵を山下に屯し山上より敵の擧動を見定め相圖約束を定め山谷の形勢に頼て聚散出沒の奇兵を用るに便なるへし而して兵庫の軍此城の指揮にて随進

退すへし指南針を出し方位を定め沿海の大海を模寫し又閻後より上る事四五丁絶巓に至り山後の間道を探る右下すれは有馬に至り左下すれは山田に至る山田は十三ヶ村有と云山奥の一郷なるよし前坂を下り閻魔堂より左折し八幡村を過住吉に出街道也西宮を經武庫川を渡り毘陽《ロヤ》驛にて日暮る茅舍に宿す自摩耶至毘陽行程五里半强

廿四日晴曉發稻川を渡り瀬川今在家を過直南に坂城あり此を距る事四里郡山芥川を經る先日天王山に登る山後の形勢未た盡さゝる所あり大閤道と云山路有と聞謂《オモ》ふに山中の間道にして昔時明智か先手此山を取敷たるを堀尾吉晴山路を推上り山を爭ひ勝し道筋ならん必探り知すんは有へからすと思ひ成合村に至り郷導を傭し山谷の間を登降ししやく谷浄土谷の二小村を經山中を行こと幾と三里峻坂險岨辛くして天王山の後大閤松の下に登る又明智陣所なるを通大閤道を探るに尋ねあたらす俄に風雪甚しく日已に暮んとす不得已山崎驛客舍に下り宿す

廿五日晴前日風雪且日暮に及ひ山中の形勝を不探盡を以て又山に登り里人數輩に問に皆廣瀨村上より山を攀天王閣上に登る樵路也と云觀察するに果して是也と見ゆ又明智陣跡に上り委く探索するに城郭の形顯然として存す郭內に水堀あり當時は急遽の際にて城を設るの猶豫なし定めて古城趾に屯せしものならん方今此古城を修築せは不費土木天授の要害を得つへし下りて客舍に歸り地圖及ひ日記を整頓す

廿六日雨又如前日未時客舍を出て道を西岡に取り東寺より京師に入三條街旅亭に立寄り又地圖及ひ日記をしたゝめ夜半に及ふ大體山崎伏見以內皆平坦の地にして京師亦高壘深溝の險あるにあらす崎伏の門關難支時は近郊は戰勝の地に非す古戰宇治勢多の軍敗れ東山を敵に與へて京師難保事屢々なるを以て見るへし故に崎伏の要地に於て無二の一戰に必勝を定め京師を富岳の安きに置き奉るへきなり

廿八日南禪寺に歸り日記及ひ地圖を捧け謹て復命し奉る右歷觀する所の

山海要區之形勢大略如此綜合して考察するに之を人の南面にて坐するに譬ふ京師は首領也神氣之所鍾然して伏見の古城山崎の天王山は左右の手の如し首領不安則は神氣餒乏す之を安んするは双手の力に在力充實する則は首領安し故に兩所の警備最も嚴重ならすんは有へからさる也又大坂尼崎摩耶山泉刕岸和田紀刕加田岬の數所は五人の子一人の父を擁護するか如し山城は父の一身也數所は兄弟也兄弟各其業を勤めて其父初て安坐高枕すへし請試に布置連絡の大勢を云ん伏見山崎の地は攝河泉地を綜攬して門闕咽喉の要地也守衛の法嚴備ならすんは有へからす殊に伏見は京師護衛第一の要地豐大閤守護の堅城を築き自ら此に居
王室を翼戴せられし其深意可見可傚也山崎は街道の樞要にして必大諸侯をして固守せしむへし其選伏見に亞く八幡山は山崎の如く大敵を受る地に非すと雖亦平潟街道押への地也山崎の使令に供すへし又後ろに淀の城あり以て應援すへし必竟伏山兩鎮の力相合して左右椅角の勢始て成る勢

成て八幡淀の働き自在にして彌縫羽翼の備全しと云へし如此なれは寸兵をして北上せしめす鏖殲の功を奏せんされは淀の河防も亦此中に在更に贅言せす大坂は前に形勢の大略を論せり即賊衝第一の要所又五子の長兄也四弟を號令指揮する任にして其選尤重し天王寺住吉堺の庄安治木津川口の守防亦前に概論せり皆大坂の分支にして血脉相融り緩急相應すへし摩耶山は加田岬と相臨み前に兵庫港を抱き西邊を鎭壓するの要塞也主將其人に非んは任し難し而して攝海守備を須つ其全體を綜論するに大坂を中にして加田を左にし摩耶を右にし岸和田尼崎其中間を連絡彌縫し所謂兩翼の大陣形を張り常蛇の戰法を可用其用法のこときは候望の法あり烽燧の場あり飛船の急報驛遞の奔馬各其實を可盡以上の諸務脩整完備し而後雙手の首領を扞護し五子の一父を守衞するの實初て立內地の警備嚴整也と可謂而して加田岬は攝海第一の賊衝南方一の城戸とも謂へき要決なり大坂は二の城戸伏見山崎は三の城戸也一の城戸破るゝ時は二三動搖す

るは自然の勢也故に要洨の固め至極せすんは有へからす海國の守備は軍艦なりしを不可なるは智者を不待して明か也依て列藩の中軍艦所持の侯伯に命し此洨を守らしむへし兵庫海上も又之に準し軍艦を不置して不可也二洨の軍艦實用を得て海上の警備嚴整也と可謂以上内外の守備全き則ゝは一旦不虞の變ありと云とも何そ恐るに足ん雖然守備は形也作戰は勢也勢を制するの法審に究めすんは有へからす其法如何曰近歳戎虜扈跋して萬民塗炭に陷らんとすかけまくもかしこき

聖主赫然として震怒し玉ひ戎虜を一掃して萬民を安定し玉ふ　叡慮に御座まして今般破約攘夷の　勅命あり天下の民孰か死を以て盡忠せさらむや萬一不虞の變に臨み兵勢を振興せむと欲せは恐多くも　鳳輦を伏見の要地に臨幸御座し　親王坂城へ御出駕軍務を統轄し玉はゝ六軍の氣殊更に奮張して戎虜を鏖殲するの勢他日に百倍せむこと顯著明白也是勢を制するの法也古昔

聖帝逆賊を　親征し玉ひ　王子夷戎を攘逐し王ひし先蹤歴々とましませは仰願くは方今非常の世非常の　英斷あらせられ日月の錦幟を九重の外に進め玉はゝ戎虜一掃之　神績必然にして萬世　德澤に浴し奉るへきなり

宮部増實
佐々直介等謹識
山田信道

採襍錄卷二ノ乙

一〇　我少將之君御奏議之事　附幕府へ御建言之事

今度將軍家御上洛御大禮首尾能被爲濟候付ゟは早々御歸府之御日限も被仰出候處

思召を以御滯京被　仰出乍恐御合體之御實意御深重に被爲在候御儀と難有奉感戴候然處將軍家には攘夷之期限次第に差迫り横濱港英夷來舶御談判御處置も御座候得は時勢切迫實に不被得止御時宜合故速に御歸府之儀再應御願立之由に御座候處

叡慮には何分　御安心難被遊猶御滯京之儀被仰出就ゟは在京之諸侯幷越中守にも周旋仕候樣　御內諭之旨謹ゟ奉敬承候越中守儀　勅に依ゟ上京仕居聊報効之志願に罷在候處右樣　御內諭を蒙り候付ゟは微衷を盡し可

申と深熟考仕候處今度將軍家御滯京日數十日之御日限被　仰出候儀を被改而御滯京被　仰出候儀は畢竟時勢之變革に付而深將軍家を　御眷顧被遊候而之　叡慮に可被爲在と奉恐察候續而將軍職　御委任諸大名守衞萬端指揮被　仰付猶又此節之　叡慮には天下之爲且は德川家之爲をも被思召上攘夷之基本相立人心安堵之場合に至り候樣との　旨にて被爲在候由誠以深遠之　叡慮御懇惻之至　勅諭を奉拜聽者誰かは感泣奮發不仕哉況將軍家之御忠意早速に御敬承可有之は勿論之御儀と奉存候併折角之御內諭を蒙り候に付此砌之御奉公今一際周旋仕度奉存候間乍恐猶一應朝廷之御眞意も奉伺且は區々之卑願も奉申上度奉存候方今時勢切迫人心不和に付而は　御憂慮之餘　朝廷より追々　御沙汰之旨も被爲在將軍家にも事々御指揮も有之候處人心紛亂之折柄乍恐右樣　御政令二致に相成候而は人心益以疑懼を生し可申哉と奉恐入候然處今度將軍職御委任萬端御指揮有之候樣との　思召に被爲在候上は天下之　御政令一致に相成人

心安定可仕と難有奉存候向後彌以御實意之御委任被爲在巨細之御政事將軍家へ　御沙汰被爲在將軍家

勅諭を以天下に御指揮有之候得は紀綱相立公平正大之　御政道人心安堵可奉感戴と奉存候處萬一　朝廷よりも數々　御沙汰被爲在候而は　御政令二致に相成乍恐上は　朝廷之御威嚴を被損中は將軍家之御指揮も御不行屆に相成下は人心之疑惑を生し將軍家如何に御滯京有之候而も其詮も有御座間敷と奉存候

君臣眞之御合體より　御政令一致に出候はゝ假令東西御離隔被爲在候而も　御誠意貫通紀綱凜然乍恐　御憂念も被爲在間敷哉と奉存候攘夷之儀は殊更　神州之安危に係一度御失策に相成候得は生民之塗炭　國家之災害眼前之事にて益以　宸襟を可被奉惱と深奉恐入候處御定之期限も差迫り英夷御談判も難被延御時節各國人心不和守備不整此儘にて戰爭に相成候儀乍恐如何成御勝算被爲在候而　宸襟を可被奉安哉　眞以深奉恐入候

然處攘夷之基本相立人心安堵之場合に至候樣との　叡慮に被爲在誠以難有　思召にて人々尊王之精神徹底仕士氣振國力充各國全州之守備一般に相成候儀則萬全之御勝算と奉存候征夷之任は將軍家之御職掌に御座候得は應接談判等之御處置筋も總て將軍家之胸算に被爲任一時之强弱を御計較不被遊始終之成功御仕遂被爲在候樣被遊度奉希望候今度御懇篤之思召に付ては將軍家には固より御敬承御滯京可有御座於越中守も周旋盡力可仕と奉存候處乍恐自然御委任之御名義迄にて右申上候通眞實之御委任にて無御坐候得は將軍家にも御差入御請も被出來間敷於越中守も重疊奉恐入候得共何分周旋難仕當惑至極深奉恐入候仰願くは向後御合體之御誠意始終御貫通被遊切々御參內　被　仰付乍恐股肱水魚之御親にて　君臣之御間靄然たる御誠意一毫之御間隔不被爲在天下之事萬つ將軍家に御委任被遊益儼然之體深穆之德を以御鎭靜被遊候はゝ將軍家には鋭意勵精　叡慮を奉して天

下に御指揮可被爲在左候得は　朝廷森嚴　政令一致天下之人民仰感俯服
今日切迫之時世忽興隆之御創業相成全國振起外夷畏服始而　宸襟を被奉
安　皇國生民之大幸不過之と奉存候右は誠に狂妄之建言不憚　尊嚴申上
候段罪當萬死恐惶戰慄之至に奉存候得共今度御內諭を蒙り候に付愚存之
趣奉申上候偏に
朝廷之御爲天下之爲と存込候迄之微心に御座候誠恐誠惶頓首謹言
三月　　御名
右は文久三年亥三月廿一日將軍家御歸國御願之節關白殿下鷹司樣より御周
旋之　御內命を被爲蒙候に付同月廿八日此御書付殿下へ御直達被遊候處
殿下深御採納にて早速
朝廷へ御參達　叡覽にも可被奉供段御返答有之候事
今度御上洛御大禮首尾能被爲濟候付ては御日限も被仰出置候義に付速に
可被遊御歸府候處　叡慮之旨を以度々御滯京之儀　被仰出彌以御合體之

御實意相顯候御儀と難有奉感戴候然處當時横濱港英夷來船御談判之御處
置も被爲在御定之期限も差迫り候付而は江戸表御守衞も御手薄人心動搖
仕候折柄に付實に不被得止御時體故被遊御歸府度旨御願被爲在候に付而
は公武之御間越中守にも周旋仕候樣との
御内諭を蒙り謹而奉畏候越中守儀此節上京仕居右之御模樣徒に傍觀仕居
候譯に無之不肖之身不容易　仰を蒙り候段難有内深奉恐入候得共涯分を
盡し可申奉存候今度　叡慮を以度々被　仰出候儀は乍恐去春以來御遵奉
之御誠實被爲行屆候處より格別之　御眷顧被遊候御儀と奉恐察候得は此
上御歸府之儀强而御願立被爲在候は是迄御恭遜御誠敬之御積德如何に可
被爲在哉と深奉憂念候仰願は此砌今一際御尊崇之御實德を被爲積切々御
參　内　天顏御咫尺被遊萬つ之　御政事等御直に御伺被遊益以股肱水魚
之御親御合體之御實德上下四方に相顯堂上堂下列藩天下一毫之間隔無之
奉感向候樣被遊度奉存候御奉養之筋も是迄御手厚之御儀には可有御坐候

得共此節より被改而御增獻被爲在度　朝廷よりは御受難被遊との御正議も可被爲在哉と奉存候得共乍恐臣子之御誠意を以御懇願被遊候はヽ　御許容不被遊儀は有御坐間敷哉と奉存候將軍職之儀は是迄通御委任被遊諸大名守衞萬端御指揮被遊候樣との

勅諚に被爲在候得は固より御專一に御擔當可被遊殊更征夷之御職掌を被爲盡一日も御實功を被奏　宸襟を被奉安度被　思召上候儀と奉存候處方今各國人心不和守備不整折柄乍恐如何成御勝算被爲在候而　宸襟を被奉安候半哉所詮　神州之威武を張夷狄之侮を不受生民を塗炭に不陷して宸襟を奉安候儀從來之

叡慮被爲在候得は　御政體相立士氣振國力充各國全刕之守備一般に相成候儀今日之御急務に可被爲在御措置筋に至而は時宜に應し一定難仕儀と奉存候乍恐向後天下之事是非曲直利害得失篤と被仰立　叡慮御伺取にて公平正大之　御政道被爲在度奉存候方今危迫之時體乍恐一通り之御指揮

にては急に御挽回之功も難被爲遂御場合に御座候得は仰願は祖宗御創業之御志を御體任被遊　君臣御合體にて列藩御綏撫被爲在天下之人民歸向仕候樣御指揮被遊度深奉希望候越中守儀外藩之身にて右樣申上候段出位之罪實に不輕深奉恐入候得共此砌周旋之微志今日之時體何分難默止何卒大海之宏量を以御容忍被遊度奉願候頓首々々謹言

三月　御名

一　塙次郎伏誅之事

塙次郎

此者儀昨年逆賊安藤對馬守と同腹いたし兼て御國體をも辨なから前田健助兩人恐多も不謂舊記を取調候段大逆之至に候依之昨夜於三番丁加天誅者也　亥十二月廿一日

右當朝日本橋上に肆有之候事

採襍録巻三

一　詩歌文集

今上御製

寄風述懐

異人波《イも》とも〱むらへ神風やゑゝしからまセ我忌もれを

水府　齊昭卿

浮雲のかゝらは懸ぬ世の中乃まことをてらに山れ端の月

大厦誰知一木支、中興成否繫南枝、勤王義結金剛壘、逆賊膽寒菊水旗、返闕還當餓虎道、殺身莫奈廟堂機、空餘一片忠誠氣、凜烈長爲百世師、

右楠公賛　水藩　藤田東湖

飛鳥山に花見にまかりて

花見むと旅はするとりを出しなきこゝろうきよは春にも有なむ　　橘　是　容

右の歌水府老公の御みゝに達し是容へ給し

あもな山あにをさはまぬもはゝふはもなのちるさへあさに見なもむ

心なく筆ぞはなをぞ世のことふをひはなとより起るとぞ聞

右水戸公硯を是容へ給りし硯の蓋に有し

春さむし籠に起伏鶯も心になゝる梅のおとづれ

右　　頼　醇

墨夷辭去纔三旬、　鄂虜亦窺西海濱、　築壘鑄炮造船耳、　與民致死在何人、

水藩　藤　田　東　湖

天皇命大御歌

朝な夕な民安かれとぞ祈る世にたゝろにかゝることくにはなま

白波の立さわぐともなにかせむわがあし原は神風ぞふく

ほことりて宮《イ守れ》人守れ九重のみはしのさくら風そよくとも

すましえぬ水に我身を沈むともにこしはせしな四國民《ヨモノクニタミ》

位山神の心やいかならむおろかなる身の居るもくるしき

あしきかやまたはしたなや葦原のたのむかひなきむさしのゝ原

異船も泥める人も殘りなく《イもろともに》拂盡さむ神風もかな

しけ〱き茂り〱て萩すゝき今はかひなき武藏埜原

秋夕心いたましむると云ことを

我思夕とたにもかきらねとつきてこゝろをくたく秋かな

源朝臣齊昭

今更に何をかいはんむさし野の蓬にましるあさましの世や

薩摩かた八重の塩路はへたつとも日本心はかはらさり鳬

天皇御製

わかためになにか祈らん朝な〱民やすかれと思ふはかりそ

片煙凝處怨隨結、爭利不知民命絕、罌粟汁膏兵禍根、染來原上幾人血、

右失題　　會澤正志齋

鸞駕播遷時岌々、勤王並起羽書急、孤軍據險金湯堅、逆豎頓兵螻蟻集、大義與人亂賊懼、誠忠貫日鬼神泣、誰言身死偉功空、天柱地維爲樹立、

右楠公贊

いかてまた涙の雨にもれぬへきよをうきくもにもれ《イ為え》まなき身は

右　　藤田彪

旅衣ふちわかるともむさし野に露にちきりはわすれにもかな

右　　戸田忠敞

題しらす　　楳田貞明

中かき放いかよ去てまし櫻花たえは胡蝶のねたくもある哉

吹おくるたちもなの香もなつかしき夕くれとたの郭公哉

月を見て月中の影は駒なるへしと人のいひけれは

久堅の月夜の駒と名におふる雲井をかけて尋ちやふ入は

いかにさへぬるよしのもを去年今年まさ來む春も國の御恥辱に

雲海無邊寇、東方不盡憂、君慙臣可死、弟在母堪由、卅歳多恩骨、孤忠一劍秋、憤魂猶未朽、期拔賊夷頭、

右諫死

備後福山藩士　山岡八十郞

安政六己未四月廿六日、以幕府之命、與安島大夫及大竹儀兵衞同抵評定所受審、此行禍殆不測、將出得詩一篇、乃把筆一揮、留以與兒熊太郞、他日成立其有以知余之志也、時屬天明、曉雲慘憺、杜鵑悲鳴、如訴寃者然、

長鯨機海驕、妖氛蔽日昏、奈何春穐義、擧世付空論、簧言入左腹、羅織付宗藩、顩弁既無地、痛哭聲每呑、忽値紫泥詔、遠傳自天閽、我公感且奮、禍福寧遑掄、修攘翼幕府、正將答至尊、皇天

未悔禍、逮捕鼇 禁垣、況此螻蟻微、齏粉亦何怨、嗟予眞不肖、
學術無淵源、壯歳得虚名、要地浴殊恩、感遇不自揣、欲撐狂瀾翻、
報効無涓埃、疎漏忽禍根、今日逢窮鞫、豈復望平反、丹心尚如火、
誓欲雪君寃、生前所未報、竊期椒山言、揚椒山、臨刑詩云、天王自聖明、利度高千古、生前未報恩、留作忠魂補、

右　鵜飼幸吉
安島帶刀

題しらす

君々の寝覺秋とひし音になかをうれしきものを山ほとゝきす
一聲のことつてもかなほとゝきすこふる雲井に行かよひして
君々の見えてうれしき夜半ことの夢をうつゝになすよしもかな
君々のおもひけむふるねさめにもまつ故郷をおもひやるかな
夜な〳〵の時うつかねや我思ふ夢路をまもるせきにそありける

故郷

いかはかり露氣かるらむはゝそ原草のみしける五月雨のころ

立出し宿はむくらにとちぬとも軒はの松乃常盤ならまし

玉鉾の道わかぬまて夏草の生しけるともふみなまよひそ

ふり捨て出にし後やなてしこのいかなる色に露もおくらむ

人々のいと〳〵なさけ深くものし賜ひけれは

窓近くうつせし木々の深緑ぬかたこゝろの色そ見えける

いかはかりまめにも人のめくむらんあるにもあらぬ淺ましたる身を

花紅葉によせる

惜まてちる花櫻ちりてのちはいろそふ紅葉誰にならはむ

色香よりめてゝこそ見めなへてよにをしまれてちる花のこゝろを

もみちもちりてそ色はまさりけるなからむ後の名こそをしけれ

述懐

我思はれぬ霞か闕ならぬ世にためしなき名をもとゝめと
今更に何をかいはんいはずとも我眞心ぬしる人ぞしる
しひて吹あらしの風のはげしさに何なまるべきくさの上の露
なかためのふかきこゝろとは玉くしげ二荒の山の神もしるらむ
國をうばひ世をかけきての眞心ぬ天にも地にも豈恥ぢやも

八月十三日心にて世を辭たり

むさし野の露とはかなく消るとも世にかたりつと人も社あれ
玉の緒のたゆともよしや君々のかけのまもゞとあらんと思へぬ

辭世の心をとへるに即時に

よみ人しらす

をり〳〵ぬしをるゝ雲のかよひにもはかにもれよ秋の日なれぬ

呼出されて今日や事すむと思ひのよみ人しらす

常陸帶しめてしのをる君か身もとたてあはれのけふやかなうと

題しらす　　　　　　　　　よみ人しらす

暁の鐘のひゝきと消はてゝあくるかなしき空のきぬ〳〵

もろともとおもひしものを世にまきれ君か跡とふ秋そかなしき

右安島帯刀とらはれてよりつみなはれしまての咏

難波にて

難波江やあしのさわりはしけくとも猶世のために身をつくしてを

船中にて

おひかせに箭を射る如く行舟のはやくもことをはたしてし哉

さつまにくたりて

都にてたれかあはれと思らん心つくしのはてにこし身は

浦安くけふは薩摩にゆきにけり心つくしの人はたよりに

薩摩の伊地知龍右衛門にこたへける歌

弓矢とる身にしあらねと一筋にたてし心の末はかはらし

入水の時

船人の心つくしに波風のあやふき中をこきぞ出ぬる

およふへき限りもあらし不知火のつくしにつくす人のなさけに

都にありし時玉をよめる

みかきえて國のたからとなるものは人の心乃玉にぞ有ける

右月照法師故ありて都より薩摩下りける時の歌

大君のためにはなにか惜からむさつまのせとに身はしつむとも

くもりなき心の月もさつまかた沖の波間にやかていりぬる

右西郷吉兵衛後號三助月照と海にしつめる時の歌

九月十一日夜佐久間貞助致敬並松町榊勇介借宅へ宿暁七半時比に至り勇介を二聲程呼懸たる故驚起して行たるに最早割腹して端坐せり何故如此なるやと問佐久間云我所志は君公賢明にして國事こゝに至る痛哭に堪さる也我江邸に對て諫書をさゝけ白刄に伏しな

は君聽萬分の一を回すに足んと思ひ既に其支度をなして麻上下をしめ黑羽二重小袖等小金驛まて先へ送りたるなり出立しに途中にて火急の事到來して引返したりしか今に至ては機會已に失ひたれは進退維谷れ諫書も引裂たりしかれとも猶自刄して命を失はゝ國恩の萬一を報するに足るへきか因て如此なりと言笑自若紙筆を呼ひ息鐵藏への遺書一篇幷古人の詩を書し且古詩を朗吟數回十二日七過に至て絶す枕頭に絶命の詩二首あり

君臣大義綱常重、欲竅名分致簿躬、二百年來恩澤久、浩然正氣歸大空、

安政戊午重九後一日佐久間致敬絶筆

安政五年秋九月、確然殉節報酬辭、綱常倫理今墜地、天下相率不爲夷、

雛　峯絶筆

割腹仕候兼て申含置候如く彌文武無怠長成之節我等心中可察候謹言

九月十二日　致　敬

佐久間鋏藏殿

もゆともようをしと思ひおてしこの花のさかりを君にさゝを拔

兼て申附置候通り忠孝之道にな違ひ被成間鋪候宿には悌忠有之候間御

こゝろ支被成間敷候以上

九月五日　同　藤　藏　信　之

大内孝太郎殿

右佐久間大内二氏共水府之士也

獨憐萬木飄零後屹立深霜慘淡中

右二句梅田貞明所題永鳥秀實囊面孤木圖

入水の時　月　照　法　師

あまをふね人よもゆ先邪のふりきよさつ乃のもとに我もふりきを

天皇命大御歌

鶯のありとやおゝよ聲もしてみへぬも深き春のかにみか

權中納言齊昭

白髮蒼顏萬死（或作六十）餘、平生（或作少年）豪氣未全（或作曾）除、寶（或作佩）刀不試羶（或作洋）夷血、却愛故山舊草廬、

右發東武作

我今爲國死、死不背君親（イ父兄）、悠々天地事、感賞在明神（イ神明）、

假令身は武藏乃野邊に朽ぬともとゝめおかましやまと魂

右　　　吉田寅二郎

君か世をおもふ心のひとすちに我身あるとはおもはさりけり

右　　　梅田源次郎

はし鷹の猛き心をむらすゝめむら□しとてしりうへきやは

右　　　小林式《マヽ》部大輔

鷹司殿御內、高橋兵部權少輔、青蓮院御內、伊丹藏人、山田勘解由、儒者、賴三樹三郎等、阿部伊豫守へ預られ、十月三日賜酒時

各絶命吟、

こからしに吹立られしかしのみのはやくも落るかみな月かな

右　兵部小輔

禍津日も君か世を思ふ眞心のふかゝらさりししるしえけり

右　三樹三郎

贈木戸公　薩摩宰相

むさし野にしけるもゝきの白露を君ならにして誰か拂むぞ

辭世の時

山のはにかたふく月もろともに雲かくれ行あとをしぞ思ふ

鷹司殿御內小林民部權大輔八丈島に遠流の時人のこかねを贈れるをよろこひて

此世ならぬ深き江にしと思ふにぞみもせぬ君か惠うくなり

あふことの人もありなも今思ふこゝろのそこをかたり盡さん

排雲手欲拂妖星、失脚墜來江戸城、井底癡蛙過憂慮、海天大月本晴明、身臨湯鑊家無信、夢遶鯨濤劍有聲、風雨他年苔石上、(或作面)誰題日本太狂生、

右及被刑賦　　頼　醇（稱三樹三郎）

脫却袈裟上將壇、傳令四海動忠肝、魯戈回日動非易、晋甲除姦事更難、勢逼無那成貝錦、志雄未肯掛衣冠、千年空洒秋風涙、土室啾々虫語寒、

右詠史　　藤森弘菴

安政二年八月某日、渡邊兼吉、自北越來訪余廬、與談時事、兼吉示所其作詩云、宇宙精誠是日東、曾聞貪戾百蠻風、神州萬古天孫在、何用儒生文字功可謂傑作余曰、天下之、士徒知天孫之在而、不知天孫之可尊、從知天孫之可尊而不知當竭力於可尊之義也、持此說語人則不應、應必疑之、古人云、藝益工而人益困、豈獨藝哉、兼吉聽余說大喜、且請書、余病中無氣力、勉强援筆付之、然是亦屬無用文字、

右　　雲濱逸人 梅田源次郎

七生說　　吉田矩方 稱寅次郎

天之茫々、有一現存焉、父子祖孫之綿々、有一氣屬焉人之生也賦斯理以爲心、禀斯氣以爲體々私也心公也、役私殉公者爲大人、役公殉私者爲小人、故小人者、體滅氣竭則腐爛潰敗、不可復收矣、君子者心與理通體滅氣竭而、理獨亘古今窮天壤、未曾歇也、余聞楠河內之死謂弟正季曰、死而何爲、曰七生人間以滅國賊、公欣然曰、是獲吾心、耦刺而死、噫是有深見于理氣之際也歟、當此時、正行正朝之諸子、則理氣並屬者也、新田菊池諸族、氣離而理通者也、由是言之、楠公兄弟、不徒七生、初未曾死也、自是後、忠孝節義之人、無不觀乎楠公而興起者焉、則楠公之後、復生楠公者、固不可計數也、何獨七生而已哉、余嘗東遊、三經湊川、過楠墓而拜、拜輙涕淚不能自已、及觀其碑陰、勒明徵士朱生之文、則復下淚、噫余於楠公、非有骨肉父子之恩、非有師友交遊之親、不自知其涙所由也、至朱生則海外之人而、反悲楠公而、吾亦悲未生、最無謂也、退而得理氣之說、乃知楠公朱生及余不肖、皆賦斯理以爲心、則氣雖不屬、而心則通矣、是涙之所以不能已也、余不肖、存聖賢之心、立忠孝之志、以張國威滅海賊、妄爲己任、一跌再跌、爲不忠不孝之人無復面目見世人、然斯心已與楠公諸人同斯理、安得隨氣體而腐爛潰敗哉必也、使後之人亦觀乎余而興起、至七生而後爲可耳矣、噫是在我也、作七生說、

築紫にくたりし時箱崎の宮に奉るとて　　月照法師

白波のよせしつくしの《イむかしを今もなを》ふることをわすれさらめや《イはせしな》箱崎の神

筑前の結城正敏に別る時月をよみて　　水戸藩士某

皆人の心もかゝれまでかにてちりもくもらぬ秋の夜乃月

むさし野の道は千もちにわかるともたふ行道は大丈夫の道

此哥は江戸九段坂在夷賊を刺人出し時よめるよし

すみた川に花見にまいりて

櫻《イ佐久良》東雄

花の枝に木傳ひ遊ふ鳥ならは樂しからまし君もおもて

五月雨のころ家にこもりゐて

ひとひふさひなもりおるさよわひしきに吾大王をいかよまにらせ

えみしに贈る哥

大坂屋の十六夜

夷等部わをのやまとの女郎花ふるあたりかよ裾はぬらさし

此歌は長門の赤間關にきたりし夷人處の女郎十六夜のうつくしきを見めててまくはひせんとこひけるに同し船中なる關東の吏さへうへなひつゝ媒せむとはかりしに十六夜玉の緒のたゆともえあはぬとそいひのゝしりけれはしかすかに夷人も其まことにかめてつらむされはせんかたなくせめて文手のあとにてもとこひけれはか

くよみて贈れりとなむ

大和錦　　　佐野光明（稱竹之助）

天照神の宮居はかみさひて伊勢津に引るいと車大和錦にをりなせるその古のみはたをは五月蠅なす心もくろきえみしらをなて近けてけかしつゝ皇御國の雲ゐまておのか隨意ふみあらしやよひ半の事なれは金の光に眞心も皆うか／＼となつみつゝ大宮人の身なからにさはへなすめるうき事を雲の上まてくもらせて赤きこゝろの宮人をはらへつくして吾妻路にかこそ下して武藏なるひとやの內にひそめられ御國の爲に盡しぬる眞心深き人々を何あしさまにとりなして罪なきつみに罪おひておやのつみとてつま子まて遠き島根になかしけむ猶春雨にそつねるも鶯ならて我袖に落る泪はかはかぬに露打はらし大浦なみとおひしける八重御はた春風に吹なひかして梓弓引しほりつゝえみし等を千里の海に退けて猶日本に千萬のえみしか國をうちなひかせむ

師木島乃錦のみはた持つゝすめら御國の魁をせむ
吾妻路の草屋に住る賤の身も雲ゐの空にさゝけまつらむ
今玆甲寅之夏、　皇宮羅災駐蹕於外亡幾鄂虜航海治攝之浪華浦港留旬餘畿內騷然臣齊昭仰想行宮狹隘無以慰　宸衷俯慨醜虜猖獗未能伸　皇威屢陳鄙見於征夷府而才疎論迂未審用舍如何也齊昭頃獲華欄材長三尺手製琵琶一面竊謂方今　皇宮之災雅樂寶器得無屬烏有耶乃因關白藤公獻之　後宮豈敢望補寶器之闕乎萬機之暇或命侍臣彈還城之樂歌太平頌萬歲洋々乎滿耳則內以舒　宸憂外以鎭妖邪此器與有榮焉臣竊爲天下祝之
嘉永七年冬十一月之吉日權中納言從三位源朝臣齊昭識
志在攘夷倚鞍彈絲
出る日にほふ櫻やかきならしよとのしらべにかをりそふらむ

二　吉田寅次郎より越藩士へ贈りし尺牘

昨夜は卒然拜眉欣慰無量に奉存候扨其節討論仕候一義一々御高見拜復仕候併議論いまた結局仕兼遺憾此事に奉存候今早申上度奉存候得共御多用中と相考差扣申候第一尊藩君公樣天下之魁と御成被遊御出馬之一事御決心之上水府老公へ御熟話候而內外列藩之中有志之君へ御出馬可然樣御談合相成肥後柳川幷弊藩等は勿論御同意之事に可有之に付其上にて閣老方へ列侯出馬之儀相伺御免許に候得は夷人取扱方之儀幷夷人へ應接之趣等詳に得其意若し於閣老方曖昧之御答をも有之候はゝ誠忠を盡し幾應も々々反覆推窮仕不汚國體永黠虜を懲しめ候處に歸宿仕らせ其上にて列侯轡を並へて御出馬被有候はゝ實に　皇國之美事無此上奉存候此一條尊藩より魁を被遊候はては天下に誰一人首唱をなし可申哉幸今日君公樣御巡覽も被爲有候はゝ何卒反覆御建白なされ君公樣思召筋竊に奉拜承度奉願候若此論徹底不仕候はゝ越州之群臣　天朝幕府

へ對し大不忠之論遂に止申間敷と奉存候扨又昨夜拜承仕候御高見之內
幕廷之忠奸黠陟之論は弊藩なとの可預聽事に無之候間其段深御含可被
下候他萬々書不盡意近日之御回答奉待迄に御座候以上
右吉田寅次郎所贈越藩士某

三　吉田寅次郎より鄉里知友へ贈りし尺牘

男兒有所見決意爲之富岳雖頽刀水雖涸孰敢移易哉吾所時是而已矣人助
天祐非所望也甲寅三月上巳後二日錄示同志之徒怒可也笑亦可也藤原矩方
讀兩君書至情懇々有踰骨肉僕區々之身無足言者何乃煩兩君至於此哉僕
坐獄中五六日但見其可樂而未知其可憂願勿爲念焉且僕等初在下田自首
黑川親問其始末來江戶又蒙糺問僕詳擧顚末毫毛無遺十六日町奉行下吏
出示吾輩口書草案羅列吾輩之心事頗極痛快其未至者發言立改僕不覺淚

下曰如是而死萬々無恨退而作詩云夷船入港滿朝驚草卒遂爲城下盟不恨
書生無功死汗靑尙自得榮名
自生所贈二圓金慥に落手仕候煩友人事誠不堪汗面御序に可然御致聲奉
賴候是にて當分は相支候間數日之後今少々相願度奉存候
去月廿五日下田より仕出候書來原赤川坪井へ當候書通候哉否此中に與
家兄書も有之候獄中自有規則禮法尤可樂也但無書可讀願諸兄合力辱贈
懿〔マヽ〕言一本如受拱璧至願々々

四月十九日　　　　　　　　　　吉田寅二郎

標題曰　書牘壹通呈大合衆國水師大臣諸位

吾們二名共係江戸府人竊有所懇請幸達之貴大臣各將官下執事吾們不解
歐羅巴米利幹等國語聞貴船中有通日本語支那語者願命其人對語霎時爲
吾們寛晤令得吐盡吾們之誠意至禱至祈

右吉田矩方自所筆削之草案

昨夜より今曉まて此宿に投し申候今日午後横濱へ參り髭翁へ相談今夜彼方へ熟議之筈に御座候先は吉兆好便も御座候はゝ愚兄か書鎌府へ達候樣宿々問屋へ御賴可被下候以上

三月七日　寅

五　詩歌數件

過金水有感　吉田矩方

心抱乘桴思强笑向人辭道過浦郎塚感嘆立多時

奉別永鳥君　市木公太

一筋に思ふ心狀とけぬれを我か日の本ょ歸るかゝりかね

右長門の金子重之助なり當年《ソノカミ》姓名を變して市木公太とはいひけるとそ

甲寅暮春寓山寺作　　松陰生（吉田矩方）

晦跡入山寺風流將終年柴荊常關鎖杖鞋久棄捐白雲與流水於吾有因緣謝世狂不除遭窮節益堅俗子不識意漫疑去學禪

失題

東方有俊傑志尙素不羣常慕非常功又愛非常人吾謬辱錄存不知其所因一別山河邈中懷訴九旻踽々涼々者孑立有誰隣絕海千萬國何以得新聞國家方多事吾生非不辰涓埃有益國敢望身後賓

其二

彤軒與彩籠鸞鶴各爲群中有野鳥在噍々語暄人一朝見放去自知禍福因展翼凌雲去蒼々高秋旻下瞰一塊土無處不比隣東顧時一鳴欲向臼巢聞別時叮嚀敎歸期及丙辰此意竊自銘敢後鴻雁賓

瀧　　佐久良東雄

みゝあらひかしひきあへるひともなしにすめらみくにのやまのたきつせ

秋思

わかくにのてふりしらねどかゝるときよをもかなしとおもひもてまし

祝言

三條内大臣實萬公

まつりこと道なをられともへらたのおさめまは世といやさかゆべき

辭世のとき

ともはれとみたれかちにもなりぬべしひとつにふすなの野べの苅萱

護良親王の祭日に

水戸前中納言齊昭公

數ならぬ身もいにしへに生れなば君の御楯とならまし物を

清水寺の觀世音に手向てよとて宇埜某に遺りし哥

月照イ性法師弟某

命あらばまたも都の花を見ばまもらせ玉へ南無觀世音

遺僕歌

心たに誠の道をまもりなば遠きあ川まの里に行とも

今上御製

神垣風

心盡し祈をやいのを白ゆうのなひく御前ょ通ふ神風

薄風

夕あらし吹ょつけても花そゝきあたれるゐたょなひくましきを

寄染紅葉

時來れゐ山の紅葉も色ょいつ包れょも露のめをみありけ𛀁

江千鳥疑

芦のものをよける音も疑もしいり江ょ多くつ𛂰ふ水鳥

浦千鳥

浦ほ𛂰ふ千鳥ょつれてよゝのたの誠ゐゝしき人を得まほし

大中臣國臣

天津風ぬけや錦の旗の手ょなびゐぬくさゐあらしとそ思ふ

暮にたりよしやとしのゝ山にねてあはもさかあら櫻ありせん

五　祭吉田大人命祝詞

八十日者在止今日遠生日能吉日止占幣天糺河爾禊祓志粟田山邊仁齋庭設天祭祀申壽事由者己未能年神去麻志々長門國殿人吉田大人命與波夜久勤王之志深久天奈仁久禮能門生仁谷蟆能狹渡留極美塩沫能留限毋皇御孫命能志幾座國曾止言諭志說明米天於能禮萬津王事仁死失賜比志其御魂能蔓比廣古理天王畿伎邊更仁毋言壽七道仁生禮逢奴留武士乎始天蒼生仁至留滿天勤王能人多奈理計武實仁計能心乎心能種止志天太刀擊書籍讀仁毋

天津日嗣能御食國仁生止志生計留者波海行者水浸屍山行者草蒸屍顧者爲志止仕奉良武止神酒者□能閇高知□能腹滿雙天山爾物者毛能和物毛

能荒物大野能原仁生物者甘菜辛菜古海原仁住物者鰭能廣物鰭能狹物奥津藻菜邊津藻菜爾至留萬天横山能如久置足波志天於夜志圀五百津眞椿山鎭座大神仁仕奉留上總介從五位下中臣清我弱肩仁太繦取掛宇豆能大幣帛乎安幣帛能足幣帛止捧持天

天皇我朝廷乎平久安久足御世能茂御世能手長能大御代止稱奉理四方四隅與理荒比疎比來武穢伎奴等斬天屠天古海原者棹枚千壽舟艫能至留極美自陸行者荷緒結堅米馬瓜能足留限理天皇能御稜威四夷八蠻仁光輝志天與止宇事物頸根築拔伎今日能朝日能豐榮登爾稱辭奉留達諸益良男達聞食止申壽

六　常陸の女上書之事

千早振、神代のむかし、神々の、しつめたまひし秋津島、けにも尊き、日のもとの、淸き光りは古も今も千年も萬代も、末の松山、末かけて、かはらぬ君か、御代なるを、かくとはいざや、白波の、よせ來ることに異國の、ことうき船のえみしらかあらぬねきこと、ほと〳〵に、かけ曳國の、心とて、御風のをもの、はみなからまめまめしくもおもほへす、まとふ心に、ぬはたまの、黑きまがへを、かたらひて、世にたひなき、御《ミイ》績《サホ》は、さわにあれとも、あやまちは、露もをはさす、聖《ヒヂリ》なす、賢き君を、退けて、黃金眞《玉カ》國を、春山の、花よるがこと、まきちらし、晴る雲ゐを、くもらする、たくみの種《程カ》の、淺ましと、浮世の人の、言の葉に、聞も苦しき、老の身は、五十《イソチ》の四《ヨツ》に、なりぬれと七十三の、老の母、朝夕さらす、仕へつゝ、別れてふ事を、うれしくも、共に心を、添られて、我君の爲、國の爲、後れなとりぞ、をゝしくも、老の言葉を、力草、つゆもふくむか、朝朗《ボラケ》、日もたちのほる、衣手の、常陸の國を立出て、敷島の、道ある御代を、さゝかにの、行も歸るも、梓弓、はるけき道を、さゝかにの絲もたゆます、引そへて、雲の上まて、かけはしを、わたる思ひは、天疎《ザカ》る、鄙に生れし、塵の身の、ちり積るてふ、山の井の、深き心の、源は、流れて清き、丸水の、中に住ぬる、魚心、賤しき身をも、忘れつゝ、御國のためと、朝夕にこゝろはちゝにくだけとも、たゝ一筋に、行水の、蟬の小川に、御祓して、はる〳〵來ぬる、旅衣、曉告る、鶯の、野末に匂ふ、梅か香を、風のたよりに、久かたの、天つ空にぞ、聞えあけ、ゆゆしけれとも、九重の、雲ゐの神に、奉るなり。

しき島の道はとる身はさゝかにの雲ゐの庭に引れ來に鳧

梓弓思ひはらへを雲ゐまて道もたゆます登らはしやは

曇りなき赤きこゝろの寸《マ》心《ス》鏡照す光りを四方にかゝやけ

なを道にかゝはさかしき橋立を人わたるとも我はわたらし

玉鉾の道をあれてもそゝみ行やまと心の駒をはゆまし

七　吉田先生之事付故卿えの書翰

吉田松陰先生先月廿七日死罪被仰付候處誠に行規正敷立派之最後にて緩々と辭世之歌を唱へ被爲終焉人々感涙を流し候由即日萩家中吉田同心小寺新之丞飯田松《マヽ》伯死骸を乞受兩人自ら羽織に包み擔ひ候て芝の泉岳寺に葬り收め候由感心之事に御座候

平生學文淺薄にして至誠天地を感格する事出來不申非常之變に立至り申候嘸々御愁傷可被遊拜察仕候

親思ふ心にまさる親こゝろけふの音つれ何と聞らむ

乍去去年十月六日差上置候書得と御覽被遊候は左まて御愁傷にも及不申と奉存候猶又當五月出立之節心事一々申上置候事に付今更何も思ひ殘し候事無御座候此度漢文にて相認候語諸友書も御轉覽可被遊候幕府正誠は丸に御取用ひ無之夷狄は縱横自在に御府內を跋扈致し候得共神國未た地に墜不申上に

聖天子あり下に忠魂義魄充々致し候得は天下之事も餘り御力落無之樣奉願候隨て御氣分御大切に被遊御長壽を御保可成候以上

寅二郎

家大人膝下

玉大人膝下

百拜

家大兄座下

兩北堂樣隨分御氣體御厭專一に奉存候私被誅候とも首までも葬呉候人あれは未た天下の人には棄られ不申と御一咲奉願候兒玉小田村久坂之妹へ五月に申置候事忘れぬ樣御申聞奉賴候呉々も人を哀んよりは自勤る事肝要に御座候私首は江戸に葬り家祭は私平生用ひ候硯と去年十月六日呈上仕候書とを神主に被成候樣奉賴候硯は已酉七月日赤間ケ關廻浦之節買得せし也十年餘著述を助たる功臣なり松陰二十一回猛士とのみ御記奉賴候

辭世

身はたとひ武藏の野邊に朽るとも留置まし大日本魂

八　詩歌數件

贈大納言齊昭卿詩

彪死留皮豈偶然、湊川遺跡水連天、人生有限名無盡、楠子忠誠萬古傳、

今上御製

寄弓戀

異人のさらぬなきりた武士の弓のちならそつよくなかるゝ

和女王あつまに下り玉ひし時の御歌之事

逢坂の山の關守とゝめてよゝふをはし兆の木曾のおなたに

おしからし君と民との爲ならは身は武藏埜の露と消とも

ふたゝひたかへしもあへぬ包ひ衣ゝふ九重を立うかりけ哩

もみなれし大内山を立出ておゝろにかゝる木曽のあけもし

御製　砧

うたてやむ《イそ》ものなからなくゝ唐衣いくよをあたゝ日を送りつゝ《イるらむ》

これのおほみうたは文久二年冬のはしめつかた

勅使あつまに下り玉ひし比ものし玉ひけるとそ

神樂

心をこ《イして高く》めてうたへよあをら人かたふ《イかゝり》けるよをしるもしらぬも

高杉某稱晋作長門藩士亡命しける時娣某かよめる歌

五月闇もれて雲ゐの大空に音をたかくなけ山ほとゝきす

九　奉安藤對州閣下外國奉行堀織部正遺書之事

外國尹堀織部正謹白、語云鳥之將死其鳴也哀、人之將死其言也善、臣知之矣、嚮不顧微軀、激論妄答、不服於閣下之高議、其罪當萬死、乃碎肝腦、絞膓血、聊述鄙言、以奉閣下、閣下請少容焉、抑外虜船海爾來、公議百方、不決於戰守而、決於和信是時務之變、誰不可防也、唯切齒扼腕而已矣、臣深憂之、嘗奉縷々之鄙言、頗有所容而、東馳西奔、預其事固臣之職、不可不竭也、然均是人也、豈無慷慨義烈之志哉、是時務之變、誰不可止也、彼溺公議之海涵、恣意妄行無顧忌、犯大義者不可算也、就中墨夷都督米理弩留、竊微行於貴邸、專論我政務、閣下共被同餐、尊之如師父、遂許刑典數部、是可怪一也、彼與閣下結伯仲之義、贈衣帛珠玉巨萬、閣下酬之以慶長正保金一萬鎰、是可怪二也、彼醉例之際、戯於閣下之侍妾某、閣下許與之、是可怪三也、彼喝請築居館乎御殿山、一月以八百鎰賠之、閣下遂許之、是可怪四也、此四事、既犯大義者、無甚於此矣、然天意未可知也、倘竊聞、彼等論廢帝之事、閣下慫慂、使國學人探索我舊典、私議其事、豈謂之何哉、至此血涙如雨、銕膓如裂、誰無哭慟仆地者實天下之賊、天誅固不容也、其顛末已於彥根老閣下而可見矣、是臣深爲閣下所以憂也、然道路之流言、雖有所不信、天以人擧知其罪則、果明矣、是臣誓所以不服於閣下之高議也
閣下若不忘我　邦之大義則、奉忠於
天朝、致軀於幕府、施仁政於民、是臣伏所祈也、臣今屠死、其言也必善、閣下請少容焉、臨表不堪泣涕

一〇　詩文二件

山内容堂公詩之事

銳鼻黃瞳狀貌豪、海城六七斫波濤、彈丸硝藥汝休說、知否腰間日本刀、

秋月藩士海賀某稱宮門遺書之事

平生所志、豈在他哉、赤心報國、唯此四字、

右黄なる木綿にしるしたるを死せるのに身にまとひたりとなん

採襍録巻四

一　大橋正順の妻菊池氏日記之事

卷子

夢路の日記

かけまくもかしこき

大君の、おほんめくみは、大空より高く、海原よりもふかう、たとへしへなくかたしけなき事、此御國に生れあひしともからは、あふき奉りて、そかおほむくひは、みをも家をもすて奉らさらんやはと我世の君のつね〳〵かたらひ給ひてしを、いにし年、こと國のふねいりそめて、物かふる事になりてよの中やう〳〵、おたやかにしもあらすなり行につけて

何事もたとらぬみにもいかならむうためか見るとなけくころあななと安からす、うちなけかれ侍りて、むねのみうちさわかるゝにも明くれ

に

君か代は玄つけしとのみうたけして遊しむしろ玄きしのふ哉

いかでよの中おたやかになして、いにしへの都のさまにもたちかへし奉りてしかなと、女のあさき心にも、思ひつゝくるに、ましてをとこの君は年頃學ひのまとに、心ひそめてひしりの道をも、をさ〳〵わいため玉ひけれぱ、天の下の御爲を、深うおもひはかり奉りて、かゝるよの行末は、とやあらむかくやと、明暮心をいためはへりて、よるもすからに、まくらをあういねし夜なく、うめきなけき給ひて、おのれ人數ならぬ身にはありとも、何かはかくていたつらにのみ過し侍らむ、いかて御國のため、もゝにひとつも心さしをつくして、おほやけの御まつり事も、すくれる道におもむけ奉り、よろつの民のこゝろをもやすめてんと、やむことなき君の御あたりに、みそかにふんじ文してだに、奉らはやの心おもひおこしつれど、いまた筆をもえとらす、何計りの心さしも、えとけぬあひたに、口さかなき世のならひとて、おほやけに、いとけしからぬさかしらことをなむ言つぐ者侍りけん我世をはしめて、早うやしなひたてし子ともまて、おほやけのひとやにとらはれ侍りつるは、今年文久二とせといふ、むつき十二日の夜になむ有ける、いとあさましうて、なみたもえ出す、家こそりてなけきかなしめとも、かひなし、されとおもひ直して

中空の霞に玄はしくもるとも春の光のてらてやま兊や

すゑゑ姿の御國をおもふ眞心に天の兊をみのあゝらましやはなとおもひねんじて、づれなしつくりてあるに、あくる日家の調度とも、たつねさくらむとて。おほやけ人あまた入り來りて、うち外まもる人々の數、大よそふたもゝたり計りそ有けるかゝるひしきの、けゝしう江戸のかへまくまて、聞えみちためれは、おほやけをはゝかりて、づねにしたしうとふらひようてこし人々たに、たえて音つれもなし

あさましさいふ計なし人心かゝる折こそ奥もしらるれ

山海にあらぬ物からよのひとのそこのこゝろもくみそしらるゝ

かゝる折も鶯のみ朝夕たえす庭に音つれ侍りけれは

たれこめていつともわかぬ我宿に春をしらする鶯の聲

世の人は音つれたえしわか宿をとふもうれしき春の鶯

されと、まことに心さしふかう物する人は、しのひにとむらふ、はたなきにしもあらすなむ、かくてきさらき廿日あまりの日、我はうと教中の、古郷にありしか、おなしうたかひにあひて、これさへからめられ侍りて、しはしのほと、我子は何かしの御たちへ御あつけとなり侍りぬ、何の契りにて、かう安からぬ物おもひのそふならむと、返〲心もくれまとひつゝ、いまは花のさかりをも、よそに聞なして、ひたやこもりにて暮しけるほとに卯月の頃にもなりぬ、

なけきつゝ春もきのふとくれ竹のこのうたふしをたれにかたらむ

もろともにかたりあかさむ折もかな今のうはさをむかしになして

けにいにしへ、人の國にも、道々しうおこなふ人々の、その代に心さしあはされは、さま〴〵のさかしらことによりて、つみうることは、むかし今になほめつらかならす、いとためし多かなり、こたひの事も、とかく其事取おこなふ、いうそくの、おのか心の引かたにまかせて、しひてなきもの草も、おほしてんの心なめりと、やう〳〵よの人も、いひもてさわくをきゝて

さかしらの風は吹ともくれ竹のよををれるふしのいかてをるへき

只あまてらす大神をたのみ奉らんと

八百よろつ神もあはれとうけたまへ我身よかへていのるこゝろを

いかて〳〵と明くれ、いのり奉りつゝ、あきらかになりなむ折をまつほとに、さつきの頃にかありけむ

、、、、、、なかめふるやのさみたれはいつをかきりよ晴んとすらむ

なかめもひいとし心もかきくれぬいつをかきりのさみたれの空久しうまとのとも、おろしこめてあるほとに、からうしてきのふけふなむ、明わた

して見出るに、いつしか庭のあさちに、秋かせの音つれ侍りて、あした夕への露も所得かほなり

花鳥の色音もわかてふる宿におもひもうけぬ荻の上風

春をたにしらて過にしあさゆふに露おきあまる秋は來にけり

我袖は、けにおとらしとこそ、おもうたまへしか、さるあひたに、いかなる、さいはひにかありけむ、こたみおなしつらなる人は、十八にもあまりつるに、おもうたまへかけす、我世の君ひとり、にはかにこの、ぬは玉の、やみのせかいを、出され侍りて、我むす子をあつかり給へりし、おなし御たちにまかて《ママ》にけりさるは文月の七日といふるになむありける、いとうれしともうれしう、夢にやとたとらるゝに、こはもはらいとやむことなき、御あたりのひかりにあたり侍りてと、あやしき風の便りに、うけたまはる、かたしけなさせはきたもとには、つゝみもあへす、おしこめかたくて

ありとたにしられぬ草の下露をおもひもかけすてらす月影

雲ゐもる月のひかりのてらさすはむなしくきえぞ葎生の露

いとうれしと思ふたまへしはゆめはかりのまにて、重きいたつきにふし玉ひて、其月の十日餘り二日といふに、あしたの露に先立てそ、きえ給ひつる、あさましといふも、なか〳〵にて、物もおほえすくちをしうて、皆くれまとゐぬ、まして我世のきみの、をしへをうけし人々は、あしすりをしつゝ、いかておなし道にもとかなしひなけゝとかひなし、その中にもかのやかたには、かねて四五人そひゐて、みあつかひ侍しか、いとたのみかたけなるけしきを見て、かくなんとみそかにつけおこせけれは、むねつふれておほけなきすちとはおもへと、いとしのひにしのひてまうて行て、かたはらにつとよりそひて、とかくあつかひ侍りつるに、今はといふきさみにかひなくさのみなおもひくしそ、今はとまれかくまれ、あらすならむ後にそ、さわやかに身の耻をもすゝかむ、こたひやむことなき君の、あらたに天か下のみまつり事申給ふ事となりにて侍れは、さりともおほん代の、あへききさまに見なほすやうもあらしやは、今はことにおもひおく事もなし、こよひ過は又のあしたの露に、いかておくれしと、さらにみたれたる心地も見えす、つひにはかなうはなり給ひひてけり

むさしのゝ露ときえ行人よりもおくるゝ袖のやるかたもなき

きえ行もとまるもおなしむさしのゝ露分衣ほすよしなき

もつるまてあへぬためしのふぢ衣なみたに今やくちむとはらむ

まことや、いにし年も、天の下の御爲にと、心をつくしゝものゝふの、いくたりともなく、あさましう、なりゆきしを思へは、

今は猶さしもなけかしかゝるよに物思ふ人はわればかりかは

よそ事にきゝてもしほる衣手の今は我身のうへにさりける

また

御國おもふ人の心をいかなれはしらすかほなるやほよろつ神

いとうらめしうて、神をさへうらみ奉るへうおもひなり侍るも、かつはか

しこしや、今は明くれに、そのかたのおこなひをのみ、やくにて過しつるに、其月の廿日あまり五日といふに、からうして、をとうとの、教中も例のみたちに、御あつけとなり侍りつと、きくに、少しはなけきも、とりかへされてなくさむとはなけれと、

山松のふた枝もなしやふれぬとものふるしけみをかけとたのまむ

としのひつゝ、かたみにせうそこして、たひらかに物しつるを、こよなきよろこひに、おもひかはしつゝ、ともかうも、此ひとりをたに、たのもしきものにして、我子とものゆく末もたのみ聞えはやと、おもひつゝくるに、いかなるまかつひのたゝりにか、葉月七日といふに、又にはかにやみのゝしりて、八日といふ曙に此人さへそ、はかなくなり侍ぬるは、ゆめに夢みしこゝろのみして、くちをしう、かなしき事、物ににす、人々の、かしこういさめたまふを聞て、やゝみたりこゝちもをさまりにたれと、倘うつゝとは、さらに〳〵おもひもわかす、

夢ならはとくさめよかしこのうきをのちのうつゝのかことにはせむ
せきあへぬなみたもまたしむねゞのみみちては袖のぬれんともをす
しらさりきともゞあたらぞうき事も我みひとつゞつもるものとは
いとゝあるにもあらぬみの、すくせのつたなさは、なくさめむかたなけれ
と、またやゝおもひかへして
君の為よのたゞおもふものゝふの清きこゝろも神ぞしるらむ
また
おのつからうつろふよりも吹風にちりてぞ花もよゞもをしめゐ
今はいかに、おもふとも、かひなきことゝ我はわれと、おもひさましてもは
へるへけれと、ふるさとにおはする母君の、なけいい玉ふらんほと、いかにと
おしはかられて、あはれにも心くるしくも、いかにこしらへてか、なくさめ
きこえんたゝ
千代までもおほなからへてひこもえの小松か末をみぞなもを君

今よりは猶さしもことに生出むふた葉の松の末をこそまて

こゝろ物せるをたに、おほしたてさせぬ人なと、聞えやる物から尚折々は駒なへて歸る日いつともそれはあきも包それてまつあもかなさかゝるほとに、ふるさとよりとて、消息あるにとる手も、こゝろもとなう、ふんしめときて、なみたにめもみえぬを、たとる〱うち見れは、母君もたひらかにて、いとかしこう、たけきものふといへとも、えもおよひかたう、ありかたきまて、をしうて、何事も、よのことわりを、ふかうおもひとりて物したまふに、少しは、こゝろも、おちゐ侍りぬ、やう〱おもひつゝくるに、誠にこのふたり、かくいたつらになり行し、そのもとはたゝ、國のみためをひたすらにおもひあまれるこゝろよりさるいみしき事のさまにも、なりにてはへれは、色をもかをも、しる人にまかせて、

もゝとその後もくちめやあくはしき名をたち花のたちかれぬとも

うた事は夢となしてもとゝめ置名を幾とせもさめすあらなむ

また

あまかけるたまの行へも九重の御階のもとを倚やまもらむ

なとかゝるはかなし事を、手習ふやうに、かいつけつるを、こゝろやりにてうき月日を、過しつるまゝに、閏八月の廿日あまり七日といふにからくしてと、あきらかに、さはやきて、我子もゆるされ侍りて、歸りまうてくるに、かなしきものからまつむねにうちふたかりて、

うれしさにつけて今更かなしさのまた立かへりぬるゝ袖かな

かゝるにつけても、あらましかはと、口をしき事はた多かれと、とまれかくまれ、かうひとりたに、つゝかなうて、歸りつる悦ひに、せめてなくさめ侍りて、なほ行末此なき人々の心さしを、さしつくらむをのこ子ともはへれは、さりとも、とりかへしつへきよもあらしやはと、せめてねんしてたのみ思ふもいとはかなしや、

たのみこし二木の松のかれしよりそのわかはえの末そまたるゝ

又あるときなき人々のこゝらの年月かいつけ置玉へる文ともを見あつめて
おきて又たれかしのはむなかれてのよにもたえせぬこれの水くき
なかれての世にもつたへむものゝふのにこらぬ心水くきのあと

二 時世詠歌拾集之事

題しらず 勸修寺宮
すかたをは墨のころもにゑつゝめとも心ハ清きやハとゐハしひ

述懷 德大寺實則卿
世の中ハうつりけりあいにしへのゐめしゝ引んかお弓もかな

題しらす 仙臺中將
おして見よ異國ひとのちあらゝてやハと島根のうこくものかは

題しらす　因幡中將

もみた川墨に染まれし武士を賀茂の水にて洗かわか《きよめカ》む

題しらす　伊賀中將

えみしらかよせきたりとも二見潟岩にくたける波とあさまし

題しらす　平正雄

命あらはまたも來て見む武藏野のをもなか末にかゝる月影

題しらす　源久道

物部の弓矢とる身も耻かしやわか大君のたけき御こゝろ

題しらす　下間少進

討攘ふ時し來らは今のよもなと神風のふかておくへき

題しらす　よみ人しらす

君のためよのため身をは捨よとてわかたらちねはそたておきにた

もかなしやよにものゝふと生れもはかゝるなけきはあらまし物を

題しらす　　　　　　　　　よみひとしらす

大君の正しからすと怒りしすゑみしきためる時そ來にける
留めし御國を思ふ一筋のその眞心をあかしかを凌ろ
わずれらをきために出しも國の爲よしや其名もたゝすともあれ
しのびかね君の爲とて武士の思ひたちぬるむさしのゝはら
とても又詠むべしともおもほへす涙にくもる九重の月

曉の雨に

かくなりて猶思ひねの故鄕の夢驚かすけさのはる雨
春雨に驚ろかされて覺て猶うつゝろ殘る母の面影

題しらす　　　　　　　　　小山重園

雲井にも澄月かけもありなからなかはにかすむ春のよの空

たいしらす　　　　　　　　よみ人しらす

降積る雪の松か枝時來れはあらしに高き音や立らむ

かへらしとかねて誓ひし身なれとも猶おもはるゝ故郷の空

題しらす　大中臣國臣

春秋の御幸もたえていたつらにゝほふ都の花紅葉かな

君か代のへすけかりなをかねてより身を花守となりけむ物を

いさたれも行て折なむもみち山とてもちるへき色を見え皀

たいしらす　よみ人しらす

おほそらをてりゆく神やしらすらむ君かためにとのこすこゝろを

題しらす　よみ人しらす

雲の上に君ますものをくぬかみにかりのちきりを何むすふへき

かみをそき名を東行と改めし時　高杉某

西へ行人をしたひて東行人のこゝろを神そしるらむ

題しらす　宮部増實 稱鼎藏

いさことも馬に鞍おけ九重の都の花をちりなむものを

春興

一従晦跡遁寰中、不問人間達與窮、門外青山屋後水、暮春諷有冠童、

湊川覧古　　加屋盾行 余師友也

楠公蹟在湊江灣、此地出師無復還、一死未全酬陛下、七生爭不念人間　廟謨已矣東流水、大節巍然北峙山、欲讀碑文何忍讀、滿襟隨涙自潸々、

周防逆旅製　　澤宣喜《マヽ》朝臣

魯抱杞憂誤廟謀、區々三十六春秋、海島更無田横客、山林豈有伯夷儔、韜蹤似踏岩倉月、養志欲呑湊水流、只愁荏苒空窮死、不向中原曝髑髏、

天津日を仰をよつけておもひ出よそめら御圀の高た光を

春川公謠韵《マヽ》兼述卑懷　　加屋楯《マヽ》行

臧否何嘗識　廟謀、後來或懼魯春秋、膺懲無路報先帝、意氣徒羞許舊儔、縦有仲連踏東海、還令祖逖誓中流、殘星豈是偷安志、苦思王山枵髑髏、

大中臣圀臣

ひたゝれの袖くゝりして九重の御のもとの花をなかめむ
雲井にもかよふ心もおくれねときこり草かる身をいかにせむ

たいしらす　伊牟田永頼 稱尚平

鹽沫のなれる夷か島根まて吾大君の春をたつらし
千早振神の御威稜をかゝむらむ海すら猛男と生れし我も
身をいかに盡さもいかに大御世のめくみの露に深く報む
鷲鷹のたけきつはさにくらへてもおくれぬものは心なりけり

別同志　柴山某 稱愛次郎

別れてもまた逢事のなからめやすめら御鋒のつよき日なれは

無題　藤原綏猷 稱田中河内介

天下滔々億兆民、誰將良策攘邊塵、扼腕憤激豪談客、多是貪生畏死人、

贈松郁先輩　清河正明 稱八郎

斯懷微志至遠陲、樽前每見淚痕垂、徒手倶圖報國策、亦心偏誓致身期、

聖王艱苦一朝迫、臣子偸安百事移、草莽義兒獨不忍、空吟櫻下俟花時、

遇感　　同

今日所貴苦節士致身盡力先期死人望已歸名分明誰疑功業成與毀孫郎斫案果何情江南立殲曹瞞兵從容處敵安石略符堅百萬一時傾羯胡盜破唐名器河北獨唱顔家義睢陽不屈張巡節天祥乘節宋末地甲與乙伏異邦兒芳勳落々世如斯怪底百王一代國曾莫一箇揚義旗

三　又次漫士編撰之事

進取餘編　　皇國蒼生又次漫士集錄

大橋正順、字は周道、訥庵と號す、江戸の人、正學を興起し、名分を明かにするを以て己か任とす、其著す所闢邪小言、元寇紀略等遍く海内に公行す、文久壬戌正月十二日、罪を得て縛に就き、江戸獄舍に下る、其秋七月七日、病に因

て獄を出、宇都宮の藩邸に幽居す、此月十二日、遂に起す、年四十七、谷中天王寺に葬る、吟其詩三首を錄す、

刑屍累々鬼火青、枕頭時覺北風腥、婆心憂世夜難睡、起自窓端見大星、

白癡相率慕腥羶、漸看華民欲祭祆、撲滅妖氛果何日、慨然撫劔問蒼天、

尊王攘狄豈無時、何計危言却被疑、今至葢棺吾已矣、　秋津洲裡一男兒、訥菴

の予陶菴獄中作二十首の一

兒島燆、字は强助、自ら葦原處士と號す、下野宇都宮の人、幼年水戸に遊ひ、贊を藤田東湖、及ひ茅根寒綠に執る、壬戌正月廿八日、縛せられ、其歲六月廿五日、江戸の獄中に死す年二十六、其囚るゝや、自ら處士强助墓の五字を大書、述懷絶命の詩歌、數十首を爲る、今詩三首歌二首を錄す、

上安

聖主下安民、誓與姦臣不戴天、一笑椒山胡銓輩、空將疏奏逞豪權、

廿年鞠育未酬恩、世事多難頻走奔、紅涙數行燈下別、點而再拜大乾坤、

愛讀文山正氣歌、平生所養顧如何、從容唯待死就刑所、今日九原知已多、

二荒山ふたゝひ國にかへらしとちかふこゝろを神はしるらむ

大君のうきにわか身をくらふれは旅寝の袖乃露はものかは

平山繁義、兵助と稱す、常陸の人、往年醜虜の跋扈を憂ひ、同志二人を伴ひ亡命、上國に赴き、泉州に抵り其二人逮捕せらる是に於て頭髮を剃り微行、關東下り壬戌正月十五日、江戸坂下に死す、年二十一、所謂細谷忠齋なる者なり、今詩一首歌二首を錄す、

丈夫據義死何悲、成敗在天寧可期、骸骨縱消武州土、精神留欲護　皇基、

呉竹のうきふししけきよなれとも緑の色はかへもやあらなむ

吹風にあらねとけふは大君のこゝろにかゝるくもや拂はむ

小田朝儀、彥次郎と稱す、常陸人、沈實にして略あり、嘗て身を國家に致さむと欲し、從容として家を出、壬戌正月十五日、江戸坂下に死す、淺田儀助是なり、今歌二首を錄す、

東路のむさしの春は立ょしと雲ゐょあけよあしたつの聲
見よや見よおみかこゝろは花盛り神代のまゝの春よそ有ける
越智通桓、字は士威、顯三と稱す、下野吉田村の人、人となり慷慨、死を見る歸するか如く、壬戌正月十五日、三島三郎と稱し、平山諸子と與に、江戶坂下に死す、年二十五、今詩二首歌三首を錄す、
生來兩度決必死、二十五年又迎春、丹心一片𩀌不已、再生又掃犬羊塵、
奮然《一作決心》決起《手欲》掃棒荊、一劍直當百萬兵、成否元來皆《一作命》有命《耳一作將》、欲留報　國盡忠名、
白髮の老を見もてゝ國のためつくすまこゝろ神ぞしるらむ
𩀌れなは又起なゝむ《も起なまむイ》とか心しこのなふれを討盡すまで《がつくる時までイ》
黑澤保高、五郎と稱す、常陸久慈郡人、軀幹長大、膂力衆に超たり、辛酉五月高輪東禪寺、夷人館に闌入し、逃れて身を潜め、吉野政介と變名し、壬戌正月十五日、坂下に死す、年十有九、歌一首を存す、
たふれらをきた洗つくして後よこそ露の命もなと惜むらむ《めカ》

高畠胤正、萬藏と稱す、常陸久慈郡の人、東禪寺の役其前導をなし、逃て潜匿し、相田千之允と名乘、壬戌正月十五日、坂下に死す、年三十七、歌二首を存す、

とくかはのきよき流れのさかなみをしつめてやはあるますらたけをが

むら雲はかゝれと君にさそもれてうたよもなれし月をなかめむ

河邊元善、在《左カ》次衛門と稱す、常陸の人、壬戌正月十五日、坂下に赴き、其期に後れしに因て、始末を長邸に訴へ從容自盡す、内田萬之丞と云もの是なり、今詩一首を存す、

五更月落凜悲風、別母捨兒奈此忠、　皇國存亡人不識、斬除奸賊報天公、

横田祈綱、藤四郎と稱す、下野眞岡の人、辛酉の冬　國事の爲に出奔、坂下の擧、椋木石黑等と共に奔走周旋し、爾後其所在を知らす、今歌五首を錄す

坂下のちりを拂へとしなとの神のきたもふゐち風もかな

大君の御こゝろかしこむますらをか時しなしとていかてやむへき

皇神の誓ひのまゝにかしこみてまもらてやあるやまと島根を

大君のみこゝろなをむとたやいつ夷よせくる浦安のくに

いまさらになかてなけかむかねてより國にさゝけし身としおもへは

横田昌綱、藤太郎と稱す、下野眞岡の人、父祈綱と共に身を國事に致さんと欲し、坂下の列に入り、其事を周旋し、壬戌正月晦日捕はれとなり、其歳六月十一日、江戸獄舍に病死す、年二十二、今歌三首を錄す、

なきかまのとかまをむねにとたおけはしこのたふれをきためさらめや

まかつひの神のまかこといかにをむもらひきよめよ二荒の神

ますらをも涙に袖をしほりつゝ夷きよめてまかると思へは

河野守弘、氈屋と號す、下野大道村の人、嘗て下野國誌十二卷、南朝百首一卷を著す、乃ち三島三郎の祖父なり、今歌二首を載す、

老ぬれは國にむくいむ眞こゝろもあるにかひなきよをそこす哉

大君のおもひのまゝに日のもとはいよ〳〵清くなるそうれしき

小宅高保、文藻と號す、下野眞岡の人、頗る義氣あり、甞て夷狄の强梁を惡み平居の談尊攘の說にあらさるなし、老たる故に、家に潛居す、今歌三首を採る、

皇國をまもるこゝろの壯士はわか日本の花にそありける

老くちてよしや野中に斃るとも大和こゝろのなとたゆむへき

君國の爲としきけはいましめのなもめの恥はうらやましけれ

石黑簡齋、別に澹雲と號す、伊豫人、某侯の藩士なり、世の奇變を嘆し、薙髮し亡命し、跡を山林に匿す、甞て坂下の擧を周旋し、壬戌八月六日、江戸獄舍に病死す、年二十七、詩歌各一首を錄す、

只合是非期百年、衲衣辭世復聊然、迃儒多抱陳編老、壯士元羞瓦礫全、邊海風腥鯨鯢躍、帝閽雲黑旆旌懸、男兒自有男兒志、一任豎孺呼大癲、

あなうれし我大君のみこゝろもるかてやもまむとしと思へは

懸緝、字は元吉、六石と號す、下野宇都宮の人、屏居に因て出す然れとも、隱然持正の力少なからす、今詩二首を錄す、

冠履倒置事國讐、聖旨抑塞不得休、神怒人怨敗在近、誰道悠々歲月流、次强助之韻

身死囹圄縲絏中、心與青天白日同、一言贈君々記取、　朝廷分明知其忠、葬强助

小山弘、字は毅卿、春山狂夫と號す、下野眞岡の人、壬戌正月廿九日、逮捕に就き、諸子と共に、江戸獄中に在りて養浩日記、留丹稿の著あり、其秋閏八月廿七日、放還屏居す、今其詩五首を錄す、

一穟寒燈照席紅、劍舞聲高氣勢雄、不是尋常離別比、生死誓期恢復功、送諸士之東《マヽ》

人生得失本悠々、奇變如斯亦曷憂、唯爲北堂老親在、數行涕淚落難留、就四

今日同然縲絏身、從容何肯說悲辛、獨憐咫尺隔庭地、唯聽語音不見人、石橋驛旅與强助同宿而不得見

單身一自獄中下、疾病死生唯任天、縱遇妻兒離別苦、　聖恩難忘三千年、獄中病疫

慘雨悽風日月移、此中情況有誰知、寃魂一去音容遠、耳底空留絕命詩、弔闘士任

菊池敎中の母、民子、歌集二卷あり、嘗て子敎中に示す二首あり今採錄する者是なり、

すべらぎの御國おもはゝぬたつなたいのちもあたにちらさずもかな

さきにほふ時こそあらめものゝふの心の花よあたにちらすな

大橋正順の妻、卷子は民子の女なり、其志操男兒に劣らす、夫の囚中籠居の著述を、夢路の日記と云、今錄する所、皆其卷中より抄す、

皇のみくにを思ふまこゝろにあめのめくみのなからましかば

世の人も音つれなえし我宿をとふも嬉しき春の鶯

もろともに語りあもさむ折もかな今のうさをもむかしにはして

むさしのゝ露と消行ひとよりもおくるゝ袖のなるかたそなき

君の爲よのため思ふものゝふの清きこゝろも神そしるらむ

兒島强助の母、某其子の拘はるゝ後、江戸に出て、動靜を伺ふ、詠懷の歌若干あり、壬戌八月八日、暴疾に依て、客舍に歿す、今二首を採る

かねてよりおもひさためしことなからさすかにうたも別れなりけり

古もかゝるなけきもあるそみの濱の眞砂の數もらぬまて

强介の妻、操子同く江戸に徽行し、夫死する時、自ら其遺骸を埋瘞し、髮を斷て寡居す、實に貞操の奇女なり、今歌二首を載す、

をるらきのみためよ何かいとふるきけふの別れそいとゝ嬉しき

なからひて花をまつみよあらねともなゝ九重の春をなのみよ

今此の册、詩歌を以て集、而して其意詩哥に在らす、故に句法の不協、聲律の

不調、更にこれを撰ます、唯其志操如何を觀るのみ、夫菊池敎中岡田松本三子、及ひ川本氏、椋木潛等か如き此集尤欠へからすの人なり、惜らくは余未た其作を見す、故に遺して他日の補錄を待つ、時に文久壬戌晩冬念三日、南窻午涕涙を灑て識す、又次漫士

四　培覆論 壬戌正月二日筑前人集著して薩人に與ふるもの

一橋を將軍とし越前侯を後見とし其外可然人才を撰みて有司とし幕府を扶て以て外寇を攘ふとす御說は去年來堀大窪兩兄よりも拜承仕且當春密表之趣も矢張御同樣之由然れは御一藩之定說歟と被察申候乍併實は幕府の犯罪を正し　天朝を尊奉し內政を整へ外夷を御攘斥被成度御了簡に被爲在候得共若然する時は却て內爭を引出し外寇に隙を窺れ終には恢復も攘夷も行れ間敷哉との御懸念より止事を得す權道御用被成

候との御趣意一應御尤に相聞申候へ共其說は癸丑年砌幕威の未た衰へさる時の事にて既に宗族には水戶烈公尾刕卿越前侯抔打揃はれ列侯には順聖公を初土州宇和島侯なと色々手を盡し忠告竭力有之候も却て淫罰を蒙られ一事も行はれす候子細は已に英斷錄にも認置候通天然の歸する所にて德川氏の自滅するゆゑん無疑ものか勿論其比まては久敷德川に制令を受候餘恩も有之人心いまた全く離れさる時に候得は右良族賢侯等之策尤當れりといふへし若其時誤て事を擧候得は承久の亂の如く却て關東の爲に傾覆を取候事必然を然るに當時の勢は江戶旗本をはしめ府內の人民に至るまて聊物を辨へたるものはみな幕府を恨み侮り候程の事にてましてて諸國の士民は路頭の咄にまて不斷惡口輕蔑いたし候程に至りて幕府をいかに扶け候とも徒骨折にてとてもかくても行れ間敷迂論窮るといふへしたとへ天威を奬奉りたる上　勅詔下り候ともいかなる人あれは一橋侯を城中

請し入可申哉益姦賊は姦計を震ひ當將軍年若とはいへとも廢官を快と
は思ひ被申間敷夫は兎もあれかくまで天道に叛人心に離れたるものを
何を憑に力を盡へきや畢竟天下の大勢を知られさる僻論といふへし唯
形を御覽被成たる上よりの事に御座あるへく候惣して大小衆寡は形に
て畫圖にて見られ候ものにて約る所死物にて御座候人心合離强弱張弛
は勢にて邊陲に居なから見られ候ものにては無之極て活物に御座候こ
れに因て考見候に先日向田にての御議論の出る所形を以御覽被成候處
より起候歟と相窺れ候古來英雄豪傑の所置多くは勢に據て形には拘り
不申歟譬は元弘の亂新田氏わつかの兵を以て鎌倉十萬の勢を追落し候
も北條氏の人心離れたる故にて義助の見たる所は則勢にて御座候是又
大小衆寡はおいて論せさる所にて御座候さて先日敵の多けれは多きほ
と味方のしまりと申上候もこゝらの事にて所謂小敵の强は大敵の虜と
申類にては決而無御座候怒氣を發候餘り細密の辨論にわたりかたく一

時の暴言は御ゆるし可被下候且當時天下の勢はたとへば帆舟の河水を泝か如く風帆は台命の陽形にて水流は　綸命の陰勢に御座候得は一度順風を止しむる時は忽ち水勢に隨て流れ下り候義必然之勢に御座候其上包桑之勢ひたる幕府を壓倒成かたき位之　御微運に被爲在候はヽいかに我々如き微臣粉骨を盡し候とも恢復は勿論四夷萬國を蹂躙し東海に帆影も不見樣夷船滅殲は思ひもよらさる處に可有御座候能御考へ候へかく迄犬羊の夷等に踏付られ候やうなる勢に相成來候時節久敷　御隱居御同樣にて九重上に被爲込楊柳桃李之手に御生育ましくなから古今不世出の

明天子適　御卽位被遊候事決而偶然たる義にては有之間敷必冥々たる天祖大祖之餘烈おのつから相顯れ候ものにてこヽに至　天朝恢復之明末を扶けて西土の主とし三韓の如き舊貫に復して日本より府を立て年貢を捧けしめ永く兄弟の交りをなし我を兄國とし彼を弟國とし力を合

て百蠻蟹文の戎奴を馭制し諸蠻屈伏華を以て夷を變し天之所覆地之所載萬緒億端我　神州より興起し　皇化の四表に光輝する時節到來と可被思召安愚見之處大略如此御座候返す〳〵天命人心に御戻り被成柔弱之御説はいつ迄も御除き被成候樣乍憚御異見申上候穴賢

右之説は全く　御親征にあらされは

天朝恢復は難相成と申處より起り候譯にて御座候　御苦勞は申迄もなく無勿體事に御座候得共天命の歸する所勞の一つに御座候は申迄も無之御案内之御事と奉存候

御親征之功ある事は承久之亂義時如き大惡逆さへ泰時引返し相尋候時の答に若し

上皇の御親兵に逢奉らは脫甲斷然奉

命之外更に處置あるへからすと申候事御座候へは　鳳輦錦旗動き候時は乃に不血して忽ち天下一統し候義疑なかるへし一着の上は朝鮮遊歷

長毛匪の交會相樂み居申候可笑

天皇は神よしませをうち外の醜の夷等ゑちむかはめや

壬戌正月二日　國　臣拜

道隆賢兄　道―は柴山愛次郎

寒翠賢兄　寒―は橋口莊介

別紙尊藩之伊地知君と歟之說にヱドロフ歟カモシャスカ歟に王城を遷し是より日本中央になさんとの說は寇萊公の氣象さてこそは攘夷之策も可相立大に甘心仕候季文子か如きは竟に臆病に陥り候ものにて首を畏れ死を恐るゝ時は決斷は出來不申兎角斷して死地に入り無策の出策に無御座候ゐは實用には無之限事に用ひられ不申候はん歟

採襍錄卷五

一　轟寛胤書簡之寫

爲乃兄弟繼續於父之志獄中上書草稿進候點抹書入添削字消皆父之病間誠心之所寓可被致愛敬拜撫如見父熟省候雖乃九藏爲若輩父一同禁闕爲御守衛被差出八月十八日之始末凡親敷致關係其已前畏も朝廷より金子頂戴をも被仰付冥加至極難有其元之御身に有之彌以勤　王大義忠孝赫然被相勵候は勿論なり併若輩にては其筋疑惑之儀も可有之從同志而敎誨切瑳可被受候住江甚兵衞殿同御隱居眞之義士其選也正整嚴肅御依賴可有之候父別て荷其鴻恩候事物にも難忘乃兄弟忠も同様にて報謝可被置念頭候小坂殿一家山田十郎青木彥兵衞佐々木淳次郎松村大成加屋榮太皆父之所畏敬之人傑

也他日御免にも相成候はヽ可趨走受指揮候夫立志在存養々々在閑適々々在自得々々在快樂々々無他賢凡不肖之所分也賢樂義不肖好利啻凡也與賢居嚮義與賢不肖居走利知子不如親乃兄弟凡矣不可與不肖居可與賢焉向後可被致浪人候得は笑止とも耻辱とも見侮候人も有之候へし夫は時流之人にて非知我等は御拘有之間敷候我等父子　國天下之御爲不可不盡力御重大之御儀及盡力懸る罪咎之耳に被　仰付候處は奉恐入候へとも初より甘而御受申上心廣體胖奉對　天地所愧慙更に無之唯々加謹愼心術之御工夫専要也大丈夫可勉强大一等之事浪人と決定致候へは其心不滯凝于外物志さへ相立候得は存養閑適自得快樂之地其人之分限に應し如何とも可成就

自癸丑之年至今日迄死于
王事忠臣義士十には七八浪人也乃兄弟表準父之志不仕二君不求利祿鍜練文武壯勇士氣沈潛不動時之至を可被相需也其中今日之生活には當時柄武士之嗜共可相成武器類之細工成とも心に致好手に合候事近津へ相談之上

早々御打立可然候右細工手に入候迄は困窮可被致候へとも志士仁人無求生以害仁有殺身以成仁夫天之將降大仁於是人也必先苦其心志勞其筋骨餓其體膚空乏其身行拂亂其所爲所以動心忍性盖習其所不能に有之候間兄弟和順同居同室にて父之遺訓被致精勵吳候はゝ御先祖代々轟家之面目父死而瞑目候蔡元定臨別諸子書曰獨行不愧影獨寢不愧衾勿以吾得罪敢遂懈其志老父於是亦言父にも何れ不遠黃泉之客に可相成此身御不審中に有之候へは屍刑罪被　仰付候歟亦は捨方被　仰付候歟未相分其代父之數十年來之剃毛切爪紙之古袋に幾箇も有之候を淨光寺先塋東側祖父樣御並可被致埋候屍下賜候共此例也墓上には段山之庭に父之樹置候槇之素性枝舞長成之勢有之撰一本可被樹其下棒木に面を付父某君墓或は遺髮墓と書建之義可配遺物可被配之石塔無用也若罪御免にも相成候は棒木を石塔に代家訓に被據候は心次第槇は後迄も長成之事牌子之事當時高考妣君は其元より五代之親に被爲當候間式之通可被扱候間愼追家訓牌取之條に委細相見跡之御座は其儘本

之通龕中に可被納置候父事存念有之候間龕中御列不被納此上書艸稿此上を奉公紙折懸にいたし正面に轟寛胤君神位と書別に神龕を求（新堀に出來合有之）其中に被納半間之棚奇麗に拵注連繩を張其眞中に嚴重に被据可配遺物は配之父並下に可被据也拜禮供物等之事牌子之式に同し毎朝燈水を獻可有拜禮候當天下御國家御爲守護子々孫々之忠孝乃兄弟年未二十歲內可被致妻迎家門之繁榮實に依子孫之衆多候也九藏殿事御咎中引入之由如何樣之被仰付候歟可被謹愼奉恐入居隨分萬事謙讓之心を以人を被恭遜祖母樣御初御孝養專一に存候父事彼是眷念可被致父決死之節政府之樣に筋々差出置候遺言相通候哉案申候今改而不申入候何も御放念之事近津水前寺段山鶴迫谷可被致尊敬は勿論何事も依賴謹而可被受其差圖候父より宜敷申候段賴入存候愼追家訓合一冊友竹精舍文集二冊受問錄一冊未作冊文章三十篇計右父之書稿に而亦精心之所寓に候間大切に御先祖樣御遺書入置候三段黑書之物箱に一同に御納可有之文章類可然人も有之候はゝ校正御賴被成

度其人之見立肝要也藏書類目錄を拵一部一冊をも記之不散亂樣大切に可被致讀誦候二月廿一日御城內本牢に被差移候處坂崎氏津崎氏懇切に被致吳別而津崎氏は世話に相成申候兄弟當在心事右迄申入候間病臥にて意之所不及御推量被下度早々頓首

歲在甲子四月十八日　　　　轟　武兵衛

寬胤花押

轟　九藏殿

轟　學　殿

二　轟木《マヽ》武兵衛寬胤獄中上疏

天下御國家重大之御儀不肖微賤之身を以妄に體任仕候は奉恐入候得共體任仕候人無御座も亦奉恐入候恐入與恐入輕重相見自體任不仕候而は彌增

奉恐入候間決心而體任仕爾來凡十有餘年以此交人以此事　君以此立天下所謂如此而生如此而死其數三矣欲掃攘外夷解萬民塗炭之患苦輝日本之武威於地球内使彼悉皆馴服一也皇威弘張　王業復舊置　皇國於泰山之安以奉　叡慮二也此二者之基本立自御國御國之盛德を天下後世に垂三也今顧所其立而交良友故人十八九死於王事矣寛胤獨何人也於此三者三會其機無一赫事而碌々長久於世矣今日之事不可不窮必死而勉强焉癸丑之年七月江戸詰被　仰付同九月江戸著仕墨夷入寇之次第悉詳之實不堪憤懣之至慨歎仕候得とも可致樣無御座於是多與天下豪傑之士結交天下御爲御國家之御爲如形周旋盡力仕於御國は故米大夫を初段々愚存之趣奉言上候其略當時滿朝之御役人柔弱如婦人恐怖醜虜之嬌嚇衆難塞胄長談不能及一之決之字復々御因循にて其機會可被爲失之萠眼前に御座候間何卒

太守樣此處被　思召上被遊御登城於大廣間是等之處御論判攘夷御先鋒被遊御願取候はゝ大者立小者從朝議御變遷一之決之字に被爲及候は必然之儀にゐ御國は莫大之御人數被召登置候御儀に御座候得は脇邊御構無御座攘除自御國被遊御手初度其大機會此一擧に可有御座候間何卒早々可被爲有御決心其趣談《マヽ》上言仕候へ共到頭其儀御採用不被仰付殘念に奉存候又與天下之士計置候事も段々及變態混雜其中羶類も及退帆候間省其身之不肖退ゐ沈默仕候是失其大機會一度にゐ御座候其後京師不穩に付追々爲聞方人差出申候島津三郎殿上　京之儀壬戌三月中旬に御座候處從前年承知仕居右に付ゐは追々同志中談合等仕候儀も御座候內諚承候へは三郎殿說は是迄關東之御處置御違

勅意御遵奉に相成候樣取計若御用ひ於無御座は兵馬之力を以相糺可申との事田中謙助有馬新七抔存念は於京師酒井若狹守樣奉腦《マヽ》　叡慮候奸吏共悉討取關東之罪相糺と云小松帶刀大久保正助等は三郎殿田中有馬に不相

拘東西に懸專旋計策候由當時　京師之間諸浪人馳集不容易企御座候向種々相唱既に天下動亂之萠も相顯人々懷危疑居候折柄島津氏此兩端之說を持上　京有之候へは　京師表如何成大變出來候も難計諸浪人之模樣九州諸藩應援蜂起臣之周旋盡力之次第は此時委細奉言上候通に御座候乍恐於此方樣
天朝之御危難可被遊御傍觀樣も不爲在
玉體を奉驚動候樣相成行候而は難相濟御座候間　宮〔マ〕内御二方樣之御內御
上　京
禁闕被遊御守衞若不軌之者近　禁闕候は卽御取鎭近者無御座候はゝ只々嚴重に四方に無御構被遊而已御模樣に寄　天氣御伺令を四方に被遊御傳候はゝ執簡而旋廣所謂破竹之勢に而天下誰人禦之是其大機會に可有御座候間於臣別段上書仕同志中打揃奉願候仕合に御座候得共其儀不被爲叶御模樣に付御人數にても被差登度達而奉願候處一旦相州御備場御人數御引

上にゐ御差立候へとも從途中御模樣被爲打替其儀も御差止に相成失千載之大機會遺恨如山殘念千萬奉存候其後愈以　京師不穩趣に御座候間同志中上書上言只管奉嘆願候通に御座候處霜月中旬　良之助樣被遊御上　京於臣儀も御供被　仰付住江甚兵衛殿宮部鼎藏一同　京師表聞方諸事御著前御都合仕置候樣御内意を以御先に被差立冥加至極難有仕合奉存候然處御上　京混物被遊御延引候に付ゐは　京師之御受如何に可被爲有御座候哉奉眷念實に踏薄氷心地仕罷登彼是非常之心配をも仕乍恐天朝之御模樣竊に奉伺候處流石御大國に被爲在御受先七八分御座候間實に再生之思をなし難有奉存候尋ゐ　良之助樣御着京非常之御英斷三條樣は勿論因阿兩侯御列正義之御方々被仰合日夜御苦心被遊御周旋候に付人々改耳目當時加御國除薩州肥長土三藩と相唱奉賛美候臣儀御陰を以十死一生之盡力度々仕上冥加至極難有仕合奉存候然處二月中旬俄に御下國之御模樣にて御供被　仰付御内意御座候間段々存念御内意申上候處於御國

海防之儀に付被　召仕御用御座候間被　召連御下國可被遊との御儀に御座候間今日　京師御黨派相立禍心包藏幸未表發仕候へとも累卵之勢釀申候に付而は暫御滯京に而被遊御盡力度同意中より御內意申上候處於御國許無御據儀被爲在此節は是非共可被遊御歸國候へとも　京師表若御變動も有之候はヽ何時にても御上　京可被遊廣吉半之允列可被御殘置候との御儀に御座候間乍恐御盟申上候程返々奉願何も御請申上候臣儀御發駕御前日に關白樣へ御暇乞奉參殿明日歸國仕候間爲加拜謁歸國仕度奉願候處從關白樣被爲《マヽ》以諸大夫御意に臣儀於朝廷御用被爲在候間今暫滯　京仕候樣被　仰付筈に候追付筋々御達可有御座幸參殿仕候に付御內分被　仰聞國許之模樣如何にて可有之哉拜謁之儀は今日に不限候との御儀に御座候間直に罷歸右之段奉伺候處早々御斷可申上旨被　仰付御附役御目附被差添重而奉參殿臣儀於國許海防之儀に

大矢野次郎八　中西傳右衞門

付無據用向申付候筈に決定仕居且又同志共に而年長にも有之旁供方申付

置候間何卒滯　京之段乍恐　御免被　仰付被下候樣御附役ゟ御斷之御內意被申上候間於臣も此趣を以强而御免被　仰付被下候樣奉願御供にて罷下申候此節之御上　京　良之助樣不一方御周旋嘸々御心配爲被遊と難有奉存候唯恨は昨春被遊候はヽ御功必倍之併　京師表今日之勢にては不遠季孫之憂不在顓臾蕭墻之內に可有御座彼是奉配慮眷念居申候處同五月禁闕爲御守衞被差登大坂にて姉小路樣御變承知仕自推其不脫（本ノマヽ）　京著仕候處右御吟味御用懸被　仰付姉小路樣御儀は於寬胤別段御懇命被仰付天下之御爲は勿論私を以ても難默止處强而被　仰付候間御請申上薩州田中雄助（平イ）一同被召捕入獄被　仰付置候仁禮源之允初段々被及御吟味其由來得と熟察仕候には形跡如何にも中川宮樣歟薩州家之手に出候向に相見證據も御座候間宮樣御家來伊丹藏人山田勘ケ由被召捕御吟味被　仰付候先是既に薩州は九門內御差止於宮樣も何と無御參　內も不被在御引籠に相成近衞樣二條樣德大寺樣御始御同腹之御方々近衞樣御別業にて御出會被爲在

候御模樣愚陋之會津家佞諛を以其間猥に往來猥に武力を以致横行何共不穩次第に御座候間何卒無事御鎭靜に相成候樣……《本ノマヽ》京師一體之御模樣を奉拜察候に紀綱不振上節目不明下管轄無法多々不辨猶欲激風俗厲士氣弘張皇威只管求治給事御切迫にて如何にも事混雜に而已罷成角々之御手詰不被爲屆癸丑甲寅之後奸臣横道忠臣就戮　朝廷今日之御事體に被爲進實に天命にて人力に無御座候間先當分之處御地居爰に被爲据使人明其耳目知其方狡黠不得爲姦暴慢不得法御本根を大丈夫に被爲堅正々堂々被遊御進步度奉存候得共微賤之力に及不申其比於
朝廷は長州願立之儀に付被爲在御混雜姫路藩河合惣兵衞存附にて水戸藩梶淸右衞門申合於關東將軍樣には
勅意被遊御遵奉候へとも根本攘夷之儀に至り兎角に御役々御因循に相成
將軍樣と相違仕候へは如何にも殘念に候間今一應水戸紀州尾州津山を初
上　京之諸侯申談是非共

勅意御遵奉に相成候樣咄合相調候由にて於御國も何卒御内意被下候樣子と相談仕候に付此議彌以調達仕候趣にも有之候はゝ
御名代衆迄申達御模樣により可奉願所存にて彼是心配仕候内十八日之變に相成申候夫五夷雖賤强敵に罷在候へは海内一致人心協和之力に無御座候而は拒絶攘除難相成君臣之大倫根於天性天地之常經無御座候はゝ所存之筋も御座候得共空敷呑聲申候中川宮樣會津家島津家殊更寛胤是迄之所置を被爲憎會津家より已に討手之人數をも被差向候模樣に付從大佛本陣寺町淨華院へ引取候儘來候はゝ一戰毎夜貫甲冑隊長初凡三晝夜待懸候處其中南禪寺御本陣ゟ臣儀一人にても南禪寺引取候樣御内意御座候得共何之色も不見爲逃去と被申唱候而は彌御國辱に相成可申候間事分り候迄は引取候儀御斷申上候處御名代衆深御懸念に相成種々懇篤之心配を被爲持御國へ被差下候其砌三條樣御落着何方迄も罷越得と奉伺　御前樣被遊御安心候樣御奉行迄申達候樣被　仰付八月廿三日　京師發足罷下り候途中

大坂表にて河合惣兵衞へ邂逅仕候惣兵衞儀は腹心之朋友にᚐ此節之一條始終及相談候儀も有之於姫路大臣之後に屬し得君寵幸當時於國侯は第一之御老中職に被爲在右惣兵衞從是直に關東へ馳下此節京師大變之次第前後一々及言上是非曲直之辨明于天下候樣從關東御所置有御座度御進め可申上左候得は板倉樣當時正義之御聞も被爲在候へは其趣談如何共相成可申と存付候間惣兵衞へ申候には此席之大變中川宮樣始乍恐奉疑惑候は御同樣之儀に候惣體天下國家之禍人之懷疑惑候より甚敷は無御座當時醜虜之毒迫腹心海內一致人々協和之力を以て拒絕仕とも寒心仕候其大根元疑惑之筋有之及動搖候ᚐは拒絕攘除無思懸於今日は解人之疑惑安人之心定其根本候儀專一之急務に候間自是關東へ馳下り此節始末一々御主人樣へ被成言上差寄宮樣薩州家には被爲及御手間敷候へ共會藩之儀は如何共可被爲成此節之儀當今御名分正明之折柄其儘被爲閣候ᚐは難相濟何卒於會藩先其正邪御糺し守護職をも被遊御免是成物は是非成物は非と被遊御取

計御模様に寄將軍様御上　洛にて眞　叡慮御伺與天下之諸侯圖隨天下之望御自身御不行屆之處を被爲奉謝乍恐被爲稱臣家茂候御名實至今日何方迄も其御禮被成御採用度惣體八月十八日之儀三條様長州家朝敵同様御實否も無御糺御接待に相成候は大和行幸御異心被爲在候に付而之儀と取沙汰仕候得共是は實御寃罪に而大和　行幸之儀は紀綱不振上是以管轄無統節目不明下是以多々不辨人心擾煩風俗偸安今一新不仕候而は縱令被遊御征親候とも救民輝　國威之御實戰難相成御座候間御實用として本勤　王大義之御筋に被爲出候事に而其實不可掩右行幸被遊御用意御採用之鷹司様其日御參　内不爲相變處に而拜察被仕候畢竟一昨年來薩州長州中違宮様御偏執其根と相成申たり勿論大佛より御引取後は其罪科難御遁儀に御座候得共牽牛而涉人之田奪其牛も亦甚敷賞罪明于天下黠陟行于天下禮讓立于天下候様自
宸斷被　仰出候筋は仰（本ノマヽ）付可被成御採用禮樂征伐自　天子出今日之處御遵

奉以救民平天下安　宸襟被成御急務と乍恐是迄被爲對
天朝御誠心御不貫徹之御場合も此一擧にて可被成御挽回拙者儀は三條樣
御落著所へ罷越何方迄も御靜謐にて被爲盡可爲臣之道其時を可被成御待
御進め申上御模樣も奉伺國許へ罷下り御應援之盡力可仕其大機會此時に
可有御座是第一等之上策なりと申聞候處惣兵衞大悅天下御重大之儀にて
一存を以難相成早速國許へ申進家老共と致相談家老之內人數を引罷上候
上家老一同直に可致東下何樣於拙者は　京師へ引返詰合之重役と可申談
と及約束相別れ候於爰直樣長州表へ罷下可申處御船配都合惡敷長州へ罷
下候舟とては一艘も無御座候間長州御留守居手元へ懸合可申惣兵衞模樣
も承度御座候間同廿七日復々上京仕惣兵衞問合候處雅樂頭樣へは此節
京師御變動之儀に付御上　京被　仰付廿八日江戶御發船に相成申談之箇
條も不被相行に御座候間雅樂頭樣被成御　上京候はゝ事は反而速に行は
れ天幸にゐ可有御座早々同所より御出張御待受可被成九月朔日大坂表に

ゐ可及熟談申置船之都合等仕又々下坂朔日晝比姫路屋敷へ惣兵衛相尋申候處未著御留守居三浦文左衛門へ雅樂頭樣被成御著候はゝ一番に惣兵衛被召出此節之事情委敷被成御熟知御定見被爲立候上被成御入　京度此節之御上　京は天下安危之關係仕候處御重大之御義に御座候間爲天下及咄合と惣兵衛へ相談仕置候儀を委細申聞相別れ夫より惣兵衛船泊に參尋未著候に付引取候途中同廿八日惣兵衛國元へ早打にゐ差越置候養子自國許早打にゐ引返參候に行逢國許之都合も至ゐ宜敷咄合等悉及成就近日家老人數を引上　京可仕段承其夕惣兵衛尋來京師重役之相談國許之都合至ゐ能出來候間此上は於此地先盡力仕彌以可窮必死之力候間安心仕候樣申聞相倶に爲國天下之誓盟相別其後乘船仕九月八日防州富海に著翌九日三田尻にゐ三條樣御機嫌奉伺候處拜謁被　仰付其後會議所詰御賴に相成候間不得止御請申上追々御會議之裾にも伺候仕諸事拜聽愚存之儀も奉言上候一體長州御入國後案外國中之議論及沸騰宰相樣御父子殊之外被成御心配

直に御喩有之巨魁之族は重御咎も被仰付漸相治候へ共國中之議論區々相別れ兎角に一定不仕於三田尻は薩會に懸說言而已多思々之議論有之御茶屋夜驚〔本ノマヽ〕計御時體に御座候間於臣等此趣乍奉承知歸國仕候儀は何分不本意に御座候間御動靜奉見屆候迄は滯留仕度此段　御名代衆へ直に御屆申上候仕合に而三條樣には御進退殊被成御困究已に阿州御賴に而可被成御越にも被成御決定右に付而は宰相樣態々三田尻表へ御出有之達而被成御留萬事御取急之御樣子に而存外議論相進み三條樣御初長州御父子御動靜天下之公論に御任せ謹而罪を可被爲待御決定に相成十月廿六日三條樣御初山口表へ御引越に相成申候右に付臣等早々歸國可仕山田十郎申談今度長州滯留之儀天下御國家御重大之御儀に關係仕其趣談未調達承候得は酒井侯にも九月十四日と歟被成御參　內其翌日歟御東下と申事河合惣兵衞は其前從伏見大早に而板倉侯へ御用を持下候樣子左候へは如何とか關東に而御評談にも相成居可申其內には事相分り可申長州之儀も先一旦御定に

相成候へとも御變も可有御座彼是一人は今暫致滯留一人は罷歸候儀都合にゐ可有御座と申聞候處尤此節之儀兩人へ被　仰付候間兩人罷歸言上仕候はヽ別ゐ　御前樣可被遊御安心先御國界迄罷越御國之御模樣を奉伺可入國則入不可入國則夫より引返し事取片付候上歸國可仕と不晩先御歸國界迄罷越決定仕度と申候間得と熟考仕候得は

宮內御二方樣

眞叡慮御伺之上可被遊御手段御上　京之由奉風聞候へは可被爲有御間拔樣無御座殊更良之助樣へは昨年御上　京にゐ　宮樣三條樣薩長會根元入組之次第も被知召上御儀に御座候得は猶此節は澄之助樣御初因阿二侯御列御申合之上鹽合御見澄し乘其機必上中二策御斟酌之御盡力可被爲在候得共於御國許は如何之御模樣に御座候哉定ゐ種々之議論可有御座所謂積羽沈船にゐ乍恐　太守樣御疑惑之筋も可被爲有御座　京師一體之御模樣盡力之稜々奉言上候はヽ如何にも其御一助に相成可申於是可奉願筋は可

奉願何樣十郎申候通及歸國當然之儀相勤盡力之稜同志中及相談御採用可奉願若不可入御國堺有之候はヽ事終矣暫時保生盡力之筋取片付罷歸志願之稜々力之限御採用奉願延引之罪割腹御斷可申上決定仕山口表へ三條樣御暇乞に罷出候處　太守樣へ御書一封　御名代衆へ同一封被進候間廿九日三田尻發足宿々無滯十一月四日久留米御領府中に止宿仕候處其夜及深更誰共不知狠藉者四五十人程も枕本近不法に押入來仕懸候模樣に相見へ何共難心得打果覺悟仕候處其儘逃去一切何者不相分甚以不審之次第に付是非共糺明可仕明迄町役人共四五度も呼出吟味仕候得共同返事に而不相知と計申翌五日終日同樣有之候間町奉行梶村四郎へ右之一條及取遣候城下私宅迄內分に而罷越吳候樣同人家來差越丁寧に申來候間直樣罷越候途中におゐて何者共不知二三百人程左右前後より梯棒鐵炮に而理不盡に取懸候に付打果可申覺悟に御座候中自御國之御上意と申候間其儘尋常に被捕一夜二日久留米之獄に罷在九日之夜同所瀨之下乘船十日之夜御國小島

著岸十一日於熊本入獄被　仰付候四日深更猥藉者追拂候後意（本ノマヽ）に曰此體甚怪敷去入相決候は實に瞬息之間に可有之自是引返歟右猥藉者何方迄も糺明歸國候哉熟考仕候に懸る猥藉に逢其地一足も曳候而は御國辱に相成可申寛胤之事背　天意候はゝ縱令引返候とも其成功無覺束若協　天意候はゝ自然之成功可有之眼前之不覺不取樣成敗任　天申候不幸毎失三機會日夜繼績千思萬慮座不安席食不甘味欲有　奉報其志未達其忠不得爲忠其義不得爲義俟後世之論定外無御座相成候は實に天命に候不知命不可以爲君子也卽可安天命也矣昨臘廿一日廿二日兩度御吟味被
仰付候處當時三條樣
勅勘之御身に被爲在長々御側に滯留　太守樣被爲奉對　天朝御申譯不被爲在候段委細被　仰聞此處寛胤全心附薄斯る御時節に相成居候とは實に不存寄事にて　太守樣御申譯不被爲在候と奉拜聽候而は實に安兼奉恐入候間右之通臣儀自　京師被差下候砌三條中納言樣御落著爲御伺被差廻防

州三田尻表御落着に罷越滯留延引仕候に付而は當時　三條樣　勅勘之御身に被爲在乍恐　太守樣被爲對　天朝御申譯不被爲在候段委細於御場所被仰聞此處全臣之心附薄奉恐入候則爲御斷可申上謹而遂一死奉謝重罪萬分一候臣平生之志欲立非常忠義非常罪過亦多死實其分候何卒其志之所灌
御憐察被仰付
天朝へ被遊御對之御場合可然被仰立候樣偏に奉歎願之覺悟仕候處御吟味之稜被爲在候段被仰聞候間差扣居申候御吟味度々被仰付枝葉之處に至御不審不被爲晴不得止拷問をも可被仰付旨懇篤に被仰聞退而熟考仕候へは臣之行事天下御國家之御爲筋を奉存候義にて私事に無御座難以口舌爭初より功成則銘金石不成則就極刑候は當然之義に而拷問も被仰付御儀且御不審不被爲晴中自決仕候は心痛之至に奉存候得共於今日臣不得止有自重者臣不肖之愚忠畏くも奉達
叡聞御感被遊御落淚候段關白殿下御直に被仰聞其次第一時及震動人之奉

存居候事に御座候且蒙非常之　御撰任重大之御役儀被　仰付拜領物をも
仕式奉候於　朝廷之間式参於縉紳之後其餘冥加身に餘り難有儀も被　仰
付者之今更就拷問下郎之土足にも掛り候而は奉對　天朝奉恐入候次第且
於臣之身も愧敷斯而汚穢之身に而は乍恐太守樣御申譯不被爲在候處御斷
申上候筋難相立輕重本末推考仕二月四日之夜前文爲御斷觸碎眉間于杜謹
而遂一死申候へとも誤而不死不食十日餘其後尚數十日穀食不下咽臥病復
間不幸而失此三大機會究必死之力不見　日本之武威加於地球內不拜　御
成德之風垂於天下後世獨奉拜觀　皇威弘張思過半之功遂爲今日之形勢矣
一念忽滿溢不能自制廼曰夫五夷雖賤强敵に罷在候へは海內一致人々和平
之力に無御座候而は拒絕攘除難相成長州割據に相成候而は差寄兄弟爭鬪
禍起蕭墻之中大事之前大事に御座候間何卒於　京師大佛御引拂以前之御
功業を被　思召上賞疑惟重罪疑惟輕難相濟御不都合も可被爲在候へとも
非常出格之御時節柄畢竟　皇威廢墮御憤激之御過に而其實愛　君憂國勤

王大義之御誠心より被爲出候御儀に御座候間何卒被爲取御心被爲捨其御過罪因候御列數度御上言之通先簡易直入早々平均仕候樣被遊度是中策にて當世的當諸人□服仕候至其上策候ては公平正大上下各其處最上之論に御座候得共諸侯にては凝碍之處可爲在乍恐幸嚮に關東へ奉勸置候儀に御座候へは如何とか御模樣も可被爲在至下策候ては天下之御爲に相成不申御用被遊間敷奉存候下策は長州伐征に御座候夫王者以四海爲己子故其擧事也順於民之心任於天下之望今長州順於民之心任於天下之望今果曰伐之乎果不曰伐之則果伐之是私兵也非　王者之兵也王者而用私兵可乎故曰長州征伐下策也夫長州は本正義之國に御座候得は過以其道治之難事有御座間敷奉存候夫一家之混雜一家にて不齊一國にて可治一國之混雜一國にて不治天下にて可平天下之混雜天下にて不平衆力にて可平偶因候御列被爲在候得共御誠意不貫徹滔々天下皆走時勢一不知所歸殘念之次第に御座候是偏黨なり大和　行幸之儀因候御列御同意には

無御座候得共其事錙銖御辨析十八日にも御詰其後打續彼是御論判御座候
間一家一穴に成一家齊一國一穴に成一國治天下一穴に成天下平偏黨一穴
に成偏黨平取扱不與人圖不與衆議偏黨之嫌疑自然に有之癈所に手屆不申
無故事に無御座候故於今日は其人亶に御肝要に而有祿位有土地有人馬て
十八日之事に無御拘當今之事に被爲與上下御受宜敷大諸侯に無御座候而
は被相行申間敷此大諸侯擧天下奉　御當家樣時難得機會易失何卒被爲順
萬民之心被爲任天下之望其規模之大如羽柴氏勤
王大義如楠氏堂々肥之後州古者菊池氏今者御當家樣と奉仰候樣進賢人退
小人鄙論不參錯於御左右御處置不掣肘於時勢一國一體渾然投沒被爲持非
常之御英斷掃攘外夷解萬民塗炭之患苦輝　日本武威於地球內使被悉皆馴
服　皇威弘張
王業復舊置　皇國於泰山之安以奉慰
叡慮二者基本自御國立垂御國之御盛德於天下後世古今之間不獨使三氏縱

横其美被爲塞天下願望之責度乍恐奉歎願候臣平生欲以一死奉報區々之志如是に御座候何卒可然御斟酌被　仰付被下候はゝ死而瞑目仕候臣於昨年之冬以來幽囚被　仰付置候へは當時如何之御形勢に御座候哉何も不奉存既に其機會をも打迯候者之今更事々敷奉言上は恐懼之至に奉存候得共於御國許取唱候向承知仕居候而は於臣子實口惜眷々一念滿腹溢胷難止御座候間無用之贅言とは奉存候得共心之儘奉言上候

謹按處　廟堂者言之、其言雖不善人從之也、推之則反信仰焉、處困窮者言之、其言雖善人不從之也、推之則反嘲笑焉、其弊亦可悲慼哉、臣寬胤下獄縲絏困窮者也、二月四日所上書自困窮中矣、至其欲立非常忠義其言、雖善恐入不從之推必嘲笑尚可委不辨之則爲一時以頬舌善辭說欺君者矣臣雖懼之篤病不能如何空沈枕耳在獄中甚慨然歎息臣之志勃然憤欣然喜乃執筆危座枕上吐一言記一言出一語書一語積二三日遂寫錄自癸丑年至今日所其酬報塞責之概略爲卷矣蓋於今日無用贅言啻奉表不欺　君而已矣曾子曰鳥之將死其鳴也哀人之將死其言也善臣之嚮所上言雖不敢當曾子之意則將死之言也非有再言者而有此書實者之賜因厚謝之乃云掃攘本馴服末張本復舊末基本々垂統末此卷及始而不及極致極更切睹得失之相形應酬其萬變心跡之糟粕何足道唯其平生之志潜思積慮存養之工夫深持守之確如也本末始終一貫之三願不融死而不腐矣將陪從古今之間忠臣義士在天之神靈輔翼天柱萬分之一凡子孫曾臣之血流有繼續此志勉策憤勵所奉報也矣冒瀆不遜越等之罪無所逃之誠惶誠懼死罪歲在文久甲子夏四月《マヽ》　日臣轟寛胤謹獄中上焉

探襍録巻六

一因幡藩主源慶徳朝臣上表之事

微臣慶徳去冬奉蒙　勅命候に付而は速に登京可仕筈に候得共傳奏迄及言上候通痛處今以在苒罷在迚も旅行仕兼出京及延引候段恐入奉存候折柄御下問も無之義猥に及建言候段其罪不輕候得共昨夏上京以來實に蒙非常之　恩寵毎々參　朝　御直命をも畏候義尙更日夜　九重之御義不堪杞憂區々之愚慮寢食をも不安尙又申上候抑去秋以來何と無億兆之心

朝議御動搖被爲在候樣奉疑模樣無之共難申於臣慶徳は　朝議今更御動搖無之御事とは奉存候其譯は先達而在京之砌參　朝之節度々大臣兩卿へも親く奉伺候處於攘夷之義は

叡慮確然無御撓趣尙一橋中納言へ八月十八日以前　御沙汰之通攘夷之義

精々盡力之樣可申通旨以傳奏被　仰出之趣も奉畏且勤
王之諸藩憤發不待幕命可及掃攘等之　勅命も蒙其後阿波侍從等詰合諸藩
へ每々東下攘夷之義尙又御催促　御沙汰等も有之引續　有栖川宮御下向
之御內意も有之候得共其內於關東攘夷之談判取掛之趣言上に相成候に就
而は暫時其義も被止之趣幸老中酒井雅樂頭上京に付而は尙更嚴重之　御
沙汰にも相成候歟にも奉伺一橋中納言登京之義被　仰下候節も攘夷談判
之模樣被　爲聞食度との　御趣意且又大樹上洛被　仰下候節も萬一留守
中鎖港攘夷之談判相弛候而は以之外之義と被　思食候に付可然人體致委
任置攘夷之
叡慮は必貫徹被遊度樣　御沙汰之趣も奉伺候得は　叡慮御動搖無之義は
深奉畏候然處前文之通　御動搖被爲在候樣紛々傳聞仕候是全不知實者之
妄言とは奉存候得共萬一右等聊にても　朝議御動搖御座候而は自然天下
士民

九重之深淺を窺解體仕既疑者益疑を生し遂に不信　朝命樣可罷成畢竟列藩より草莽之士に至迄踊躍奮發仕候義も
至尊之聖德を奉感戴補相之賢德に鼓動せられ候義御座候處此節に至り攘夷變而若開港と相成候樣之義有之候而は乍恐天下之鋭氣此より相撓み候事と深恐入奉存候是迄每々言上仕候義改而申上候にも不及候得共民無信不立一旦攘夷之義期限迄も布告に相成加茂八幡へ
行幸御祈願被爲在程之義且攘夷之義被　仰出候以來入水火踏白及其爲に殞命者幾千人に及り左すれは萬一　叡慮御動搖に相成候はゝ神怒り鬼怨み隨而間關流離之者も亦慍可申迚も人心居合候期有御座間敷奉存候間何卒攘夷之　叡慮御貫徹相成天下之人心一和一致仕候樣不堪至願候人心一致仕候得は武備不整御座候共神州擧而焦土と相成候迄も是非夷賊掃攘と覺悟定居候はゝ必　叡慮貫徹に可至候間尚又發揮被遊多年之　御宿志を被爲遂候樣仕度就而は海内之人心一定仕候樣之御處置無之而は不相成樣

奉存候萬一海內之人心錯亂仕候得は忽其間隙に乘し候て夷奴逞志仕候義は必然之義に付先達而も申上候通三條家以下之人幷長州父子之御處置甚以不容易御大事之義と奉存候一旦錯亂仕候而は迚も一致之期に不可至實に神州之御大事に付何卒　御心を被爲留度奉存候三條家七人幷長州家蒙勅勘候義其罪可有之候得共攘夷之　叡慮遵奉苦心仕既に掃攘之魁をも仕候程之義若寛大之御處置に不相成候而は攘夷之先鋒たる長州すら　御嚴罰を蒙に至る唯因循姑息之優るに不如と人心存天下之鋭氣相撓可申歟尤家來之者共に於ては粗暴過激し《マヽ》候振舞も有之哉にも相聞候得共畢竟父子攘夷決心仕より領內之人民相化奮勵決死中にも少年客氣之輩間闕流離之徒に至候而は粗暴之所行にも及候義歟と存候勿論其罪可有之候得共前文申上候次第旁去秋之始末辨疏之爲此頃家老近畿迄差出候得共入京堅御差留之趣にて進退實に極り候趣承及候右等之御處置に相成候而は大膳大夫父子は恐入候而も領內之人民痛憤難默少年客氣之輩間闕流離之徒如何樣

之變動相起候も難計自然及紛亂候而は　御取鎮も中々不容易且内地之變動夷賊之素より待所に御座候得は求而彼か術中に陥り　神州をして渠か有と成らしむる理に當り可申歟と憂慮仕候乍恐萬一　皇國中内亂起り候而は攘夷之一條如何可相成哉攘夷之義より事起り攘夷之妨と相成候而已ならす　皇威御衰微と可相成候間三條家以下勝手出奔之罪長州之藩過激之科は一應御正し被遊候とも何卒攘夷先鋒之功を以寛大之　御處置に相成三條家以下歸京長州入京被免候はゝ人心居合可申歟と奉存候右言上之趣必しも曲て彼等を相救候に而は毛頭無之候得共實天下安危之機と奉存候に付難默止不顧不肖言上仕候臣慶德前文之次第不幸病蓐に罷在上京難仕無據以書取申上候微衷旨御採酌之上可然執奏奉希候恐惶頓首々々謹而

呈執事　正月十日（元治元年）　慶德

二　府中藩主京禁歇幕命之事

細川越中守

長防一家之儀に付ては兼て　御所より御沙汰之趣有之候處毛利左京亮儀近々上京之趣相聞候間上京之儀は見合大坂表に罷在候樣相達候得共押て上京之儀も有之候ては不都合之儀に付萬一其方固場桂川久世村道京極佐渡守申合通行之儀も有之候節は上下人數共通行指留候積に相心得候樣可仕候　二月十九日　(元治元年)

三　或人就縛時書付て家に遺る歌之事

甲子元旦

久堅の天乃戸明て出る日のひかりもきひて春となりり

新玉の年のを長く神垣にかけてそ祈る御代の榮社

興中作

起て祈り伏てそ思ふ一筋も神そ志るらむ我國れゐめ

浮雲れよしかゝる身となりぬとも靈幸ふ神れ志ろし笑してむ

曇りなた御代ょ逢ふ身ょ浮雲れかゝるなけきも唯暫れみ

兄弟や親族は天れ戸のあらりさつ日を待てゐまへや

二月五日（元治元年）　大野鐵兵衞安圀

四　幕府沙汰之事

此度松平大膳大夫父子へ御糺問之筋有之萬一承服不致節は　御征伐可被遊　思召に付其節は爲打手其方人數差出候樣被　仰出候間可致用意旨御內意被　仰付候事

御陣代　紀州　惣裁　會津

薩刕　肥後　小倉　藝州　備前
因州　阿刕　久留米　加州　彥根
其外播州之內小大名三四藩都合十六藩之由
右之通と申儀薩藩千田傳左衞門我藩某へ噂致候由　二月中旬（元治元年）
但其砌志水又七方二月廿二日早打にゐ着卽夜沼田勘解由殿早打にゐ到着本行之事之よし

五　宸翰勅諭之事　附　江戸右大臣奉　命之事

朕不肖の身を以夙に　天位を踐み忝も萬世無缺の全甌を受恒に寡德の先皇と百姓とに背んことを恐就中嘉永六年以來洋夷頻に猖獗來港し　國體殆と危こと云へからす諸價沸騰し生民塗炭に困む　天地鬼神夫れ朕を何とか云ん嗚呼是誰の過そや夙夜是を思て止こと能はす嘗て列卿武將と

是を議せしむ如何せん昇平二百有餘年威武の以て外寇を制壓するに足らさることを若し妄に膺懲の典を擧んとせは却て　國家不測の禍に陥んことを恐る幕府斷然　朕か意を擴充し十餘世の舊典を改め外には諸大名の參勤を弛め妻子を國に歸し各藩に武備充實の令を傳へ内には諸役の冗費を省き入費を減し大いに砲艦の備を設く實に是　朕か幸のみに非す　宗廟生民の幸なり且去春上洛の廢典を再興せしこと尤嘉賞すへし豈料らんや藤原實美等鄙野匹夫の暴説を信用し宇内の形勢を察せす　國家の危殆を思はす　朕か命を矯め輕卒に攘夷の令を布告し妄に討幕の師を興さんとし長門宰相の暴臣の如き其主を愚弄し故なきに夷舶を砲撃し幕使を暗殺し私に實美等を本國へ誘引す此の如き狂暴の輩必す罰せすんはあるへからす然と雖皆是　朕か不德の致す所にして實悔慙に堪す　朕又おもへらく我の所謂砲艦は彼か所謂砲艦に比すれは未た慢夷の膽を呑に足らす國英《威力》を海外に顯にたらす却て洋夷の輕侮を受ん故に頻に願ふ入ては天下

の全力を以て攝海の要津に備へ上は　山陵を安し奉り下は生民を保ち又列藩の力を以て各其要港に備へ出ては數艘の軍艦を整へ無餒〔飽カ〕の醜夷を征討し

先皇膺懲の典を大にせよ夫去年は將軍久しく在京し今春も亦上洛せり諸大名も亦東西に奔走し或は妻子を其國に歸らしむ宜なり費用武備に及はさることと今よりは決して然るへからす勉て太平因循の雜費を減省し力を同し心を專にし征討の備を精鋭し武臣の職掌を盡し永く家名を辱ることと勿れ鳴呼汝將軍及各國の大小名皆　朕か赤子也今天下の事　朕か〔とカ〕共に一新せんことを欲す民の財を耗すこと無く姑息の奢を爲すこと無く膺懲の備を嚴にし祖先の家業を盡せよ若し怠惰せは特に　朕か意に背くのみに非す　皇神の靈に叛くなり祖先の心に違ふなり天地鬼神も亦汝等を何とか云んや

文久四年甲子春正月〔イに無〕

六　將軍請書之件

先月廿七日拜見被　仰付候
宸翰の　叡旨は　御卽位以來　皇國の災禍を悉く　聖躬の御上に御返求被爲在候　勅諭にて誠以恐惶〔懼イ〕感泣の至奉存候臣家茂不肖の身を以て徒に重任を辱しめ紀綱不振內外禍亂相踵頻年奉惱　宸襟候而已ならす去春上洛の節攘夷の　勅を奉すと雖も其事實遂に難被行橫濱鎖港談判すら未た成功の期限も難量折柄再　命を奉に依て上洛仕候上は極て　逆鱗に觸れ嚴譴を可相蒙者素より覺悟仕候處意外の　宸賞を奉蒙候而已ならす至仁の恩諭を以臣家茂幷大小名を赤子の如く　御親愛將來を　御勸誠〔誡カ〕被爲在候條臣家茂一身の上に取り海岳の　鴻恩實に以可奉報答樣も無之候自今以後萬事の舊弊を改め諸侯と兄弟の思を成し心力を合せ臣子の道を盡し

勉て太平因循の冗費を省き武備を嚴にし内政《たカ》整へ生民の蘇息を致し攝海防禦は勿論諸國兵備を充實仕洋夷の輕侮を絶ち砲艦を嚴整にし遂に膺懲の大典を興起致し御國威を海外に輝耀すへきの條件等彌以勉勵仕乍恐宸襟を奉休慰度奉存候事に御座候乍併膺懲妄擧仕間敷との　叡慮の趣は堅く遵奉仕必勝の大策相立候樣可仕奉存候尤横濱鎖港の儀は既に外國へも使節差出候儀に御座候得は何分にも成功仕度奉存候得共夷情も難測候得は沿海の武備に於ては益以奮發勉勵仕武臣の職掌固守仕大計大議は悉く國是を定め
宸斷を奉仰　皇國の衰運を挽回して外は慢夷の膽を吞み内は生靈を保ち
奉安
叡慮上は
皇神の靈に報ひ奉り下は祖先の遺志を維述仕度奉存候是則ち臣家茂の至《かイ》
誠懇禱に御座候依之此段御請奉申上候　臣家茂　誠恐々々頓首謹言御請
イに二字無して二月とあり

臣 家茂

七　水井山本二士に關する件

薩摩上乘
大谷仲之進

右之者事去冬泉州堺之津より長崎運送として莫大之綿油其外買込積下り候趣相聞候に付此度於周防國別府浦に嚴重及糺明候處外夷爲交易之積下り候段逐一及白狀豈計んや薩藩順聖公已來尊攘之大義を被唱天下之人心奮起いたし是（マヽ）程之處唯今に至り先公之深旨を忘却し外夷と令交易候段全諸役人貪慾に無耻私計にして上は十餘年來日夜
宸襟を被爲惱斷然被　仰出候攘夷之
聖衷を蔑如し下は諸品拂底物價高直相成人民次第に困究に迫りしをも不

顧内は
神州の國力を疲弊せしめ外は豺狼に等しき夷賊の術中に陥り　神州有限之品を以て夷賊無厭之慾に充んとす其罪悪天地に不容　神人倶に怒る依之其品焼拂船中居合之奸吏を誅し世間爲（マヽ）交易者を戒めん爲如斯令梟首ものの也

裏書

我等兩人所存有之國元致脱走居候處此度泉州より莫大之品物買込令交易候段相聞候に付附覘ひ加誅戮全是より爲交易者を改心させ乍恐攘夷之
叡慮相貫度致制服候旨我等之赤心天地神明之照覽賜はん事謹而祈處也

二月廿六日　(元治元年)　水井精一

辭世　山本誠一郎

數ならぬ名を揚まてと思ふ身をもかなくきゆる野邊の朝露

水井精一源通一

或曰嗚呼壯哉長藩人天下因循の懦夫をして膽寒からしむ又思ふ兩人の胸中方今國君危急の秋長藩の元氣をして天下を恐れしむるの陰忠嗟呼壯哉

或曰尊攘に奮起して斬姦するのみならす遁れは遁るべき所に自ら白刄に伏す胸中の忠貞推察すれば長欷に不堪臣あること此二字の如き其君の君たること測り知べし誰か謂長刕を撃んと不知自滅之急焉

雨風に散ともよしや櫻花君か爲ならなにりいともん

山本誠一郎源朝正

大君のをめる心は流をはゐさてゝにこそ中川は水

正親町殿へ

大君の大き御心そよとふにこち吹風は我に聞をよ

轉法輪三條殿へ

右甲子二月廿六日大坂本願寺馬建に梟首有之掛札表裏共に文言如此前廿五日夜半過同所北之門臺にをいて右兩人腹一文字に搔切向ひ合せに伏居候死骸を同所町人共　官府へ貰厚く葬候事彼等か誠忠人を感せしむるなり天下之美事可賞歎々々候事

八　長門藩士高橋某殺身遺書之事

私儀兼て外夷猖獗致候に付而は實に不堪切齒候折柄攘夷御決定御沙汰相成候に付而何卒相應之御奉公申上度赤間《馬イ》關へ罷越候處產《彦イ》島にをいて和流御臺場御築立に相成候に付而は兼而相好候御流儀之事に付爰こそと存入込御願申出候處《被イ》遂に《イ無之》御許容難有仕合奉存候然處去秋上樣御上洛被遊候に付而は御供をも可被仰付之儀も可有之候に付產島詰之內五拾人山口表へ被差出候由之處私儀右御人數に被相撰身に餘り候儀に御座候得共一同山口表へ罷出候處其後於上關義團御取立に相成候砌又候私式御撰擧に預り當御地出張仕罷在候處當正月十一日兼て同志之者兩人上方より罷下り候由に而當津滯船罷在候而相對仕候處扨先年已來攘夷之　詔下り候而より恐多も我上樣に於ては別而尊　王之思召深被爲在遂に御兩國をも御擲被遊候而

叡慮貫徹被遊度思召之折柄此度泉州於堺綿油等澤山買込外夷交易之ため長崎へ積下り候趣相聞候に付附《イニ無之》覘是迄罷下り候處此節別封浦に《イニ無之》而彼船滯

碇之由に付早々罷越上乘之者相調樣子に寄而は天誅を加へ爲御國家爲萬民屹度所存有之由に付實に尤と存詰右兩人と同意仕翌十二日用事有之廿日之御暇に而下宿仕度段願出（御願申上イ）候處御免に相成候而直樣右兩人迄同別府浦へ罷越上乘之者及糺明候處大坂に而之風聞（評イ）之通外夷爲交易長崎へ積下候薩州樣御荷物之由及白狀（イ候）實に其罪天地に不容委細大坂御堂前に梟首有之候掛札之通船中居合之奸吏を誅し其品燒拂其首級を持（イ去）猶未た普く瀨戸內相覘右樣不正之荷物燒拂度相考候處最早手に不懸其內御暇日數も有之事に而右兩人と無餘儀東西に分れ候處去月廿五日夜於大坂南御堂前箇樣之始末に相成候上は同志之私實以不堪汗面且此度嚴重御規則も被仰出猥之振舞有之儀は御嚴禁も有之儀に而右御規則にも相拘り當時別而御規則嚴密に不相立候而は不相叶折柄と乍恐奉存候得は尙更私式一死却而御裨益に相成申候も有之間敷候得共實に御規則に背き候者共其儘罷在候而は不相濟後之鑑と申儀にも相成申間敷候得共せめては暴擧之戒にも可相成存

詰且薩藩之儀は兼而御兩敬之御事に付別而奉恐入候間如此割腹仕候尙死後之重罪幾重にも奉恐入候也

三月十日（元治元年）　高橋利兵衛臨終書之也

私事先達而より御聞及も可被成別府一件に付水井山本之兩士爲國家割腹に相成今更死後れ殘念不過之奉存候依之今晩割腹仕候間別段宿元へ遺書も送り不申入候愚父共へ被　仰聞被遣候樣返々も奉賴候今更未練に相成候間思殘事毛頭無之萬事宜敷御計可被下候尙又光井嘉吉へどうぶく《イドウグ》預け置候間是は常二郎へ御遣し可被下候三井樣守田樣其外へ宜敷遺語同樣御傳聲奉願上候早々

波多野謙藏樣　　高橋利兵衛

死後何卒御取置被成遣候はゝ格別御憐愍にて神葬被　仰付候樣奉願候尙處之少々つゝのかり掛りも有之候間何卒宜奉願上候以上

或曰惣ゐ御寛典に被處之一句尤確論公の爲人海涵南面の量ある事も測り知らる

九　龍野藩主征夷府へ建議之事

私儀去月十一日以御封書不容易御内命早速上京仕候處猶又　御沙汰に付乍恐愚意之趣奉建白候客歳攘夷之儀被　仰出候に就ゐは列侯は勿論下草莽之士に至迄感奮興起仕既於薩長斷然及一戰候段實以　神州之御武威相輝千歳之御機會と奉存候和戰之儀に付一時議論蜂起過激之輩も可有御座候得共かゝる危急之御時勢逐一糺問を被爲逐候ゐは人心彌洶々海内分裂之基共相成必然外夷之術中に陷り可申と奉存候何卒紛紜之儀は惣ゐ御寛典に被爲處攘夷之御嚴令聊御變動無之闔國之志纏め全力を攘夷に被爲盡候はゝ自然　御國體相立可申哉と奉存候尤御尋に付不顧忌諱愚存奉申上候以上

子三月（元治元年）

脇坂淡路守

一〇 中原景況之事

さて京師模様段々打替當時大樹公上洛中にて浪士等嚴重入込被禁處々番處等被差置候得共矢張入込居候哉既に早春來三條制札場新制札掛り近來諸浪人幷水戸殿浪人等新徵組抔と唱富商へ押入金銀かすめ取候間右等のもの見掛次第打取可申との文面に候處兩度計何方へ持行候哉不相分又々新に掛替都合三十日之内三度取捨候由右は水府藩より致候抔風説有之候得共全は左樣に而無之由に御座候〇參豫と唱一橋宇和島春岳三人日々參内之趣に候處此節又々模樣替り島津三郎一橋外一人尾州公と申候三人日々參内國事御用掛と申由に御座候尾張公は今に出京無之〇八幡山崎臺場築立に相成候由に御座候〇二月六日五ケ國軍艦大坂長州等へ差向候趣専ら風評候得共今八日迄何之沙汰も無之候乍去二月二日比より幕吏數百人大坂へ

差向候趣憺に承候○二條關白殿中川宮德大寺右府殿近衞殿御父子御日參先般退役之議奏阿野久世三條西（正親町三條の誤カ）殿等再役專御政務之由攘夷之儀は此節何方へも行風說無之候○長州家老に今伏見逗（マヽ）御返答相待居候由長防打拂又候被免出京有之抔風說不取留事に候○五ケ國彌渡來候はゝ何歟模樣も相替候哉に存居候○去御局の御咄之由にて三條始此儘にて可差置所存には無之候得共時勢難及力之　勅諚御座候由實に恐入候事に候○二月十一日會津守護職御免永代五萬石加增陸軍惣裁被　仰付參議御推任之由參議之所は此比辭退中之趣○脫走七卿より上書有之攘夷一邊之由猶跡より可差出候○因州備前容堂公は長州同說之由　禁中風評有之候○長防征伐大將紀防船軍惣裁島津大隅守陸軍惣裁會津其外安藝井伊阿波姬路小笠原肥後等十六大名御內意被　仰付今度幕府ゟ使者差向返答次第出張候由專會藩人之說に候二月長（防カ）州上關より五里曾尾浦船加著丸千石積此船に薩州行綿下荷として堺酒積入有之此積荷長藩吟味之節薩人上乘を打果荷物共正月

十四日燒拂候由　右之趣堺船硯屋千三郎より長崎御役所へ申出候由(元治元年)

一　六卿長門國に在て陳情幷奏議之事

甲子正月十八日三條殿諸大夫丹羽出雲守三條西殿諸大夫河村能登守被差登　朝廷御建白　臣等分外之　知遇を蒙り莫大之　鴻恩に浴候處去年八月十八日參　內他出等被止候節

勅命違背脫走仕候次第　朝廷之御變事を不顧　叡慮之御深旨をも不奉窺

國家多難被惱

宸襟候折柄於闕下微忠をも相勵可申之處不束之進退不憚　朝憲不敬之擧止其罪不輕　宸哀ゝ之程も如何被爲在候哉と恐縮仕候處僅被止官位候段

仁恩之厚不堪感泣候自元攘夷之儀は年末之　叡慮に被爲在候處膺懲之事業難被行　宸念貫徹不致義不堪慨歎悲憤之至不顧身力外夷掃攘盡微忠聊

奉慰　宸襟國恩萬分之一をも報度志願に有之候處却而嫌疑に相觸奉對
朝廷懷異心候風説も有之候由鄙情貫徹不仕候段不堪悲歎罷在候前條之次
第上　京訴仕度存慮に候得共當節自分共恐不少に付以書取奉申上候仰願
聖明仁憐を被爲垂候樣伏而奉願候死罪頓首謹言　右表向一書
臣等　勅勘犯罪之身を以　國家之　大政を猥に奏言仕候者不憚　朝憲儀
戰粟恐懼之至に候得共攘夷之儀は外夷蠻之叛服に相響　內國脉之盛衰に
相係候事故臣子之情分難忍沈默敢犯萬死鄙衷建白仕候抑外夷拒絕之儀去
年以
叡命不拘幕府之示令可掃夷之旨御布告被爲在候處於關東鎖港談判取掛候
に付應接中輕擧暴發無之樣更列藩へ御布告有之候に付追々攘斥之御所置
可有之義も存候處至今日未御實効も不被爲立如何被爲在候と奉窺望候處
當節大樹公にも上洛列藩參集　國是御一決膺懲之　御廟算被爲在候義と
恐察仕候得共萬々一も期限御遷延に相成候はゝ掃夷之機會も被爲在間敷

積年　叡慮御貫徹之時無之且人心之方嚮も不相立加之萬民之疾苦に至り邦内瓦解と相成候は丶禍亂不可請（マヽ）遂夷賊術中に陥振古所無之大耻を被爲受　神州腥羶之汚俗とも可相成と泣血悲嘆仕候蒙昧意陋之身天下之重事を奉議候者多罪之至に候得共區々之情難默止冒瀆
天尊言上仕候不敬不憚之罪　御仁宥被爲垂寸志之程　聖察不堪仰願候死罪々々誠恐誠惶頓首謹言　正月　六卿連署（四つ折上包）

右丹羽河村兩人上　京之上直樣關白殿下へ差出候處先歸宅差控居候樣との事にて三日振に最早御用無之由にて長州へ引取候樣被　仰出至て都合も宜今月（三月）十日長州へ下着候事　（元治元年）

一二　加賀藩主國中布告之事

方今不容易時節に付　皇國之御爲深致痛心先達て存込之儀公邊へ再應致

建白候儀も有之候處兎角　公武御一和之御模様不被爲在右よりして不容易次第實に寢食不安候に付身不肖に候得共彌建白之趣意弁貫徹　公武御間致周旋候付尤此方幷筑前共上京可致筈に候得共此比兩人共氣配不相勝候付先京都へ家老共差立候間各に於ても其心得を以厚心込專勤　王攘夷を本意と致し心中を盡候所存に候夫に付異見も有之候得共畢竟　皇國之爲を存候事に決而兎角上下一致不致而は不相成儀に付先達而軍制之儀申渡候通に候條彌其旨相守忠勇を勵可申樣致度候此段一統へ可申聞候

正月十五日　（元治元年）

一三　水戸武田某小川館之徒に與へし尺牘之事

此度義生入館以來謹愼威武研究攘夷之志相勵み一段之事感入申候併從來輕動等無之樣尙更深深《盡カ》力有之度事

甲子正月廿四日　武田耕雲齋

一四　世上流布　勅諭と云ものゝ事

嗚呼方今形勢如何と顧る中内は則紀綱廢弛し上下解體百姓塗炭に苦む殆んと瓦解土崩之色を顯し外は驕虜五大洲之凌侮を受て正に幷《マヽ》呑の禍に罹らんとす其危き事實に累卵の如又眉を燒か如し　朕之を思て不能寢食喉に下らす嗚呼汝夫これを如何と顧や是則汝之罪に非す　朕か不德之致す處其罪　朕か一身に在り
天地鬼神夫　朕を何とか言ん何を以てか
祖宗に地下に見ゆる事を得んや由て思へよく汝は　朕か赤子　朕汝を愛する事子の如し汝　朕を親む事父の如くせよ其親睦の厚薄天下挽回之成

否に關係す豈重きに非すや嗚呼汝夙夜心を盡して天下人心之企望に對せよ夫醜夷征服は　國家之大曲也遂に膺懲之師を興さゝれは不可有雖然○〔本ノマヽ〕○○之策略を議して以　朕に奏せよ　朕其可否を論する事詳悉にして以一定不拔之國是を定むへし　朕又思へらく古より中興之大業を成んとするや必其人を得すんは有へからす　朕斤〔近カ〕百武を見るに苟も其人有と雖當今會津中將越前前中將伊達侍從土佐前侍從島津少將等之如きは頗る忠實純厚思慮宏遠以て　國家之樞機を任するに足へし　朕之を愛する事子の如し汝之を親□計れよ　朕汝と誓て衰運を挽回し上は
先皇之靈に報し下は萬民之急を救はんとす若怠惰にして成功無れは殊に是　朕と汝の罪也天地鬼神夫是を殛すへし汝勉旃々々

文久四年正月廿一日

或曰此　勅書半は　大御心に非す具眼之人は拜し見て知るへし奉疑者を忠義とすあなかしこ〱

一五　島津三郎藩士共へ諭書之事

夷賊征服之儀從來之　叡慮に被爲在候得は今般　官武御一途之根軸被爲立　宸翰を以被　仰渡候趣も被爲在候上は幕府は勿論列藩一同盡死力不奉安　宸襟候而は臣子之分難相濟儀と存候就而征夷之策略に於て方今之急務たるは攝海之要港守備嚴重に相調ひ候儀に可有之存候間聊愚慮之趣幕府に建言致置候尤時勢之急務錄上候樣との趣先達申渡置候得共猶又右攝海守禦之術に於ては成敗之所分人命之所係にて實に以至大至重之事に付方略之次第存寄有之候はゝ不差置可申出候當時於諸藩開鎖之說紛擾いたし候哉に相聞甚に至りて我藩を開港說と唱候由に候得共決して可咎に非す又一時愉快之說を聞可動に非す我等趣意は一昨年來致持論候通我に十分之武備を設け萬古不易之征夷□行下度との着眼にて　神州之安危に

致關係候御大事之時に當り數年之
叡慮に奉基大策を見居候上は天下後世迄も致貫徹度微志に候條幾重にて《マヽ》
取違無之樣爲心得申聞置候事　子二月　(元治元年)

採穮錄卷六

採襍録巻七

一　大樹公右府御拜任之事　附　參内等之事

先月廿日　勅使二條御城へ參入御對顔有之候處格別之　思召を以右大臣御轉任之儀可有　宣下旨被　仰出候一體御辭退も可被遊處厚　叡慮之御旨も有之候に付御領掌被遊翌廿一日御　參　内以前　宣旨被遊御頂戴候此段申達候樣御意に候右之通從京都表被仰下候間爲心得相達候　二月

公方樣益御勇健被成御座爲御上洛幷年頭御祝儀先月廿一日巳刻御參　内御對面　天盃御頂戴且又　親王　准后へも被爲入御作法首尾能相濟御機嫌不斜候段從京都表被　仰下候間爲心得相達候　二月（元治元年）

二　中外問對に付テ、之優柔醜夷之傲慢可観事

甲子二月立山御役所に於て英軍艦船將キンクストン外士官三人并英國士代スミットへ奉行始め支配向御勘定御目付方役々立合應接之大意

奉行　高く署したるは奉行か言也巳下倣之

一先般英アルコック當港へ着船之由定ゐ於双方尋問被致候事と被存候右者何用にゐ到來致候哉

船將　低く署したるは夷虜か言也巳下倣之

面會は仕候得共用事儀は何共承知不仕候

一當節長州に向各國軍艦進發し候趣於貴國も同様と被存候且船數幾多期限幾時たる哉

左様に御座候私儀も各國一同進發仕候得共其後れ候程も難計既英國よりは七丁門《マヽ》備をミソーテ船出帆仕來月には進發可仕と承候

右長州一件に就ゐは貴國政府より我政府へ被申立候事も有之哉

既に四ヶ月前申立置候得共今以何たる御處置も無之候間無餘儀有之仕合に相成候

右事件に就ては我政府に於ても甚心配被致既に今般大君上洛に相成候へは一度は如何と歟處置可有之勿論鎮台に於て差留候權は無之候得共各國軍艦到着之上暫時被見合候儀は出來間敷哉尤表立申談候譯には無之候

御尤之事に御座候各國軍艦相揃候はゝ暫時差留め候手段可有之と勘考仕候

甲子二月廿一日立山御役所に於て英軍艦船將キングストン外士官三人幷英國士代スミットへ奉行始め支配向御勘定方御目付方役々立會應接之大意一應會釋畢て

今日申上候儀別事には無之先夜及傷に逢候國民右は未た其罪人御穿鑿に不相成哉其儘にては難差置候に付其趣を備細に提督へ相達申置

候
承知いたし候此方に於ても不怠穿鑿致居候得共何分手掛無之大に心痛之次第に候右は手腕を切放候得は治療相叶候趣被申居候處彌被切放候哉
左様に御座候既に切放申候乍併生死之儀未た見極難申勿論其旨も提督へ申入候
手腕を切放候得共生活可致様先日之噂に候處左様にも難至候哉
切放見候得は寸度危く御座候其故は右刀痕彌以全愈仕候哉難保甚掛念仕候
幾時切放され候哉且右手負人年齢は許多にして妻子にても有候哉
四日前に切放申候年齢は凡廿八歳より三十歳迄と勘考仕候唯多所頼は同人儀至て健康之性質に候故斯く手荒き治療も施し候儀出來今に殘喘を保居申候不然時は遠く死亡致し居可申候生土は英國にして妻

子は無之唯從兄弟有之而已にて候兎も角も御穿鑿之儀乍此上早々罪人法網に入候樣御取計之儀相願候

土地之者に候得は旦夕に罪人相分り可申候得共侯領之者と勘考いたし候承知之通封建は我國にて諸侯各其人民を司牧いたし居候得は寸度手數相掛り心痛いたし居候乍併罪人法網を被免候は國辱之事なれは如何にも心力を盡し不遠其罪人を刑罰致候樣取計可申候

諸侯にて銘々土地人民は擁護致居候得共上とする所は唯一人に候得は敢て探索之出來すと申事は有之間敷存候

勿論侯領之者たりとも有罪之時は罰するは天下之大法にて姑息致し候譯には無之唯方々侯領多人數にて旦夕に取調行屆不申と申事に候

此事件之御處置は鎭台に屬し候哉大君に屬し候哉

裁奪處置するは鎭台之職也是を命するは大君なり今大君之れを命し鎭台之を奉す其元は一也區別すへからす

此事件備細に提督へ申立候就ゐは於貴下御差支之筋無之哉

毛頭差支無之候

貴國に於ては數度及傷之儀有之候得は其儘にも難捨置其故申遣候

先夜兇人取殘候草履右は崎地之人々着用とは大に違ひ居候得は是を

以手掛りとして穿鑿可相屆被存候

尤之事に候去なから右草履は崎地にては不相用と申而已にゐ他所之士

官はいつれもこれを用ひ殊に目印も無之上は一草履を以て手掛りには

難致候

然れとも其場へ殘し置候草履あれは夫を以如何とか目當之吟味にも

可相成と被存候

吾國も罪人を隱し候は法禁にて殊に事件他國に係候上は尙嚴重に取扱

候乍併何分封建之故歟人別改め調へ候事等郡縣之如く速には難屆候

英國は　日本に比し候得は戶口萬倍致居候得共罪人を捕候は至ゐ速

に候

先年無人島に於て一の亞人ありて英人の妻を竊み金銀も共遁去サントイス島に潜居候處漸く七年を經て始て是を捉へ候由然る時は遲速は同樣にも無之穴勝英國計り速也と申譯も有之間敷候

近々英國より海陸之兵卒到着之由實に候哉

左樣に御座候是は何處に對し戰爭致候儀哉と承知不仕唯提督之命に隨ひ來り候得は同人之在所へ屯泊可仕候右一件英人疵請る儀に付アドミラール承候は丶當地へ相越可申哉も難計可相成は其前右之件々本人相知れ可申樣致度ものに御座候

委細承知いたし成丈手を盡し速に吟味を遂候樣夫々可申達候二月廿一日　右長崎住人玉名純之助より差出候

三　幕吏勝某等長崎へ下向之事

御軍艦奉行並勝麟太郎樣御目付能勢金之助樣支配調役並小松右藤次御徒目付大木六郎村上與七郎御小人目付中山七太郎小澤鍋太郎去廿三日長崎御着に相成候段申越候此段被及御達可被下候以上　子二月（元治元年）

四　長州征討之幕命に付我　澄良公子御建白書之事

今度越中守へ被爲頂戴被　仰付候御封書之趣内々兩人へ被　仰聞實に武門之冥加越中守は勿論於兩人も面目之次第奉存候熟々長州之事情を觀察仕候に近來洋夷來港太平久とは乍申任求要津を被開要地を被借與候等の儀御座候處より貪夷追日而忌憚所なき勢に成行を諸邦之敵愾憤怒に堪兼遂に櫻田西丸下變事相生浮浪之徒虚に乘し　公武之御間殆御間隔之姿に相成天下之人心次第に紛亂仕候儀を大膳大夫深く慨歎致し最初

皇國公武之御一和を周旋仕候主意と相見候處不圖も今日之形勢に相成候儀は乍恐　公武御双方之御所置を不被爲得候處人心を被激諸卿は過激之徒に擁せられ大膳大夫は激烈之臣に擁せられ激烈之臣は浮浪之過激に擁せられ浮浪過激は相互に切され勢不得已展轉相激し件々亂暴之仕方にをよひ候儀と奉存候已

天朝より大膳大夫非常之昇進を被　仰出其後暴發之砌は　御譴責こそ可被爲在歟と奉恐察居候處却而被賞剰へ監軍使をも被差立一旦は九州之末々迄動搖仕候程に御座候處其末去八月十八日前後を以　叡慮之眞僞を相辨候樣被仰出候得共御書達等迄にゐは長州一國疑惑解兼舊冬に至り井原主計を以奉伺候通に御座候間此節　公武御合體御委任被爲在候とて

將軍樣より直に被及御沙汰候儀何程に可有御座哉彼より矢張　天朝之重命を固守仕居十八日已後却而　叡慮を矯候儀にも可有之哉と論説仕候運には決て至り兼可申奉存候間今般御取固めに相成候御趣意は　朝命を以

宰相父子之內勅又大臣之內にても大坂あたり迄被召寄先般之監軍使へ對候程之重き　勅使にても被差立候て明白に御諭被爲在此已後屹度　台命を奉候樣被　仰出御請迄之儀は是非

天朝之御所置を御願上け被爲在度御儀に奉存候右之御筋に相成候ても違背仕候はゝ所謂天人所誅にて假令御伐討被　仰出候とも有誰て否と存候儀も有御座間敷左無御座候ては大膳大夫初二三之大臣十八日後之　叡慮を奉候心得に候共一國中を示諭仕候儀何分力に及不申不本意戰爭之埒にも至り可申其嚮より如何成內亂を被開候も難計洋夷窺窬之折柄實に

皇國之安危に係り深く奉懸念候尤　朝廷より大體之御取扱相濟候上は

將軍樣より一切御引受に相成七卿之面々勝手に國許へ連越候儀は申迄も無之御役人暗殺公義并薩州之軍艦に暴發等の事件一々御察討に相成候はゝ究て暴臣浮浪之仕業にて於大膳大夫も奉恐入候種目を以御斷申出にて可有御座其程に應し相當之御懲戒御座候儀順路之御運にて事柄も速に落

着可申歟と奉存候右樣之境は重々　御廟算被爲在たる儀とは奉存候得共右之御所置次第不容易筋にも成行可申甚以案労仕候　御懇命奉蒙り候私共折角存候儀其儘に默止仕候は却ゐ奉恐入候間不顧憚内々言上仕候以上

二月（元治元年）

長岡澄之助

長岡良之助

五　或人從囹圄中送妻手簡之事

我等このたひ　皇國の御爲御國の御ためと存し込日夜寢食を忘れ親に離れ奉り妻子を捨候て身力をつくし候處官府の御不審をかふゝりかくのことく囚繫と相成申候誠に恐縮之事共に候　君上は第一先祖父母に對し奉りいとも恐く候去なから天地に向ひ神明に對し候ゐは聊も耻候事は無之

候併我ら知見のたらさる所より或は過失も候らはんか其過ちに依て我身如何成行候とも是天命の然らしむる所なれは決而なけき悲み候へからすむかしより精義の士程薄命なる者は無之候我ら賤き身にたとふへきには候らはねともかしこくも和氣の清丸と申御かたは弓削の道鏡帝位を窺し時にあたりて　御寶祚に大功有御かたにて候へとも當時は穢丸と呼て島に流されたまひしか後世の今に相成候而は天津日とともに其忠誠を照し玉ふ遠くしては元弘建武の昔公卿の御方には北畠親房顯家顯信藤原の俊基資朝の卿を始め奉り武士にては新田義貞楠正成正行菊池の武重武光侯なと皆々　朝家之御爲に其身は更なり其國も其子孫も　南朝とゝもに亡ひたまへり今日に至りては其忠誠日月と光を競ふなり足利氏の天下の武將になり玉ひしといへとも今日にいたりては賊名をうけ後の世のあさけりとなり玉ふされは人は一代名は末代と申ものにて候さて又近くしては戊午の禍にかゝりし吉田寅二郎安島帯刀鵜飼吉左衛門父子梅

田源次郎なと又長岡宿にて死去いたし候人々庚申上巳の節井伊を討取し十七人の大關森山抔と申人々壬戌の春伏見にて討死いたし候有馬新七田中謙助列を初國の爲天下の爲に身命を盡し候人々かしこくも　朝廷より下し文給りて子孫をして祭を厚くし長く鬼神をして血食せしめ候様　勅旨賜り誠に冥加にあまりていともかしこく候我ら賤き身を以て古の名將賢君々子碩德之人々にたとふへきには候らはねとも其國に盡し　朝家に盡し候志は誰にもをとり申へき我らも壬戌の春よりこのかた我身のあるをはしらすして只道のある所嫌疑をさけす不憚忌諱或は不測の淵にのそみ或は虎狼の窟を踏候て微志を盡し候故歟かしこくも　朝廷より學習所御用懸被　仰付賤き名をも　雲井に聞へあけ或は石清水御幸の供奉被　仰付其時着せし布衣其儘賜り或は　勅使の供奉被　命候て身にあまるたまものとも下し賜り我ら身にとりては其ありかたき御惠み　誰人にもまさりぬへし我ら子孫たらむものは我志を彌繼々に繼て千萬年の　御德澤

と我此御大恩を奉報へき也そも〳〵我邦君は足利氏の御血脈に渡らせたまふまゝ我ら幼少よりの志は微賤の身たりともいへとも若天下事あらむときは　朝廷の御爲に第一の御忠誠被爲盡乍恐御家祖足利氏の穢名を償せられ御忠誠の御芳名を千萬世に揚させ給ふ樣身命あらむかきりは盡力致候心底に候處一昨年以來　朝廷之御變動に付是そ我等平生志し候時節と存し同志申談し權門を不避勢家を不憚君臣の大義を以建言等仕候處固り　君上にも賢名にましませは早く其御志し被爲在既に今日のことく爲皇國盡力被遊候間我ら素願も已に達せり我此度國に歸り候て京都正邪之辨等申上候志しに候處かくのことき繫囚となり志相達し不申遺憾不少候得とも是も運命に候へは可致樣も無之候何卒我子孫たらむものは我志を相繼し我　邦君をして中臣の鎌足公の如くならしめ新田楠菊池氏の上にたち給ふ樣忠誠盡力可致候是　朝廷へ對し候ても忠誠の第一にて候也汝女たりといへとも我妻なれは能々我遺訓を相わきまへ人にゆひさゝれぬ

樣に子共精々我遺教を相守り國の御爲天下の御爲屹度相立候樣養育之程
呉々御賴入候也汝の身にて國一の忠義我へ之貞操はこれにます事候はし
昔楠正成討死し玉ひし時御子正行十三歳になり玉ひしか其母いとも賢こ
く渡らせ給ふ人にて父君之遺教を能々守り玉ひ嚴しく教育し給ひけれは
廿五歳にて打死ましく〳〵て父君に劣らぬ忠義之名を今の世まても輝し玉
ふ賤しき我等か身にたとへ候もをこかましく候へとも楠母之迹を學ひ玉
はん事のみ賴入候也何事も々々加屋益坂なとへ御相談有之度候若加十郎
御教育屆兼も候はヽ越鳥坂へ御賴被成候か又は住江小坂方へ御預可被成
候この兩家は能く士道を守る家の習しに候へは宿に置候よりも却て身の
爲と存候御母樣御事いか計御悲可被成これのみ心にかヽり候兄弟共に御
孝養奉盡候事もなりかたくかヽる身と相成候ては不孝の罪いと恐く候併
なから古より忠ならむとすれは孝ならす如何にともすへき事あたはす何
とそそもし初子供我らにかはり御心を慰可被申呉々賴存候我等も武運强

く再ひ歸り候は丶芽出度孝養可仕候けかも漸々快く相成五月比にも相成候は丶歩行も出來可申御氣遣無之樣存候立花越鳥坂へも御變り無之哉宜敷賴入候何事も々々筆にまかせ心にまかせ不申候かしく

二月十一日（元治元年カ）　信　道　花押

――との

六　筑前侍從慶贊朝臣幕府へ建議之事

御國是之儀并長州御處置振等鄙意無覆臟早々建白仕候樣被相達奉謹承候重大之事件輕易に難申上候へ共長州御處置之儀別而御急之御事柄と奉恐察候間愚意之趣不避斧鉞吐露仕候根同州は勤　王攘夷之原意より奮發仕候儀に候得共頻に詭激之論を相立幕府を輕蔑致し別て昨年來之擧動御威光にも相拘り候付嚴敷御查問之上致峻拒候に於ては六師征討可爲御相當

との論も追々承候へ共篤と勘考仕候處方今海寓《マヽ》之人心未及一定漸近日に
至　公武御和合水魚之御親被遊候御手始且は外夷之騷擾も難計御座候折
柄御滅却と申に相成候ゟは同州は不及申諸藩も人心沸騰仕或は不逞之徒
庶民を致煽動　皇國爭亂の端に相成可申歟と深焦思仕候儀に御坐候其上
頃日諸藩へ幕府より封書被渡候に付ゟは長州御征討之儀と一統へ流布仕
忽同州へも相響き可申然時は一往之御糺も無之直に御征討と相心得詭激
之情態增長致し終には正義之臣も不堪殘懷過激之徒へ黨與仕國之存亡を
も不顧必死之覺悟にゟ籠城可仕體勢に至り可申歟と勘考仕候就右先一應
末家幷家老臣之內早々被差登　勅使幕使を以是迄之心得御訊問之上理非
分明に方今之御趣意をも御懇說に相成大膳大夫父子申合速に御請申上候
樣被仰付追々悔悟之徵顯し過激之罪を奉謝に於ては出格之憐愍を以社稷
無別條樣寬典に相成之儀御上策歟と奉存候一體は
勅命を被請幕府之處置當然之儀に候へ共一途に　叡慮遵奉し昨年夷艦掃

攘之魁仕候而も　叡感被　仰出も有之監察使をも被差下且去五月十日攘夷期限之被　仰出本懐之餘り今以去八月十八日以前之處內實之　叡慮とのみ存込罷在幕府より何程懇說御座候而も過激輩等承服仕間敷哉に奉存候に付此節之御處置は
勅命を以被　仰出候方可然愚考仕候
右之通御詰問被遊候而も悔悟不致奉對　公武不逞之暴論等於申上候は違勅之罪難遁候に付其節御征討被　仰出候而も可然哉に候へ共相成丈は悔悟之御風諭被　仰出候御事歟と奉存候御下問とは乍申熟考も不仕粗漏に申上候段宜御取捨被爲下候樣奉懇希候御國是之儀は尙又再三熟考之上可申上誠惶誠恐頓首々々

二月廿三日（元治元年）

松平下野守慶賛

七　松平（保科）肥後守參議辭退先祖正之朝臣へ御贈官願文之事

不肖之臣容保再參議推任之　特命を降し賜り去秋之擧動更に　御推賞被下置臣之寵策無限感泣何止然共臣敢て謙讓を爲に非す俯而思ふに立法傳實に正之より基き世々遺風を守て周旋仕幸に臣身に及て始て輦轂之下に奉事し時之不安に遇　嚴命を奉し微力を盡し事を得るものは其源は正之志に御坐候於是重て奉瀆　聖聽其咎固より免れさる儀に奉存候鄙心愈不能安伏て願は山海之洪量を被爲垂猶臣の微志を矜憐し臣に所賜之官を移して正之へ賜らは臣之冥加幾許倍し且恐多も其人柄に於ては相當可仕哉と奉存候間兩犯尊嚴奉祈願候頓首々々

子二月（元治元年）

左中將臣　容　保上

八　森井某江戸府下時勢報知手簡之事

一英國アルコック來著に付井上閣老横濱出張應接有之候處渠より國王の命を蒙り候一條は大樹公御上洛御留守に言上仕候而も迚も御返答難出來と一切閣老へは不申出アルコック一分之存意を申候には最早攝州大坂兵庫越後新潟之三港御免しに相成候よりは何年に相成候それをも御開無之殊に上官ミニストルとは各國共に江府内に住居御許に相成候へ共是以人心不持合とて御斷之末遂に御殿山之商館も御燒拂被成其上横濱鎖港と申儀は餘り御勝手之御振舞にては無之哉と恨事を申候由全體王命を蒙り罷出候趣意は別文之三港是非當年より開と申所存之由に候へ共其事は不申出由

一舊冬廿九日外國へ被差出候使節船アルコック清國定マヽ海港に而出逢使節之人々を遮り留め而申候には迚も本國へ御出被成候とも國王聞入不申

是非御引返し被成候と頻に勸候へ共聞入無之由然處橫濱來著後各國ミニストルを大にアルコック罵り辱め候由其譯は日本より使節被差出候を拒止め不申故と申事右に付彼等之中議論兩端相成已前より參居候者は當時日本之形勢熟察致し候に迚も此三港を開候儀を申向候とも行れ不申必事之破れと相成との說にてアルコックも近來大に議論屆けたると承申候併實情は未た聞取不申候

一使節船定滿より書狀到來致候には此度アルコック罷出候儀は程に寄候ては御心配にも相成可申と認有之たる由承申候

一水府は先便にも言上仕候通長州說之者國權を取最早當君幕府に構不申只々　天朝之命を奉して攘夷致の論近來愈盛に相成諸方之浪士多勢集り近國へ金子を募りに出候者不少且神武館と申學校共潮來之方に築立候由惣體浪士之まかなひは豪農商に强て申付置候由水藩人嘆息致し話仕候彼等之趣意は潮來を本城とし玉造水一を本丸と致す覺悟之由當君

は御在府少しも御手は出不申候

一仙臺侯當月廿日御出府に相成申候去秋比より　京師關東二方より御召に相成居候處此度は公邊より御留守御警衞被仰付又　勅命も同所江戶へ罷出候樣被仰出候に付御出府御座候由

一昨廿四日御在府列侯田安御屋形に惣御召出し今度大樹公御參　內之節宸翰御下し御座候御寫拜見被仰付且長州使問之上承服不致節は征伐之御覺悟と申事も內々御沙汰有之候由最早長州征伐之御樣子と申事江戶內風評致居申候

一安井忠平は公邊御代官被仰付候へ共何方へ參候歟相分不申風評には猶轉職致し要用之職被仰付抔も沙汰致候へ共是以實晴《マヽ》相分不申候其他京師之事情は承居候へ共彼方より申上たると奉察候間態と相省申候　子

二月廿六日森井惣四郎

猶々長州よりは東北列侯へは無殘廻文差出され候檄文は一寸一見致候

處聊長州には罪は無之との申譯にㇷ御座候何れ次便には書付差上可申
奉存候已上（元治元年）

九　上方中國風說抄省書之事

一會津守護職御免相成五萬石加增陸軍總督被仰付候處此儀御受不仕候由
一越前春岳へ守護職被仰付候事
一薩州より今日上書有之其眼目は武備不充實故急速攘夷不相成攝海之防
禦不充實を名とし矢張因循にㇷ航海備仕候事にㇷ幕へ畢竟阿諛し天下
之人心兩端に抱かせ己れ正とも邪とも不分明之樣思御文面之由也
一大和浪士十九人殺伐不堪悲歎候平野次郎共も此內也
一薩より幕へ浪華城借受仕度段願出候處御免不相成於幕府も彌薩之奸計
を悟り候由

子二月　(元治元年)

一〇　尾張慶恕卿奏議之事

謹而奉獻言候方今切迫之形勢多端縷述候得共根源は夷患に有之掃攘之儀に候就而は素より聖明之　勅意も被爲在今更申候迄も無之候得共古より己を謀り力を量り候を要と仕候得は其御差略も亦不得止儀と奉存候就而は他港之儀は漸を以被遊候得共先横濱港之儀は鎖開御決議御尤と奉存候若此御決議相動候而は闔國之人心治り兼可申候長州之御處置も其惡を御去其情を御恕被遊畢竟內亂を不招外夷之術中に不陥を被遊度儀と奉存候且又諸藩之形勢富强は稀に衰弱は多此儘にては迚も外夷之輕侮難察事と奉存候尤何れの鎖《マヽ》主に於ても富强を不賴者は無之精々世話候得共何分にも昇平年久敷自然に遊惰奢靡習染甚深き風を成居改革之一新屆兼偸安に

或曰横濱迄ゟ鎖し殘りは暫く開港せは何ゟ以て敵愾の義氣ゟ詖動せんや不審 又曰外國使歸りたる由横濱鎖港の談判す由調和せぬら誠に 神祇の支礙とも思はるされば一港のみ鎖すことのよからざるは公の所見なるべけれども先方今時勢論より建白ありて事の入り易きことゟ欲たる深意も亦不可知云々

而已流易此姿にゟは往々奮發之程甚無覺束奉存候間此機に被乘諸藩嚴敷御戒勅被爲在斷然革弊質素節儉一意養力敵愾之義勢趣候樣皷舞被爲在幷諸藩之疲弊を御厭ひ奔命不勞樣御回復被遊只今在京之輩も　帝都御守衛浪華鎭壓は嚴重の兵備を被留其餘之面々は一刻もはやく御暇國々に就き力を養ひ　叡慮遵奉仕候樣仕度奉存候仍之右之趣被命度奉存候是等之儀は不肖之微臣申上候迄も無御座素より　御廟算御十全之御事には可爲在候得共此度拜　闕之砌固陋を忘れ伏ゟ赤誠を奉歎候微臣誠惶誠恐頓首敬白

三月（元治元年）　　慶恕

二　在長門國紳縉家御詠歌之事付眞木和泉守等詠歌之事

此中なる藤原保臣の歌は去年之部に可入は本書に据り別にしるさす

題しらす

藤原實美卿 三條殿

大君はいかにまもらむ仰き見れは高天原も霞こめたり

玉の緒は絶なはたえねかくてよに存生とてもなそかひもなし

たまのをはうきよのちりと消ぬとも君にしられは嬉しからまし

玉のをよ光消なは人しらす君か守りとならましものを

君によしゝられすとても臣として臣たる道を盡さゝるへき

大君の大御こゝろをちよとたにこちふく風も我にこたへよ

かくまてに忍ひくちせしもやとりのはやりこゝろと人やとかめむ

うれたさのやるかたなさに花鳥の色音をさへにかこちつるかな

こゝろのみ思ひこかして文机のふみを見るさへ物うかりけり

さきかけて此世の梅と散もせすゆきて秋咲菊もあるかな

或曰斯歌は詠めは感情満胸一字一涙

題しらす

藤原季知卿 三條西殿

或曰義氣烈々

武士はいふもさらなり梓弓われもとるへき世よそ有けれ

三田尻にて

呉竹の世をもをなれと思ふのみわりおきふしの願之けり

九月十三夜長門國にて　　　　　　　　　藤原保臣和泉守

思ひきや鹽の八百路をわたりきてのちの今宵の月を見むとは

いかよして君か誠を久かたの雲ゐのそらに晴わたもはき

題しらす　　　　　　　　　　　左近三盾行云こは三條殿の侍三宅左近ならん猶可尋

大空の月の光はさゆれともよよ浮雲のかゝることかな

一二　長門藩主奏議之事

謹按

二尊開闢以降

天は神也

天日嗣之知食賜堂々之　皇國三千年之今日に至初而夷虜之侮慢を受　御
國體難相立何共悲憤之至奉存候辱も
聖明英武夙に醜夷掃攘之　叡慮被爲在
天人感動癸亥之夏に至遂に拒絶期限被　仰出候に付臣領內に於て聊遵奉
之驗相立敵愾之士氣相厲
天恩萬分一奉報心得罷在候處八月十八日に至闕下變動之次第如何之御事
に候哉其原由は不奉得察恐悚之餘經來奉　勅之始末巨細申上置於國元恐
懼罷在候得共
玉座之御安危如何可被爲在哉與寢食不安日夜憂苦に罷在候抑癸丑以〇《降或は來カ》確
乎たる攘夷之
叡慮可被爲變御事には不被爲在候得共當今人情輕薄萬一於內地石敬塘如
きは有之間敷共難申若然らは
玉座之御安危に相係候御大事奉存候に付再三申上候も恐多候得とも藤原

實美初西下之儀は全攘夷之
叡旨貫徹致度之外更他念無之由其憂國固
君之誠意不被爲捨早々復職被　仰付候はゝ最前確定之御國是彌以凜然相
立可申と奉存候且又臣父子去秋以來上京見合候樣との御事如何之　御趣
旨に候哉不奉測候得共去八月攘夷　御倚頼可被爲遊との　御沙汰に本つ
き日夜心力を盡罷在候得共　上國之事傍觀打過候而は臣子之至情不相忍
候に付父子一人上京仕乍不及抽丹誠　叡慮御貫徹相成候樣仕度奉存候區
々之鄙誠　天地鬼神に質し可愧儀無御座候間乍恐　御憐察被爲降　御聞
濟被爲成被下候樣泣血奉難願候臣慶親誠恐誠惶稽首謹言
私末家一人吉川監物幷家老一人御用有之候付大坂表迄罷出候樣尤國許迄
も可被遣　勅使之處遠路之儀故大坂表迄被差遣候事故末家已下三人大坂
迄罷出　勅使御引請仕候樣　御沙汰之趣奉承知候然處先達而家來井原主
計上京申付候節勸修寺殿於藤森御接待に相成候儀奉對

朝廷奉恐入候次第御坐候處此度又々於大坂　勅使御引請仕候樣被　仰付候付而は失敬之次第臣子之至情不堪恐懼奉存候に付僅咫尺之事に候得は入京被　差免於　闕下奉　命被　仰付候樣奉願上候當今之時勢　闕下之御模樣如何にも傍觀難打過段は委細別封を以言上仕候次第にて私父子間上京をも御願仕度程之事に付折角被　召寄候末家其外之者共　闕下近く罷在候樣格別之御仁慈を以　御聞濟之程奉歎願候以上

三月（元治元年）

長門宰相

一三　紀伊藩主征夷府へ建議之事 三篇

松平大膳大夫父子へ御糺問之所有之萬一承服不致節は御征討も可被遊旨先頃御内意被　仰付候に付其節愚存申上候處尚又　宸翰御布告に相成罪

責暴露就中七卿誘引監使闇殺等之儀其罪固より不輕事には候得共深く當今之勢を審に仕候處夷情不可測之時に當て蕭墻之禍を醸し候儀實に以不容易事に奉存候間何分にも御寛典に御處置被遊候樣仕度候古より華を以華を治め夷を以夷を打候を上策と仕候處萬一御征討之儀に相成候得は彼夷情より見候時は却而彼か上策に陷り十莊子か功は彼に被收蚌鷸之禍は自取と申物に相成　天幕之恩威共に挫け諸侯幽寒之懼を懷候樣可相成歟と杞憂仕候今若彼一門初を御懇說有之一時疎暴之罪不輕と雖畢竟夷を壞し甚よりして相生候儀にて却而今日之上策地をなし
天朝幕府之恩を背隣國同州と怨を結ひ祖先以來之儀を空敷致し　皇國之生靈を苦候段定而本意に有之間敷儀を厚御誨諭有之隣國同州にも被　仰付說解せしめ一度にて承服不仕候はゝ二度三度に至り候はゝ兼而名義を主と致候國柄故承服可仕候夫にても承服不仕節は其時御處置に可有之事にて御征討之儀は前以被　仰出候筋には有之間敷歟と乍恐奉存候元來防

二州之衆を恃み居候事故御内意自然承り込候はゝ承服仕候者も承服なり難き勢とも可相成哉就而は何卒至誠之文德を以頑傲を感悟するを御標準と被遊候樣仕度奉懇禱候頓首謹首

三月

此度　宸翰幷御受書御布告に相成候付再三拜讀仕候處　公武御一和に相成候段實に萬世之一時蒼生之大幸不過之事と深く感戴仕此上　宸翰之御趣意に基き早々御長策被爲在幕政御更張有之候樣日夜仰望仕候抑幕政之不張所以は　朝意を背馳致より起り　朝意不行所以は幕政之不振より起る事に而此二之もの相待相合て內外之患氷解可仕候間謹而膺懲之典を奉し緩急之備を嚴にしたゆみ無之綱紀振厲候樣御處置有之度就而は公方樣には暫浪華城御靜坐被爲在守護職初諸有司と京地を管轄致し外諸侯は守護を徹し封土に歸し近畿咽喉之地は往古之制倣ひ新關を設け出入を嚴にし六十餘州各其方物貢獻に復し守護職是を掌り　禁中修繕供□に充候樣

相成候得は普天之下皆天職に供し候に〔儀カ〕も明白に相成幕府匡合之威も儼然
と相成候に付　朝覲參府之外封土に安し各其領民を撫育爲致候はゝ　輦
轂之下擾亂之儀自ら相止可申候併道不虚行之理合に御坐候間尊　王之實
飽迄御注意被爲在表裡相應し今日に至り候所以と佗日之所深御省慮有之
度奉存候且又松平肥後守儀此度守護職御免被　仰付候得共同人家風武備
充實忠勤相勵昨年來別而公義之御爲盡力仕殊に京地形勢情態懇着致候事
故今暫當地へ被差置松平大藏大輔と同心戮力仕候樣被命候得は兼而之誠
意尚又十分に相盡し萬世之御基本相立可申歟と奉存候是は曾て御定策も
被爲在候半と奉恭察候得共　宸翰御布告に相成候に付而は愚存默止罷在
候も其職掌に對し恐入候間不顧多罪尚又建白仕候誠惶頓首　三月

廟堂之神算を不辨妄に申上候段は誠に以恐入候得共何分區々之儀も有之
再度建白仕候松平肥後守儀今般守護職御免に相成候儀は深御趣意も有之
候事に奉恭察候得共先頃申上候通去八月以來天幕之御爲上下一致盡力仕

候實に不容易候處兎角巷說紛紜屢張札等も有之候趣承知仕候乍併昔子產政を〇初は子產を惡候得とも三年之後に至り其政を喜ひ候由左候得は肥後守之功績も數年之後に至り候はゝ自然と顯れ艸野之小人も喜ひ候樣可相成歟と企望仕候折柄忽ち九仭之功一簣にして空敷相成候段實に歎惜に不堪次第に御座候後世子產を稱譽致し候も實は鄭侯之風評に不惑果斷委任いたし候識度實に可感事に御座候尤京地は鄭國之比較すへきには無之殊に當今之時合に當り候ては　皇國之安危に關係仕候事故風俗人情に馴候者に無之ては不可然歟と奉存候間肥後守儀今暫　輦轂之下に被差置候樣仕度不顧多罪愚分相盡し申上候此段御憐察可被下候頓首謹白

子三月（元治元年）

一四　備前藩主幕府へ建議之事

一攘夷に無之𛀁は人心一致之目途無之事

攘夷之儀は數年來人之口實に致居申候儀に御座候得共素より一定之策無之輕易に可致事には無之無謀之兵端相開候儀は却て外夷之侮を釀候譯も御座候得共既に昨年

叡慮遵奉攘夷之台命被　仰出候位之儀今更御變動に相成候𛀁は物議紛々迚も一致之目途有御坐間敷人心一致不仕候𛀁は攘夷之儀は暫差置候𛀁も今日之御政令も不被行

朝命幕威も相立間敷と奉存候間何分にも人心之御基本は御屹立相成不申候𛀁は不相叶儀と奉存候

一三港之外猥に碇泊之夷艦は打拂候樣御命之事

此儀は外夷にも御示に相成候樣に候得は三港來泊は暫御差免に相成候共彼か輕侮を制候譯に𛀁　神州之御武威も相立且攘夷御奉　勅之廉も相顯可申其上追々御應接之模樣に寄忽兵端相開可申候得は其期に至り

候ゟは何れも要地之襲來も難計御座候間右之趣列藩へ御布告に相成居申候はヽ闔國勉勵武備相整起惰之一端にも相成幕府之御權も相立可申儀と奉存候

一鎖港之御實功相立候儀御急務と奉存候事

此儀使節歸帆之上御取懸りと申計にゟは人々疑惑之念相止申間敷候間御拒絶相成候御手談豫め御決定諸藩拜承仕候樣有御座度依ゟ差向横濱へ相廻る交易之品々御差留被　仰出候樣有御座度將又外夷に對して曲直を正し候と申論も御座候哉に候得共　天朝へ被對候ゟは大義に比較仕候得は輕重大小明白に相分候事に御座候間何分實効相顯候儀今日之御急務と奉存候

一江戸御城御修理暫御差留緩々御修造有御座度事

鎖港御談判御取懸に相成應接之趣に寄江戸近邊は戰場に可相成程に御見込無御座ゟは應接も出來不申儀に御座候間唯今以前通御普請候出來

と申様にゐは迚も博々《マヽ》敷御應接は有御坐間敷人心疑惑可仕候得は只々御假住居之思召にゐ御修理欠なりに被成置候様奉存候將又江戸御府内人戸御減少可相成哉之論も御座候由此儀は尤可然儀と奉存候將軍家御歸府無御座內早々御取懸有御座度奉存候

一宮堂上方へ列藩之士人入込居候儀御差留に可相成事

此儀も昨年被　仰出も御座候處尚又當時相緩み居申候哉に承申候今般公武御一和萬事幕府御委任被爲在候上は御人少之御方へは幕府より御附人被差出大樹公は御下坂御懿親之御方京都へ御滯在御指揮御座候はヽ浮說虛論も不相起萬緒一途に出候様可相成儀と奉存候

一列藩就國武備充實に可致候事

近來諸藩共疲弊不少趣に御坐候間各藩御暇被　仰出銘々就國武備嚴重に可致は勿論に御座候得共國力不足之諸藩へは幕府より御助力御座候様無御座候ゐは急に行屆難申廉も可有御座且御用物價騰貴不致様厚御

世話有御坐度事
一長州御處置之事
巷說に承候得は長防士民至迄一途に必死を相極居候趣に相聞候間御處
置之次第に寄彌以人心を激し內亂之緒とも相成可申候間御寛大之儀は
不申及素より御法憲に觸候儀は御譴責御座候共攘夷之御基本御決定に
さへ相成候はゝ長州父子は不申及長防士民に至迄甘心可仕儀と遠察仕
候間一應御糺問之上速に入京御免被　仰出候趣幕府より
朝廷へも被　仰立列藩私心を不挾同心合力仕候樣之御處置肝要之儀と
奉存候
月日缺（元治元年三月）
松平備前守

一五　柳川藩主歸國之儀幕府へ書達之事

異船南海へ入津之趣長門宰相父子御不審中には候得共自然上陸戰等有之候而は　皇國之御大事現前に有之候間爲加勢歸國仕候以上

三月（元治元年）

立花飛驒守

一六　因幡藩臣土井謙藏策問之事

昔者元人贈書于我　天朝欲答之北條時宗以其辭無禮執爲不可且斬其使以嚴武備幕府有此英斷故當元人入寇之日

龜山帝願以身易國難上下和一其至誠感

神當時之大風非偶然敢問今日何爲則上下和一如弘安之時乎自癸丑有外夷之事以來諸公皆曰武備充實然後可奏攘夷之功今已十二年矣而諸公猶主張

前說愚謂自今之十二年猶前之十二年而武備豈能充實乎敢問武備充實之策緩急當如之何防盜入家者不固守門戸而唯守堂與室余未之聞也　京師室也浪華堂也紀阿淡之間豐豫之間長豐之間前門也而若丹則後門也不先議此數所之守衞而獨攝海之防禦愚竊以爲非計之得者敢問諸君以爲如何有攘夷之策然後可論鎖港無攘夷之策而徒論鎖港非與償金于夷恐難成苟償金之鎖港則不如勿鎖且鎖一港而已則莫如鎖箱館不早鎖箱館則蝦夷今爲魯西亞之有矣豈非可寒心乎敢問諸君以爲如何二百餘年之江戸地氣發泄無餘而人心萎靡不振如今日矣今因大城有災宜遷都以江戸爲戰場不則雖横濱鎖港恐難成敢問諸君以爲如何古語曰寧爲玉碎勿爲瓦全今日天下之形勢爲瓦決不得有全之理却爲玉有得全之理何憚而不爲之乎諸君以爲如何聖賢之謀事論是非而不論利害攘夷之議論紛々不決者論利害而不論是非也且論利害也非眞知利害者諸君以爲如何立國之道在强而不在大

皇國之在五大洲中固不可謂大然自古不受外侮者以其强也今日之急務莫如

急于強國之策強國之策當如之何昔者周之衰也楚子臨周境問鼎之輕重大小王孫滿雄辨以却之今醜虜之無禮無義豈特楚子之比乎乃如今日我屈于徒而不止則他日虜臨畿内問　三種神器之大小輕重愚謂雖百王孫滿決不能却之矣敢問諸君能却之否近日有外夷襲來于長州之説苟在　皇國中者誰忍傍觀坐視乎如聞有曰宜使外夷伐長州者余未知其眞僞敢問諸君有此理否

一七　米澤藩主假領之民心糺明候樣幕府へ願書之事

私御預所羽州置賜郡屋代郡取扱方私領同樣被仰付度旨奉願候處去亥二月中願之通被仰付難有仕合奉存候然處民心不居合松平陸奥守領分へ立越彼是申立候由に付公儀御苦體不相成樣内分を以相濟申度陸奥守と相談之上双方向役之者立合種々敎諭相加候へ共更に承服不致當惑之次第に御坐候依之御事多當節恐懼奉存候へ共御威光を以御糺明被成下度奉存候此段奉

願度候以上

三月七日（元治元年）

上杉彈正大弼

一八　大洲藩主幕府へ建議之事

此度御國是見込之處建白可仕候樣之御達奉謹承候雖然暗愚悍識之私如此重大之御事柄中々以可申上力量無之候へ共千慮一得之至に從ひ不顧斧鉞之誅奉獻野人之芹候凡國家之安危兵之勝敗は人心之和不和に有之候處戊午以來於　朝廷幕府之御間柄御異論も有之哉に承及申候御異論有之候而は第一御國體にも關係仕且は天下之人心不和之基本とも可相成哉と深奉恐懼候（脫あるカ）近比水魚之御親み有之候由承竊奉感喜候猶此上　朝旨御遵奉被遊人心御歸向候樣之御處置奉仰願候且於大樹公乍恐今暫御國是一定人心一

和仕候迄は京攝之内御滯在被遊度奉存候近來天下之諸侯抱危疑之心如踏薄氷罷在候殊に於長藩は去八月以來過激之擧動有之候に付入京御差止に相成候其罪科之儀相辨不申候へ共眼前洋夷之大患を差置於御國內異論有之候而は人心益動亂仕候何卒出格之思召を以御寛典に相成速に御召寄情實御尋問有之候而至當之御處置有之度候浪士輩嚴敷御吟味有之候而は却而死地に陷り多少之大患を釀成候も難計奉存候此輩從來慷慨敢死之士既に父母妻子に離別爲　皇國拋身命候者に御坐候間是卽　皇國之元氣御坐候中には御制禁を相犯疎暴之擧動も有之候へ共畢竟　御國體之廢墜を悲み洋夷之猖狂を惡候赤心より激成仕候儀に而亂臣賊子と不可同視哉に奉存候餘り切迫候而は和州但州等之異變又々起り可申候何卒當時京攝之間に潛居仕候者御呼出に相成攘夷之先鋒被　仰付候へは感戴之餘り奮前勇往可致報効と奉存候昨年來天下之諸侯陸續と京師に御召寄に相成候儀は御國是御一定之御爲と奉存候乍然京師迄は遼遠之國も有之且趨從多分召

連罷登候に付冗費不貲必用之軍備は却而手薄に相成下候何卒御用濟次第速に歸國被　仰付寸分之國力を相養緩急之節忽御用に相立候樣之御沙汰有之度候是亦懷諸藩和心之御策略哉に奉存候近來京師幷諸國物價騰貴仕闔國之諸侯遂に困迫必死之地にも陷り可申何卒罔利之姦商を嚴敷御吟味有之度候左候はゝ人心一和可仕候

右申上候條件は大綱相立諸藩一和仕候上斷然と攘夷御一決に相成上は奉安　叡慮下は天下人心之望に從ひ以六十餘州之全力御一掃被遊候得は皇運御回復は不及申幕府之御武威も區宇に震暉可仕と奉存候愚昧之私敢言仕候も恐入候へ共赤心御恕亮御採擇奉願候誠恐誠惶頓首再拜

子三月（元治元年）

加藤出羽守

一九　澄之助之君へ自　天朝御賜之事附從幕府御刀御拜領之事

長岡澄之助

爲越中守名代上京長々滯在御警衛殊勤番等被仰付苦勞に被　思召候今度御暇に付　賜之候事

御末廣三本御綃五匹

三月廿四日（元治元年）

昨年來厚心配彼是周旋之段致滿足候歸國之上存付候儀は必申越候樣賴申候

三月廿四日（同　年）

右大樹公御坐間にて御懇之御意御刀御手自被授之

採穭錄卷七

採襍錄卷八 （原題 採襍錄 壬戌春夏ノ部 四）

一　斬奸趣意書

申年三月赤心報國之輩御大老井伊掃部頭殿を斬殺に及候事毛頭奉對幕府候而異心を挾候儀無之掃部頭殿在執政以來自已之權威のみを振ひ奉蔑如天朝只管戎狄を恐怖いたし候心情より慷慨忠直之義士を惡み一己之威力を示んか爲に專ら奸謀を相廻し候體實に　神州之罪人に御座候故右等之巨奸を倒候はヽ自然幕府に於て御悔心も被爲出來向後は天朝を尊み戎夷を惡み　國家之安危人心之向背に御心被爲付候事も可有之と存身命を拋及斬殺候處其後一向御悔心之御模樣も相見不申彌御暴政之筋のみに成行候事　幕府之御役人一同之罪には候得共畢竟は御老中安藤對馬守殿第一之罪魁と可申候對馬守殿井伊家執政之時より同腹に而暴

政之手傳を被致掃部頭殿死去之後も絕而悔悟之心無之のみならす其奸謀詭計は掃部頭殿にも超過し候程之事件多々有之兼而酒井若狹守殿と申合堂上方に正義之御方有之候得共種々無實之罪を織して天朝とも同腹之小人のみに致さん事迄相謀り萬一盡忠報國之者烈敷手に餘り候族有之節は夷狄之力を借可取押との心底顯然にて誠に神州之賊共可申方に候故此儘に打過候而は奉惱叡慮候事は不及申於幕府も御失體之御政事のみに成行千古迄も汚名を被爲受候樣に相成候事鏡に懸て見るか如く不容易御儀と奉存候其上當時之御模樣之如く因循姑息之御政事にて一年送りに被爲過候はゝ近年之內に天下は夷狄亂臣之物に相成候事必然之勢に御座候故旁以片時も寢食を安し難く右は全く對馬守殿奸計邪謀を專ら被致候所より差起候儀に付臣子之至情難默止此度微臣とも申合致斬殺候對馬守殿罪狀は一々枚擧に不堪候得共今其一端を擧て申候得は此度

皇妹御縁組之儀も表向は
天朝より被下置候樣に取繕公武御合體之姿は示し候得共實は奸謀威力を
以て奉豪奪候も同樣之筋に御座候故此後必定
皇妹を樞機して外夷交易御免之
勅諚を强て申下し候手段に可有之其儀若しも不相叶節は竊に
天子之御讓位を奉釀候心底にて既和學者共へ申付廢　帝之古例を被爲調
候始末實に　將軍家を不義に引入萬世之後迄も惡逆之御名を流し候樣取
計候所行にて北條足利にも相超候逆謀は我々切齒痛憤之至可申樣も無之
扨又外夷取扱之儀は對馬守殿彌增慇懃丁寧を加何事も彼等か申所に從ひ
日本周海之測量之儀迄指許し　皇國之形勢委敷彼等に相敎近頃は品川御
殿山を不殘彼等に貸遣し江戸第一之要地を外夷共へ渡し候而は彼等を導
て我國を取しめ候も同前之儀に有之其上外夷應接之後も每々差向にて密
談數刻に及ひ骨肉同樣に親睦致候而國中忠義勇憤之者をは却而仇敵之如

忌嫌ひ候段國賊と申も有餘之事に御座候故對馬守殿長く執政被致候はゝ終に
天朝を廢し　幕府を倒し自分封爵を外夷に請候樣相成候儀明白之事にて言語同斷不屆之所行と可申既に先達ゟシイボルトと申醜夷に對し日本之政務に携呉候樣相賴候風聞も有之候間對馬守殿存命にては數年を不出して我國　神聖之道を廢し耶蘇之邪教を奉して君臣父子之大倫を忘れ利欲專らの筋のみに陷り外夷同樣禽獸之群に相成候事無疑微臣共痛哭流涕大息之餘り無餘儀も奸邪之小人令斬殺候上は奉安
天朝幕府下は國中之萬民共夷狄と成果候處之禍を防候儀御座候毛頭奉對公邊異心を存候儀には無之候間伏ゟ願くは此後之處井伊安藤に奸之遺轍を御改革被遊外夷共を攘逐して　叡慮を慰め奉り給ひ萬民の困窮を御救ひ被遊東照宮以來之御主意に御基き眞實に征夷大將軍之御職任を御勤遊され候樣仕度候若も只今之儘にて幣政御改革無之候はゝ天下之大小名各

幕府を見放候而自已々々之國相固候樣に成行候は必定之事に御座候外夷之御扱さへ御手に餘り候折柄右樣に相成候はゝ如何御處置被遊候哉當時日本國中之人心市童走卒迄も夷狄を惡み不申者一人も無之候間萬一夷狄誅戮を名と致し旗を揚候大名有之候はゝ天下は大半其方に靡き候事疑無之實以危急之御時節と奉存候且
皇國之俗は君臣上下之大義を辨し忠烈節義之道を守り候風習に御座候故
幕府之御處置段々
天朝之　叡慮に相反候處を見請候はゝ忠臣義士之輩一人も　幕府之御爲に身命を抛候者有之間敷　幕府は孤立之勢に相成果可被遊候夫故此度之
御悔心有無は　幕府之御興廢に御係り候事に御座候故何卒此儀御勘考被遊傲慢無禮之外夷を疎外して　神州之御圀體も御威光も相立大小の士民迄も一心合體仕候而尊
王攘夷之大典を正し君臣上下之誼を明にまし々々天下と死生を倶に致し

候様御處置希度是則臣等か身命を投ち奸邪を殺戮し　幕府要路之諸有司に懇願愁訴する所の微忠に御座候誠惶謹言

かそいろの育し身をも君の爲

をしけるも代々乃惠おもゑは

豐原邦之助

平　親忠

（文久二年）

二　安藤對馬守より屆書之事

今朝登　城懸坂下御門下御番所手前にゐ狼藉者鉄炮を打掛七八人程拔身を以左右より駕へ切掛候附供方之者防戰いたし狼藉もの六人打留其餘之者共は逃去申候拙者儀も捕方指揮いたし候内少々怪我いたし候に付坂下御番所にゐ手當いたし候へとも出血等も有之候上供方はしめ手負之者も

有之候に付相糺追ゐ御届申達候

正月十五日（文久二年）

安藤對馬守

供方手負

深手

原田喜兵衛　小藥平次郎　松本錬五郎　齋藤勇之介　馬澤幸之介

淺手

友田兵藏　上坂大五郎　村上秀二　押方萬造

右之通に御座候

狼藉者之方

三島三之介 十八九位　豊原邦之助 廿二三位　細倉忠齋 兩刀にゐ働き三十八ケ所疵　吉野政助 三十位　相田千之介 三十五六位

淺田磯助 三十位

右之通卽死人懷中名前有之候付相知せ申候

三　在關東人來狀

今朝内櫻田桔梗《マヽ》口外にて安藤對馬守行列に左右より乗物を目懸鉄炮三發打懸直に八九人計抜連候て切懸候處多勢に被支候故歟仕懸方六人即死跡は行方不知立退申候由被仕懸候方は四人之即死或は壹人共いふ手負數多有之由右騷動に付乗物を守護し一旦は自分屋敷桔梗口迄壹丁餘り有之候よし門前迄引返候由之處騷動靜候て後供頭より下知を傳へ此儘にて引取候ては後日之申譯相立不申迚遂に乗物を桔梗口迄舁込せ候之由其跡より堀出雲守登城有之候處乗物之内より挨拶抔も有之其儘登城之筈に候得共乗物損候に付乗替候て登城可有之迚一と先歸邸直に供廻り觸候て俄に所勞之趣にて登城延引に相成たる由是は畢竟主人之無恙を示さん爲之不得已之一策と奉存候對馬守は手疵三ケ所鬢先肩先脊中と申事候得共是ハ實否相分不申候負候由淺深且玉疵歟刀疵歟之處は相

分不申候得共迚も存命は六ヶ敷方と相察申事に御座候右唯今承申候に付隨聞書記得貴意申候猶追々御注進可仕候惜哉櫻田之神速なるに不及可恨々々併敵に虞不虞あり時に利不利あり成敗を以不可論何様衰世之美事可歎々々

正月十五日薄暮於□窻之下認之　（文久二年）　國安

封廻狀　一橋附

一通り御尋之上揚屋へ入る　山本繁三郎

戸田越前守家來　大橋順造（マヽ）

大橋順造（マヽ）養子　大橋燾司

松本騏（マヽ）太郎

右於黑川備中守役宅淺野伊賀守立合備中守申渡有之候　正月十五日

右之子細相知れ不申候得共櫻田猥藉者體に風聞有之候由

四　小河一敏祝詞の件

掛卷毛畏伎
大御神等乃宇頭乃御前仁忌麻波里清麻波理謹美敬比畏美畏々毛申寸近幾
年古路武士乃道衰邊內波蒼生苦美惱美外波夷等乃荒備來且皇國風乃頹禮
廢賀故仁一敏賤喜身止雖毛大和心遠振起志列國乃操正志幾人々止心乎合
世謀乎合世且　朝廷乎尊止美姦志幾司人乎除幾服從邊民艸乎恤滿牟止欲
寸留赤心乎美志久　照覽志給比謀仁與利乍毛黑心乎挾萬年者乎波立所仁
罰女給比漏落過犯寸事乎婆　神直日大直日仁見直志聞直志給比夜乃守利
日乃護利乃守利給比助計給比忠心仁謀利隨意々々事宇麻久成就志給比
皇國乃御稜威波彌廣仁輝幾

皇神乃道波彌遠仁榮江志免給邊止謹美敬比畏美々々毛申寸

文久二年正月廿八日

豊後岡藩

藤原一敏

兩段《マヽ》再拜

みかとをたふとみねちけひとをのそけえみしをしたかへたみくさをあはれまむとのねかひをとけさせたまへとまうすことのよしを　はやさふひめのおほかみあめのふちこまのみゝいやたかにきこしめせとかしこみ〳〵まうす

右百字を冠として四季戀雜百首之歌廿八にて詠出奉納のつもりに御坐候由

五　山田十郎上書の件

微賤無識之私共　御国家之御大事を奉議候様之儀申上候段誠以奉恐入候次第に御座候得共　御国家御急迫之儀を乍奉存傍観仕候儀も猶更奉恐入候儀に御座候間不顧死罪左に言上仕候抑去十二月伊牟田尚平清河八郎安積五郎等中山大納言殿御内田中河内介と申人中將忠愛朝臣之旨趣を奉し認候書翰を持松村大成宅へ申出候趣には嘉永癸丑以來幕府之諸有司苟安姑息之情より被執計候をもつて畏くも被奉違背　勅諚共国家之大義候に付賊虜

皇国を致輕蔑傲慢無禮之極既及侵奪候勢顯然明白之間深く被爲惱

叡慮候所より實に不被爲得已被遊

御親征候御模様にて天下之諸大名早々馳上奉守護

鸞輿候様との御趣意に付此節四方へ令旨被差下筈に候尤薩州長州等之諸國應召馳上候筈之由噂仕候間私共甚以驚愕仕不取敢其段言上可仕筈に御

座候所猶退而勘考仕候得は右亡命生之一言を以不容易大義を唐突に申上
候儀譖言妄語之疑懼も有之候に付其儘含措候筈之處右河内介書狀も熟讀
仕候得は何樣天下國家之御一大事其儘に難默止虛實探索仕候上急度言上
可仕と奉存同志申談宮部鼎藏松村深藏兩人上京仕
禁闕之御模樣奉伺候所方今之御事體殆御幽閉よりも稠《マヽ》鋪眼前不可諱御儀
にも可被爲及哉之事件且外夷之猖獗を被爲憤候御內情奉傳承候よりも甚
敷又江戶幷諸國之動靜彌以不穩模樣及見聞候間直樣出立日夜陪《マヽ》道兼行仕
馳下申候而演述之趣奉拜承候所草莽之私共唯々大息流涕之次第誠以奉恐
入候其砌薩州人柴山愛次郎橋口壯助と申者當所通行仕處々に立寄噂仕候
趣承候得は此節島津和泉樣出府之儀は不容易筋も有之候段承申候間御近
藩之儀其儘聞捨には難罷在猶宮部鼎藏罷越於薩州市來驛和泉樣供頭副役
有馬新七田中謙助御小姓鈴木武五郎村田新八列へ兩度迄及熟談承合候所
最初承及候儀に聊相違無之彌以此節は於　京師義擧有之候樣子續而修理

大夫様にも大勢御引卒に之（見カ）身被致候御模様慥に及見聞罷歸申候將又長州之儀は來原良藏堀新五郎及對談承候所薩州同様之趣に相違無之肥前之情實は是以義擧之覺悟有之候趣に御座候其他岡藩之模様も逐一承及申候所屹度證迹有之右之外尾州土州筑前石州因州桑名仙臺阿波等之諸藩も義擧之風說有之候得共是は顯然之證迹無之候間屹度は難申上乍然肥薩長三藩之模様を推而相考候得は大略相違も有之間敷奉存候然に右之條々委曲所々に建言仕置候得共于今何之御模様も相見不申誠に悲憤に堪不申候竊に承候得は私共事浪人體之虛喝を信し　御國家之大禁をも相侵し不入建言仕候抔申族も有之　御為筋申出候者を徒黨之様に申成向も有之候私共短才不智とは乍申　御國家之大禁をも不顧南北に驅馳し東西に奔走して身命を不惜ゆえんのものは何等之主意にて如是仕候哉仰願くは深遠之御謀慮を以御憐察被成下度偏奉存候方今天下有志之諸大名より御當藩を概見仕居候所は癸丑以降之御處置を根とし彦根藩純粹之御同意と奉存候趣に

而肥後人と申候得は幕府之間諜同樣に見成候而一人も其國情を明し其內實を語り候者無之薩藩へ參候有志之者共御當所通行仕候者宛も敵國を經過いたし候樣之思をなし候樣子に御座候私共右等之事情一々見聞仕慨歎憤怒に堪不申御當藩之儀は決而右樣之御眞情にては無之段反覆丁寧論辨致候而もいまた其御事迹相見不申候に付粲然と疑心相解候樣には無之候得共此節丈之事情は相明し候樣に成行候折柄此度右等之諸大名應
勅意候期に至御當藩よりは御旗一流も御出し無御座候而は彌（マヽ）以初彦根藩
御同意之御廟議と概見可仕も難計御座候得は第一
天朝へ之御大義被遊御闕（マヽ）且は天下之惡みを被爲受四方敵國と罷成候而は如何可被遊御處置候哉私共疾痛慘怛不顧身命苦心候處は此儀に而御座候如何に國富兵强天下無雙之御藩とは乍奉申四達之　御圀柄に四面敵を被爲受永久獨立之御廟筭如何被爲在候哉且　御名義被遊御闕（マヽ）候而は乍恐
御國家之御存亡此時と奉存候實に臣子之情分以死殉國之秋と決心仕候然

舊藩は列藩或は各藩の誤カ

に今般之儀に付世上論談之趣を略承申候處列國之諸大名內外となく　幕府へ被爲對候而は全く君臣之禮節を相守候譯柄有之諸事　幕府之下知を受可申特に於　御當家樣は舊藩とは格別之儀に付殊更　御厚恩を被爲受候御儀に付將軍家を背にして被爲受
勅意候樣にては御義理合不被爲濟候間此節之儀は御遲緩可然と申唱候族も有之哉に承申候是一通りは尤之樣に相聞候得とも唯衆愚を惑し候說にて甚大義時體に闇き利口之俗論と奉存候私共竊に愚考仕候に元來　幕府二百年餘之御厚恩を被爲蒙候儀は誰も奉存候事に御座候處先年來　幕府不被奉
天朝之御主意事件々有之而已ならす近比に至り候而は彌以奉逼
玉體候勢に立至り候に付實に不被爲得已被爲有　叡斷
天皇躬親大義を天下に被遊御徇內にしては奸臣外にしては賊虜可被遊御誅伐との旨誠以難有

叡慮に被爲在候に付都鄙遠邇之差別なく男女老幼に至迄拋身命鞅掌仕候は當然之儀に有之候右之次第に御座候得は假令一人も勤
王之者無之とも菊池氏之如く御當國より義を擧られ上は奉安
宸襟下は天下生靈塗炭之苦を救たまはんこそ乍恐至當之儀と奉存候然に此節之儀列藩勤　王之事は俚談巷說にても昭々たる事に御座候所不知顏して
勅旨を不被下に從是義擧は難仕抔申候者今日之勢に於て何共不得其意次第に御坐候然に勤　王は列藩にのみ讓置御當國よりは一人も義徒無之候ゐは事成亂平之後何之面目ありて天下之人に面を合可申哉誠以慨歎に堪不申候つら〳〵
皇國之大體を相考申候得は前條之通愚昧之俗人君臣之名分をも辨別不仕族も間々有之候得とも元和以來今日に至迄曾て　幕府をさして君上と稱候義は全く無之乃　幕府も諸藩も官位は同く

天朝より叙任せられ候をもつて見候而も君臣に非る義は明白に相分り
幕府は武家之棟梁と唱候通に而たとへは
天朝は父母　幕府列藩は兄弟之續之如き者に御座候而是迄は大兄より父母之意を奉行仕居候所此節右大兄之臣僕白刄を以て父母に逼居候勢に不異然に二男三男共兄之臣僕か所爲は卽兄之意に可有之とて父母を如何に致候ても無爲方と致傍觀居候義は有之間鋪身命をもつて其間を押隔白刄を差向居候臣僕を斬戮し先父母之危急を救左候而右之所爲は兄之意に無之候はゝ幾回も父母には過を謝し兄には規諌をいたし候而父子之恩を傷はす兄弟之誼を失ひ不申社今日天下至當之要務と奉存候右之通混亂に不相成樣是迄力を盡し妻子臣僕は或は打虐け甚きに至ては殺身に至ものも不少是亦兄之意に可有之哉父母伯叔之悲嘆をも不顧徒に打過候而如何可有之哉雖路人保護可仕候所一家内にして路人にも劣果候事萬々人倫之上に於て可有之理とは不被存候其上此節

天朝之御趣意決而　幕府を御追討之儀に無御座內にしては姦邪之臣僕を誅し外にしては狡黠之夷賊を征し玉ひ萬民之患難を被遊御救候御義に候段は確實に承取申候事に御座候右之主意に被爲基　御國是一定之基本を御建立被爲成候樣若不然して唯々　幕府へ御報恩とのみ申候而は萬一朝敵之名を被爲受候樣に成行候而は天下正義之惡みを被遊御受何方にて御報恩被爲出來候哉誠に不堪慘怛次第に奉存候右之通に候得は御報恩に無益のみならす　御國家御傾覆を被爲招候譯にて實に被爲對御先靈樣於御孝道も如何之御儀と重疊奉懸念候私共叩頭流涕奉懇願候は何卒一體不易之御國是を被遊御定筭早々御勇決被爲有度幾重にも奉存候若此節御遲緩之議にも被遊　御治定候はゝ報國盡忠之輩不顧　御國典一己々々之赤心を相盡し申候樣に成行水府之故轍を踏に至候而は實に御國家御殄瘁之基共奉存候間何卒私共建言之筋深御憐察被成下片時も速

に御英斷被遊被下候樣重疊以死奉至願候微賤之私共ヶ樣に　御國家之御大事を喋々奉議候儀實に僭踰之罪難逃奉存候得共臣子之情分所不得已より不憚尊嚴建白仕候所如是御座候誠惶□死罪々々頓首謹言

文久二戌年三月

右上書山田十郎草稿之由佐渡殿へは魚住源次兵衛持參監物殿へは佐々淳次郎持參に相成候尤兩家之書付文言は少々替も有之候由

六　小坂翁上書艸案

禁闕に矢を放候者は有之間敷候得共於　京師列藩互に弓矢に相成候はゝ禁闕之邊究而干戈之街と相成　玉體は矢石中に可被遊御座且廻錄《回禄カ》之恐も不少旁危急之御時節安然として寢食を甘居候時に候哉臣子之情分之をも可忍は孰をか忍ふへからさる也天理人情共是非御守護可有之筋と奉存候

願くは未發之内早々御人數被差登候樣有御座度奉存候若事（マヽ）に相成一日
玉體を失石中に被爲置候得は臣子一日之責を被爲受候而も御申譯相立申
間敷奉存候間一刻にても急速に御差登度事
君臣之名分計日々夜（マヽ）千萬御唱有之候とも其實無之而は疑惑之族も不少人
心安兼動搖に可至勢にも見申候間急に尊　王之實御立御國中之疑惑被成
御解候事
天朝をば御手厚上にも御手厚御心力を不被爲盡候はては此節　御諫諍之
本立兼可申　御身を以被爲先立御忠節之實御失ひ御口上之上計りにては
感動之筋無之所謂枉尺直尋之類に而大義之　思召立思召通には被行間敷
御手元如何れとか御省被遊度事　付言
御人數被差出候上之儀は申迄も無之幕府未た御解官も無之内に付諸司代
へ御伺　禁門何方にても差圖次第　御門固被遊候儀可爲當然事

四月九日（文久二年）　小坂秋月

山にのみ住にし人にしらせしな蒼海原の春のけしきを
今もさもかくあるものと世のなかの人はうつゝかゆめにそありける

七　熊本藩廳より達等の件

沼田勘解由殿 御留守居大頭 無程大目附 御使者
被仰付候節御渡之書附

副使
右田才助 御穿鑿頭 後御奉行
魚住源次兵衛 御物頭
橋本源右衛門 御郡代

於
天朝は往古より君臣之名分粲然たる儀は申迄も無之引續公義は武家之棟

梁職を被任置候に付萬事被重候と申內此方樣へは別而御鴻恩之譯も有之
候處近年關東御處置筋付而は殊之外
宸襟を被惱候趣に而間には不穩唱も相聞四方之外夷
皇國を相窺候折柄萬一內亂を釀候體之儀有之候而は大切至極に付此節
京都へ別段之御使者被差登現實之御模樣具に御窺之上　叡慮之旨御尤之
御儀は悉被奉畏關東へ御涯分丈け被　仰上猶於關東無餘儀事情も被爲在
候はゞ是又　京都へも被仰上干戈に不及
宸襟を奉安東西至當之御政道被得人心も致安堵候樣上下一致之御力を可
被盡候事　三月（文久二年）

　右御使者追而御免に相成候

一四月朔日　太守樣御著座翌日御意書取
京都は勿論江戶へ奉對弓矢を向候存念無之國家に替候而も東西致忠節
天下之事至當歸し候樣取扱度從來之本意候事

別紙

御留守中人氣動搖いたし候儀は畢竟上之輕きより之儀と被　思召上旨

御沙汰之事

右等に付御家老衆引入知せ狀寫

拙者儀京都表之儀に付而種々唱之儀有之人氣動搖之萠をよひ候處取鎭

屆兼相州交替之御人數引揚差立等不被爲叶　思召　御沙汰之趣重疊奉

恐入候依之自身伺被受置候との趣に御座候

右之趣にて御一門御家老御奉行衆四月二日より差扣に相成日數七日

終而御免之由

八　米田三淵兩家へ投文之寫

今度御國是立兼候事は則　君上之御不明と申者にて一國之事は天下に關

係此節之事付而は奸賊之臣四五輩御座候一日も早く誅伐仕筈に御座候御氣遣不被爲仕樣奉願候承候得は佐渡殿奸臣之樣子模樣により打取可申候

四月十六日（文久二年）

有志之士

同士四拾人餘り

奸臣と申候は片山永田井上村井にて御座候亡命之節一番に血祭致し候筈にて御座候一兩日中御覽可被下候以上

九　風說書之件

一此節京都表之儀付而は　太守樣御苦惱被　思召上屹度　思召之旨有之江戸へ可被遊　御諫啓候　京都に變有之　玉體矢石之中に被遊御座候節は申迄も無之急速御人數可被指出旨於御花畑住江甚兵衛被　召出

良之助樣より御直に被　仰渡候御手當之儀は兼而御達にも相成居候得共此節急速用意調候樣御備頭へ御內沙汰可有之旨被　仰渡候同志中何れも此旨奉敬承候樣若存念之儀も有之候はゝ御附役迄可伺出旨被　仰渡之

四月十八日（文久二年）

右之御書付は住江甚兵衞へ　仰渡候

御意之趣を奉傳承宮部鼎藏轟木武兵衞等書取して　御趣意如何と御附役大矢野次郎八へ相伺候處御趣意に相違無之候得共猶奉入　御內覽候上可及返答との旨に候處右之朱字だけ依　御意添削有之候事

一彼之儀に付片山喜三郎早打にて三月四日此許被差立勢州龜山にて　太守樣へ御行逢直樣京師へ被差越四月中旬歸著懸途中にて或人へ談話書取左之通

京地は格別相替儀も無御座候得共道中筋諸藩之早飛脚誠に櫛之齒を

引かことく有之如何之事起り候も難計將又長州之儀は宮部鼎見聞之趣承り候よりも甚敷有之候との事

一五月上旬青地源右衞門早打にて到著之上　御花畑鹿之御間御しまり付にて　御目通被仰付候よし

但青地源右衞門持下り之御用筋も如何之儀に有之候哉一向相分り不申しかし外之儀にても有之間敷何樣攘夷等之儀に付ての事なるへし

一蠻夷渡來已後　皇國人心不和を生候に付土州侯へ三條殿より肥後へは先月廿一日一條殿より筑前侯へは二條殿より右いつれも同文にて御添書有之早々出府周旋有之度周旋方之儀は出府懸立寄候はゝ委細被　仰含との御事に候由

風說書

一正月元朝春日若宮社（所祭天忍雲根命）の神鏡事なふしてをのつから四ッに致破碎候由右は上代にも有例事にて每兵革之兆に御座候由夫さへあるに又

同朝多武峯神社所祭藤原鎌足公之御鏡餅微塵に粉砕いたし候由又同十一日には祇園社之大楠風なふして大枝折候由彼といひ是と云ひ不容易神變に付其段早速　奏聞仕候由に御座候處

天朝には深恐畏み給ひ嚴き　御愼にて　御座候之由に御座候誠に々々奉恐入候御事に御座候右等之事有之故にや當年も又々臨時に　勅使被差立

太神宮へ被爲籠　御祈誓之由

叡慮之被爲在候處乍恐一點之間然なく彌以神祇之大御心に被爲叶遂には　大御威稜を萬國に輝かし給ひ朝日の豊榮登かことく　大御榮ますへき事無疑草芥〔莽カ〕之微軀も未賴敷竊に相樂居申事御座候右　勅使には

太守樣御下向之節勢州龜山宿にて御行逢に相成候由に御座候

一和宮樣御緣組に被奉預候諸卿方千種樣岩倉樣初として皆々差扣被　仰付候由左も可有之事に御座候

一二月末頃　京師通行之者咄に安藤侯一件之後は洛中洛外共殊之外嚴密なる事に相成候而旅客抔一切足を留候儀難相成其上其頃は彦根侯上京前に而別而嚴重に有之洛中洛外共彦根小濱之藩士のみ充滿いたし居候而一々相改候由誠々かしこき　九重之下を傍若無人に振舞候段不敬無禮之至言語道斷之次第に御座候所司代は安藤騷動之後は殊之外恐懼之由に而一切外出仕不申御用節には九條殿下迄文通に而取遣有之嚴敷用用心之由に御座候彦根之上京は暫差扣候樣との　勅諚に而當時國元に留り居申たる由

京師に而之風評に御座候由此元に而は當地發途之砌より一旦は國本へ立寄候而　上京之由風評に御座候いつれ實説に而御座候哉難定儀に御座候

一日光宮樣去九日當表御發輿に而御上京に可相成定而

天朝と幕府之御間を　御合體被遊候樣御執成し御爲には有之間敷哉私

に推察仕候居し事に御座候
先達ゟは右　宮様水戸へ被爲入是も御中直りゟ御執持に相成候抔と之風聞も御座候へは右　御上京も尋常にゟは有之間敷と被申候事御座候
一安藤侯手疵も全平愈致候由にゟ既先月廿五六日頃登城有之是迄之通御役被　仰付候由に御座候へ共右一旦之登城迄にゟ御役御斷願に相成申候由に御座候
一先月廿八日には墨夷登城仕申候如何成事共申談候哉一向相分不申候
一御殿山之方も近來は又々取懸當夏內には大方成就仕可申と奉存候事に御座候
右風說書大野図安江府より四月十四日發五月六日到着　文久二壬戌年五月寫之

壬戌四月

一〇　宸筆にて公卿方へ御下けに相成候趣

夫聖人に非るよりは内安けれは必外患有り方今天下二百有餘年至平に慣れ内遊惰に流れ武備を忘れ甲冑朽癈し干戈腐□す卒然として夷狄之患起て不能應之終に癸丑甲寅の年より有司益駕御の術を失事模稜多し是以戒夷不知所恐懼徴求無厭條約を定め闕市を通せん事を請ふ幕府因循不能拒其請以旗下小吏奏聽　朕知其誣岡〔マヽ〕斥之翌巳年二月幕府以老吏堀田及二三小吏登京事情を陳し切請不止　朕熟案古今夷狄之憂雖不少近年之如甚きは未有之也若一旦親狎之擅流穢溺　神州陵沈〔マヽ〕し　朕か世に至て初て金甌を缺は何以て　先皇在天之靈に謝せんやと深謀遠慮し群臣に咨〔諮カ〕詢するに皆其不可なる事を白す又列藩内密上言の者有て更に幕府に命して大小名に令し時宜を陳せしむ然るに幕府命を脱し肯て是を天下に傳示せす　朕深憂慮し未處置する事不有於是羣臣八十八人奮然として奏狀を以

朕か意を贊す又或曰　朕若幕府の請に不從は必承久元弘の事を爲んと然とも　朕切に一身を以て祖宗の天下に易んやと卒に重て命するに前令を以て《マヽ》次て幕吏を返らしむ又使を發して幣を三社《マヽ》奉し戎夷　國體を汚す事なく人民其生を安せん事を祈請す庶くは弘安の先蹤を繼んと豈圖むや旬日之間幕吏朕か命を不用遂に條約を定め通商を許し片紙を以て奏曰時勢切迫す不得止也と

朕殊に其侮慢無禮を怒といへとも未遽に譴責せす三家家門或大老を召し其子細を尋糺せんと欲す然に尾水越其餘之三の名藩臣籠居し又曾て命を奉せす次て前將軍薨せり又忠告する者あり曰嗣子幼若將軍に托する事なく暫く其爲す所を見て而後托之よと然共直に其職に任し其を以其職を盡さしめんとす然に將軍幼若有司柔惰

朕か意に稱ふ事を不知曾攘夷の念なく却て之を親昵し剰正議の士を排斥

す　朕其三家三卿等を召すとも不來剰正議の名藩臣を退隠或は禁錮せしめ其積欝の餘激して變を生し外夷其虚に乗せん事を憂慮し辭命を幕府水府に下し天下の大小名同心合力幕府を輔佐し内奸吏を除き諸藩勤王の心を慰め外黠夷を拂ひ各國窺窬の念を絶せしめんとす然るに皆　朕か意を體し其命を海内に傳示し天下一心戮力德川を輔佐し外夷征殄の議を不與却て公武不和の難を醸し　朕深く之を憂ふ其間事々紛々盡言べき事難し然共其一二を云んに人々以爲幕府如是衰弱不振戎狄如是猖獗不懲則外患何時止まん　神州の正氣何時回復せん人民何時座を安せん是豪傑英雄の將に非むは治する事不能すと三家中一橋は其英明なるを以之をして其職に當らしめん寧よく大事を成就せんと是以草莽有志之士其中に周施《旋カ》奔馳するもの有又其門奸猾其意を快せんとする者有て事多く　朕か意の如ならすして間部下總守登京幕命を以天下之事を論する者一切に縛收して是を江戸に下し次て四大臣落飾幽居し正議の士於以盡く下總守幕議を白し

て曰條約押印の事は先役備中守所爲にして當役の知所に非す卽今條約を返し通市を止むる時は外國に不信を傳ひ彼の怒を激し異變不測を生せん環海武備未た充實せす且大奸內に在り若外患起らは內憂みに乘せん然らは忽ち土崩瓦解如何とも爲へからさるに至希くは幕府の申所に任せて姑く天下の時勢を御覽せん事を必年を輕すして戎狄を掃絕し　神州の正氣を回復せんと是以　朕不得止其請に任せて天下の事勢を見る其後庚申年三月三日水府浪士井伊――を刺す事有其所爲は亂暴に似れとも其所懷中の狀書を見て其意を察するに深く外夷の跋扈を憤怒し幕府の失職を死を以て諫に有是　朕か嘗より所憂又其後年墨使を刺し又東禪寺の件々皆其意斯に基けり其餘外夷の陸梁なる對州の事二ケ國相增事兵庫より陸行江府に至事海岸測量殿山を借與の事等　朕一々幕府其然さる事を責れ共幕吏奏曰是皆一時の權宜にして浪華開商延期の術策なりと又奏請曰外夷を拂殄するに天下一心戮力に非すんは爲し難し故　和宮を以將軍に尙して

以て　公武一和を天下に表し而後戎夷勦絶に可及也不然は　公武の間を
隔絶せんとするの奸賊ありて外夷拒絶に及ひ難と
朕念ふに　先帝遺腹《マヽ》の妹を以百有餘里の外に嫁して古來未曾有の武臣に
尙せし事　朕か意實に忍さる處なり然に幕吏切に內外の事情を陳述し
朕か憐を請て不止　朕も意に不忍といへとも　祖宗の天下には易へ難し
と意を決して其請を許も十年を不出必然外夷拂除の事を命し且海內大小
名　朕か意を傳示し武備充實せしめんとす幕吏連署奏狀云皆　朕か命を
聽んと故去冬　和宮入城の事に及へり然に今春に至り幕吏安藤對馬守浪
士の爲に刺さる是等井伊を刺せし者と同意の者にして皆此輩は死を視る
事歸るか如く實に勇豪の士也嗚呼此輩をして少く其憤欝する處を伸へし
めて諭すに丁寧誠實の言を以てして暫く其勇氣を儲しめ他日非常の變に
用ひ其を先魁たらしめば堅を衝き鋭を挫に於て何の難事かあらんや誠に
惜むへき士也幕府意を斯に不著日夜猶其黨を探なるへし是縱に怒を天下

に構へて事にをいて益なし其本に反らすして徒に威力を以て制せんとすれは是を捕れは又斯に生し天下の變止時なく終に大變を激生するに至らん是　朕か深く憂慮する所なり聞翌十六日將軍拜廟の事あり有司前日の變を以て拜廟の事を延引せんと云へり然に拜廟の事を變せす是を行へりと　朕其寛量を愛し因て思ふ庚申三月以來九門外に守兵を置き又關白邸亭にも兵士を置き或は參　朝に密に武士を具して非常に備ふと是等　朕深く慙憂するところ也因て又思ふに往年　三社に奉幣せし以來神州の汚穢を掃除せん事を朝夕禱請して又法樂亦今猶之を行ふに庶幾は以て前の志願を全して之を終んと去年元を改め天下と與に更始す公主既に尙し公武實に一和す此時に及て既往は咎さるの敎に由りて天下に大赦し三大臣の幽閉を赦し列藩臣の禁錮を赦し有志の士の連座せる者を赦さん事を速告幕府以て此擧を行しめ是
朕の深く所欲也而後天下心を合せ力を一にし十年內を限り武充實せしめ

斷然として夷虜に諭すに利害を以てし一切に是を謝絶す若不聞は速に膺懲の師を擧海内に全力を以て入ては守り出ては制せは豈　神州の元氣を恢復せんに難き事有んや若不然して徒に因循姑息舊套に從て不服海内疲弊の極卒には戎夷の術中に陥り座なから膝を犬羊に屈し殷鑒不遠印度の覆轍を蹈（踏カ）は　朕實に何を以か　先皇在天の　神靈に謝せんや若幕府十年内を限り　朕か命に從に膺懲の師を作さすんは　朕實に斷然として神武天皇　神功后宮之遺蹤に則り公卿百官と夫下の牧伯を帥ひて親征せん卿等其斯を體して以　朕に報せん事を計れ　右仙臺藩玉虫左大夫より手に入ると原本にあり　(文久二年)

一一　長井雅樂於京師申立候書附

近年黠夷猖獗仕候に付　御國威日を追て遂巡當今に至り候ゟは衰微（イになし）漸く

甚しく　皇國未曾有之御大難は縷述に及はす候斯る時勢に立至り候儀由て來る所有之數百年の太平武道地に墜ち武備廢弛仕候より一旦黠夷の虚喝に驚き輕易に條約を結ひ終に今日に至候事口惜き次第に候得共是以太平之餘弊今更論辨仕候共其益無之此餘は武備を廢れたるに興し國難を未た覆らさるに救ひ候儀當今の急務に候得は上　天朝幕府を始め奉り下士庶人に至り候迄精神を凝し興救之策を求め候は同一般に候得共人心は面のことく策略一途に出不申或は鎖國の論を旨とし或は航海の議を唱へ自然人心の不和を生し時日を空手に費し候中衰微日を逐て加はり只今之形勢に候得は終に黠夷の術中に陷り可申も計りかたく候箇樣人心の不和を生し候根源を尋候へは關東に於て御據なき御次第有之候由にて　叡慮御決定も無之内和親交易の御條約有之候由に付　逆鱗不一方關東之御所置御取糺し條約御破壞　被遊度との御事に候へとも關東に於ては一旦外國へ對し御條約相濟候儀を無筋に御破壞相成候而は忽戰爭之門を開き卽今

莫大之御國難に立至り且數百年太平皷《マヽ》服之武士を以干城に御當被成候儀無御心許思召候哉速に御奉命も無之因循無斷今日に至り判然たる御所置無之斯る切迫の時節右様無斷に時日を費し候而は彌増傾覆に迫り候事は凡庸淺智の者にても頓に識得仕候へは況乎羣《辨イに》才富智の闕東にをいて御洞見無之筋は有之間敷假令御疎漏有之候共言路塞り候と申にても無之定而忠諫仕候者も可有之然るに前段之通御決意之御所置無之は鎖國之御決定有之候得共即今莫大之御國難を生し又航海の御決定有之候へは彌増　逆鱗甚敷御國内如何様之異變出來も難計御國内異變出來仕候而は所謂鷸蚌之憂眼前之事と御遠慮有之態と無斷に時宜を御待被成候共に可有之訝かしく奉存候元來黠夷と同等之和親を結ひ候儀開國以來未曾有之事にて候へは假令無御據之御次第有之候共何とか御申宥め被爲置第一
叡慮御伺且後來之御所置をも豫め御定め置其餘にても兎も角も御沙汰可有之御事に候處左も無之輕易に　御國體を御動し被成候儀素より如何之御

事故　逆鱗被遊候は御尤千萬にて假令御嚴糺被　仰出候共聊御申譯無之程之御事柄に候得共深遠之　叡慮既往御咎なく今日に至り候も亦　御國內異儀を生し候ては御事と思召候而已に可有之實に寬大不測之　叡慮蒼生之甚幸不過之難有御事奉存候得共萬死をも不顧直言仕り乍恐九重深宮の　玉座時論悉く　叡聞に達せす且一旦慷慨の說　輦轂之下に輻輳仕候を以天下の公論萬全の策と　聞召上られ候哉頻に破約攘夷を以關東へ被　仰出候よし然共當今に至り破約攘夷を申儀時勢事理を深察仕候者は決して承伏仕らさる事にて唯當時慷慨家と唱候血氣の若輩のみ愉快に可奉存其子細は只今破約と相成候へは黠夷共決して拜承仕間敷戰爭に相成可申候戰爭を忌候儀更に無之候へとも戰は國之大事存亡の係る處に候深謀遠慮無之輕易に發すへき事に無之候夫戰んと欲る者は先其利害曲直を明に察し直利我に有之而後戰候事所謂勝算にて古今名將之重する所にて曲害皆我に在れは憤憊(懣カ)に堪す或は一時之血氣に誘れ無策の戰を起し敗亡をと

り候者古來歷々數へ盡し難く候處（然カ）るに當今關東に於て御條約相濟候儀

京都には一圓御不納得の御事に候へは關東には容易に　御國體を御動し

との趣を以て假（マヽ）御取紇有之候共　御國內而已之御事に而外夷へ對し御口・

實には相成間敷其故は　皇國三百年來御國內之御政道は關東へ御委任に

相見へ外國へ對し候而之御駈引も皆悉關東より被　仰出候へは外夷とも

關東を以　皇國之政府と心得候は最之事にて其政府に而條約調印相濟候

へは同盟之國と心得候事是又無餘儀事に候然に當夏に至り

天朝御不納得之筋を以て卒然約を破り盟に背き候はゝ彼等之各國三百年

來之例を申立て不信之名を以て　皇國へ與ん事必然に候且關東は武臣棟

梁に候處外夷へ面目を失ひ浩然之氣を俄（マヽ）し候而は事有時之御用に相立間

敷是我に曲を取彼に直を與ふるの拙策にして智者の取さる所に候且彼は

航海に熟し利器を以數萬里の海路を不日に駛行し數十年航海を業と仕候

國柄に候得は船數に富み殊に近年　皇國之海路に熟し候事故戰爭と相成

候は丶要津に出没し府城を剽掠仕候は必然に候左候時は海國中に不及海路不通之國迄も隣國騒動に及候は丶自國警衛之外他事無之候半假于九州を以て譬へ候へは纔四五艘之軍艦を以て朝には東し夕には西し或は濱海に大炮を發し或《マヽ》海邊之民屋を放火し淺く働て輕く引候は丶陸路の將士奔命に勞れ我々追討へき軍艦に乏く切齒扼腕のみにて手を束ね彼に致さるの外定策無之恐らくは九州數百萬の士民僅に四五艘の夷艦に羈縻せられ心は彌武に候とも自國の騒動差置かたく只一人も赤馬關を渉り東しすること決して相成間敷奉《マヽ》鏡を照して見るよりも猶明かに候六十餘州の中に於て海路不通之國とては纔に四の一に足り不申然るに四の三餘夷艦之害を受候は丶一にも足らぬ國々も唇亡齒寒の戒を守り隣國を救ひ候位は兎も角も兵を遠國へ遣し候儀は決して相成間敷　京師は素より日本之頭目に候へは四肢の國々擧而保護仕候は理の當然に候へ共四肢病を受候へは頭目の用をなすこと能はす是亦自然の勢に候是黠夷の胸算にて彼か恒言

に日本は二三千之兵を以て陥るへしと妄説の由て起る所に候斯る時勢に
相成候はゝ　京師の擁護實に心許なく萬一　京師を戎夷の蹄に穢され候
儀共有之候而は六十餘州戰すして彼か爲に屈辱せられん事思ふも忌々敷
事に候尚又數百年太平鼓腹の武士を以て急卒《忽イニ》無策之爭端を開き候は其利
害三歳の童も辨すへく候然は曲害は我に有て直利は彼に在り是時勢事理
を深察仕候者は輕々敷戰爭を好み不申所に候扨又鎖國と申儀も三百年來
之御掟にて島原一亂後別而嚴重被　仰付候御事にて以前は夷人共内地へ
滯留差免され且　天朝御隆盛の時は　京師鴻臚館を建置れ候事も有之由
に候へは　皇國之御舊法と申にて而も無之
伊勢神宮の御誓宣に天日の照臨する處は
皇代を布き及し賜ふへしとの御事の由に候へは夜國氷海は兎も角も天日
の照臨なし賜へる所は悉く知し召すへき御事にて而鎖國なと申儀は決して
神慮に不相叶人の子孫たる者上下となく其祖先の志を繼き候事を述るを

以て孝と仕候已に神后三韓を征し給ひ候も全く　神祖の思召を繼せ給へる御事にて莫大の御大孝と今以稱し奉候中古は未海外之事明細ならす候へは三韓の外若干之國ある事を聞し召給はす若し聞し召給はゝ御征伐三韓にて御止りは有之間敷想像奉り候然るに當今五大州若干の國有事を聞召のみならす彼より憚らす　皇國へ來り剩へ　皇威を蔑にし奉るを鎖國にて御禦き被遊ん事　神慮之御誓宣に御戻りに當り　神慮之程も難計誠に恐入奉候假令鎖國之儀を主張仕候とも守る者は攻る之勢ひ有之候ゆ程能に守り候譯に候得は鎖國仕候共攻るの勢は決して虧きかたく候徒に海岸嶮岐を賴み鎖國仕候ゆは鎖國は萬々無覺束候然は當時に於て攻取の勢ひを張り候儀第一之急務と奉存候へは　仰き願くは　神祖の思召を繼せ給ひ鎖國の　叡慮替られ　皇威海外に振ひ五大州の貢悉　皇國に捧來らすは赦さすとの　御國是一旦立せ給はゝ禍を轉して福となし忽然夷虚喝を抑へ　皇威海外に振ひ候期も又遠らすと奉存候然共

太平餘古今　神后の攻取之御跡を蹈候はん事是又下策に出可申候へは急速に航海御開き渠か巣穴を探り黠夷の恐るゝに足さる事を士民にしらしめ漸次に　皇國之御武威を以五大州を横行仕候はゝ彼自ら　皇國之恐へきをしり求すして貢を　皇國に捧け來らん事年を期して可待候又破約攘夷と申儀只今に至り關東へ被　仰出候はゝ乍恐態と御威光を御損し被遊候に當り最不可然かと奉存候其子細は關東に而只今約を破り候而は御國之御爲宜からす御決定相成居候樣相見候へは幾度　倫命有之候共表は御奉命有之候而も實之御奉行有之間敷御奉行無之儀を度々被　仰出候へは其度毎に御威光相減し歎かはしく奉存候然共時勢を以て私考仕候へは輕卒御奉行無之も傍ら御不策とも申難く候半哉然は　公武共に御國の御爲思召し候儀は御一般に付右御違却相成候はゝ定而　京都には關東を柔弱恐怖と思召し有之關東には　京都を御暴論と厭はせられ候にて有之遂に隱微之中猜疑不和を生し千緒萬端因循苟且の根源と相成一振之目途無之

口惜次第に奉存候間仰願くは偏に　皇國之御爲と被　思召　京都關東とも是迄の御凝滯丸に御氷解被遊改而急速航海御開き武威海外に振ひ征夷之御職相立候樣にと　嚴勅關東へ被　仰出候はゝ於關東決て御猶豫は有之間敷卽時　勅命之趣を以列侯へ　台命を下され御奉行之御手段可有之左候時は國是遠略　天朝に出て幕府奉して之を行ひ君臣位次正しく忽ち海内一和可仕候海内一和仕候而軍艦に富み士氣振起仕候はゝ一團之皇國を以て五大州を壓倒仕候事掌を指より易く可有之候斯る時勢に一變仕候はゝ　卽ち神祖の御誓宣に叶ひ萬世不朽莫太之御大業と奉存候然るを唯今の如く隱微の中　公武御不知判然たる御所置無之候而は御國內之衰微日を遂てゝ甚敷蒼生生活之途を失ひ遂黠夷の術中陷り噬臍悲嘆の期に至り候半も十年之外に出申間敷と口惜奉存候かゝる時勢候へは主人忝皇朝連綿之門地に生れ幸に兩國之主に任し　天恩幕寵一身に溢れ候へは出位には候へ共傍看を快と仕らす日夜寢食を忘　御國威御更張之機會を

熟考仕候處癸丑甲寅際に候はヽ鎖國も上策に出可申候得共當今に至り候ゟは却ゟ下策に落候半歟時を察せす勢をも制し不申候ゟは挽回の期無之已に今年辛酉革命之年に當り天數も亦相應し候得は禍を轉し福となし申も偏に

天朝の御決議に可有之矢石白刄を侵し風雨霜雪に浴梳仕候は大小となく武臣の甘心仕候處に候へは尋常の儀格別之御奉公と不奉存不肖には候得共臨事ゟ懼れ好謀ゟ成時勢挽回仕　皇威海外に輝き四夷順服の日に至り始ゟ御奉公と可奉存候前件之旨趣關東へ申立度心得候處　朝議之趣一圓心得不申萬一も　朝議に悖り候ゟは甚本意を失ひ候間内密小臣上　京申付御内々相伺關東へ罷下候樣申付候然處右旨趣書取を以申上候樣にとの御沙汰を蒙り誠に以奉恐入候此段一應主人へ爲申聞候はヽ兼ゟ謹厚之質ケ樣疎暴之申上は爲仕申間敷候得共其暇を得す小臣素より邊鄙草野之產殊に文字拙候へは俚語鄙言を相混尊覽瀆し威嚴を冒すのみならす且禁忌

を不憚時勢を不諱申上候儀是非其罪萬死に當り可申候得共死を恐れ詞を飾り候は本意に無之素より主人にをいて如斯不敬之意は更に無之唯小臣狂逆之所致也恐々懼々伏地待罪（文久二年）

採襍錄卷九

一　長州侯上疏

奥にあり

委細之儀演說書を以可申上候以上

近年外國より種々難題之儀申立有之樣相窺且內地不慮之變も出來仕內外共御煩慮之御時節と奉恐察候　廟堂之御籌策其外向より可窺計樣も無之御歷々之御評議御遣策可有之とは不奉考彼是以事ケ間敷申立候而は越俎之御譴責奉恐入候得共當時勢

皇國之御榮辱に相拘り候儀も可有之哉奉考候而は區々之鄙衷日夜難忘不得止事無根之世論へ心を留述僻之議論兼而相含居候付不顧憚御內々申上候尤世上之議論を取り御政體にも相拘り候儀申立候而は猶更恐懼之至に御座候得共右鄙誠之處被　聞召分不惡御取計被成下候樣奉願候右申上度

旨趣は先年來度々申立候通り待夷之良策は　公武御一和　叡慮御遵奉に基き可申と數年相含居候鄙見に御座候處過る午年以來　公武之御間御議論御齟齬之儀有之樣於世上奉伺計種々雜說紛興仕段々御手煩を指起し餘程御配慮も被成候哉と奉伺候竊に事之所由を愚案仕見申候處先年外國へ和親御指許し條約御取替し相成候儀は元より無御據御場合有之候而之儀に候得共癸丑甲寅以來奮激之人氣一旦屈挫仕偸安之人情一日之無事を貪り終に一統退縮之世風に罷成　御國體更張之期無之樣相成可申と氣節を負ひ慨志を抱き候者外夷之威力に壓られ安を偸み戰を忌む俗情より斯樣相成儀と存詰猥に　公義之御處置を如何敷批判仕　叡慮之旨は鎖國之御舊規を御確守被遊候樣相唱破約戰爭之說を主張仕壯年血氣之者之憤言激行を釀成し且又彼我之形勢を考彼之功利技術を味ひ候者は開國之說を主張仕猥に彼を誇輝我固有之正氣を折き商買貪墨之風に染漬し議論紛々兩端に分れ一旦に攻擊之形を成し人心洶々土崩瓦解之勢共可申哉天下之勢

合へは強く離れは弱し此分離解散之人心を以一旦有事時勢黠夷強虜に御當り被成候儀は何とも氣遣敷儀と奉存候然るに鎖國開國と申居候は待夷御大體關係重り候得共其根元より見候へは是等は枝葉之說とも可申　公武之議論草野の可伺知事には無之候得共斯枝葉之是非を以御遣却之儀出來仕候筋も有之間敷と奉考候其故は能可守して是を攻能攻むへくして守之者兵家之常典鎖國する事能はされは開へからす不能開は鎖すへからす御國體不相立彼に凌辱輕侮を受候ゐは鎖も眞の鎖にあらす開も眞之開にあらす然れは開鎖にゐ實に　御國體之上に可有之　御國體相立候へは開鎖和戰は時之勢に隨ひ守株膠柱之儀は有之間敷然るに又　御國體被相立候基本と申候得は大倫大義を明にし天下之議論純一人心和協之御處置に可有之哉右物議紛々相起り本意を熟考仕候ても　公武之御間純然御合體にゐ　御國體相立外有之間敷種々雜說御手煩も指起りゐは末弊にて可有御座候に付其源を塞き其流を御治め被成候はゝ御鎭定強て御手間取被成

候儀は有之間敷候往昔草昧之世に違ひ當御治世以來厚き御世話にて文敎大に開け倫理世に明にて君臣之道を可崇事は三尺之童子も口に藉候樣罷成候付是迄迚も聊無疎略御事には候得共天下之大經を被爲立候儀は萬々御厚重被爲在度御事に付此時勢に當りて今一際
天朝を御崇奉之御取扱振り世上に相彰れ候はゝ天下之人心感服仕り右物議御鎭靜容易に相整　御國體之基本も相立可申哉右基本相立候得は是まて開港和親を被指許候は乍恐末枝葉之御處置にも可有之哉に付速に開國之御大規模被相立　御國體儼然と相立候樣御國論被爲定度御事と奉存候左候へは御手を可被下候處は武備益御張興にて航海之術廣く御開人之心膽を練り知識を發明する道へ向ひ諸藩之情實熟知之上は彼か畏るゝにたらさる處をも知り我恃むへき良策も相立可申此非常之時に當り中興之御大業を被爲立度御事には候得ども人心之折合方深く御案被爲在候由去る己年御沙汰之趣も有之制度御改航海之術御開等之儀は疾く御評決被爲在

今更當否利害等不能申上儀に可有之其後追々御沙汰之趣を奉伺候而も乍憚　御趣意筋奉深察候然る處今以御國内一統耳目一新仕候樣御沙汰振も無之候而は何か御深謀被爲在候事に可有御座其段は奉伺筋に無之候得とも宇内之形勢は年席追而相開候に付今日の如く　御國體御變革之機會に臨み候も自然之勢に可有之若し舊習に泥み漸々時勢に押移され無據御變革に相成候而は御手後れに相成候而已ならす却而人心之折合方にも相拘り可申哉と深く奉恐入候儀に付右御國論速に御決定に相成候樣相願候儀に御座候右之通御合體之御取扱顯然と相成天下之人心奉感服　御國體儼然之御國論被爲在候は丶定而叡慮も可被爲在素より開鎖之體へ御泥み被爲在候儀は有之間敷候に付何卒　叡慮を被爲起右國體之旨　勅諚を以被　仰出右を御遵奉被遊　台命を以列藩へ御沙汰に相成候は丶條理斷然人心彌感服仕退縮之氣一旦進張に相改り偸安之陋習も奮發仕　神州億兆之人心一和一團正氣と相成前後

種々之物議も氷解仕毫も内顧患無之御國威凜然五大洲へ相振候御大業も成然可仕哉迂僻之私見に御座候右は始より御廟議之上にをいて大海之消滴とも相成度心懸候にも無之候得共數代無限御寵命を奉戴御恩澤身に溢れ居候に付兼々報効之心得に罷在不圖時勢に感發仕不顧僭妄申立候は只々食芹之味進獻仕度區々之鄙誠不惡御亮察可被成下不都合之儀も御座候はゝ御聞捨被成下度重疊奉願候已上

二月（文久二年）　　　　松平大膳大夫

二　長州侯再建白

外夷鎭撫

御國威更張之御處置に付而は作《ママ》　公武御深意御合一可被爲成速に御國是

を被成御定海內和協御武威海外に輝候樣に被　仰付之外有御座間敷と奉
存付越爼之罪を不顧鄙意申立候處獻芹之微志不被捨置深重之御內慮被
仰聞御誠意を奉感戴微志彌增不得止於　京都堂上御方々迄前段之旨趣內
々申上候處恐多も被爲達
天聽今般私儀上京仕候はヽ御沙汰之旨も可被爲在由　御密旨被　仰下冥
加至極至極難有仕合に奉存候依之又熟考仕候處不得止次第とは乍申私式
外樣之身分として直に奉汚　天聽候段甚以奉恐入候ヶ樣之儀自然列藩幷
草莽志士承及天下之公論と存候事件は公義を差越直に
朝廷へ申上候ゐ不苦樣心得違自己之了簡を以每々上書抔仕候樣成行候ゐ
は識見之所及人に小異有之可奉感　天聽猶又　神州之御體は鎌倉以來幕
府を被建置候に付列藩以下直に奉汚　天聽候ゐは其事之得失は論に遑無
之幕府を輕蔑仕候筋に相當　御威光不相立候幕府之御威光不相立候ゐは
列藩各　朝廷を戴　勅命を乞諸幕府を要し終に群雄割據之勢釀成し海內

分裂天下之公論も歸着する所無之却而外夷之侮を招き御國威及衰弱可申候乍憚將軍之御職は上　朝廷を御敬戴下列藩以下を御鎭壓天下之公論を被成御摠括候而
叡慮御遵奉禦侮之手段被成御行届候樣可被爲段申上迄も無御座候事に付今般　公方樣御上洛御國初之御蹤を以列藩豫參被　仰付當時御初政に付天下を御更始之思召を以御國是如何被相定候而可然哉各存念申出候樣被仰聞列藩建白之旨趣御熟考　叡慮被成御窺
勅諚　台命を以御國是御確定之旨列藩へ被　仰渡之衆心和協御國威更張之御發端區々候儀は有御座間敷と奉存候萬一豫參御斷申上候歟或は御國是御確定之旨違背仕候者有之候はゝ
勅定　台命を蔑如仕候儀に付無據嚴譴被　仰付候共申分有之間敷奉存候此段等を御評議之上御内決之旨被　仰聞被下候はゝ私儀（マヽ）に上京仕御趣意之大要申上にて可有御座候重大之事件容易に申建候段千萬奉恐入

候得共　神州御安危之境此御一擧に可有是候御事且最前深重御内慮をも
被　仰聞置候儀迄申に付不得止申建候儀に御座候間不惡被　聞召分可被
下候以上

文久二年戊五月

松平大膳太夫

三　薩州より陽明家を以建白

一今般中山を以御内情奉窺候處献芹之微志　上達不容易御賜且前左府樣より御内達之趣大納言樣御内旨御拜領物被　仰付候實に武門之冥加不過之恐入候依之其方内々使者指立候間篤と右之趣意相含御禮取成可言上左候而御縁談一條御請候樣可奉見申上候

一天朝危殆實に燒眉之急に候間被爲惱

叡慮候御儀此節中山詳細之御左右に共悲涙涕泣に不堪之次第に候　和宮様御下降に付被　仰含候御内策も被爲有由に候へ共是と決而頼に相成候御事に有之間敷哉能々幕府之事情熟察致候はゝ如何様小人俗吏たりとも當今に至り天下之人心名分明にし

天朝を重し幕府に背候判然たる形勢と既に一昨年上巳以來夷人殺害水府之混亂其外浪人奔走等之次第に而詰る處無事に不相濟一身に疾痛之來と言事十分奸（マヽ）察致し表は無實の勢を張り內に深淵薄氷之恐を懷候儀御案内に有之へく候へ共苟且偸安之情を以天下國家之傾覆は少しも意とせす己之榮利を不失候覺悟而已に而明日之事は如何にもなれ今日に全を計營致候様に有之右具眼之者より論候へは彼か長久を謀り候事は國を失ひ身を亡すの危謀に而少しも天下國家之上に心を用ひ衆思之向ふ處を取用候はゝ德川家之興覆隨而一身之榮耀無疑候へとも和漢古今衰世に當候而國を亂し賊臣之蹤跡は一轍なる譯に而是に依て考るも

和宮樣無理に御下し奉り候は一朝一夕之奸巧に無之御下向被爲成候上は掌中之物にて中々　勅意を恐處置を改るは思ひよらぬ事にて此上は如何樣之邪謀奉運候難圖至變此事に候勿論奉申上候も恐多候へとも所謂之秘策も有之候段承及決て實說に可有之哉縱令世說なりとても察せすんは不可有之時節と存萬一彼に先せられ制を受候ては主客之勢と相成噬臍之悔不久儀と奉恐懼候

一御一擧相成候樣篤と熟思致候に申さは兵を動すと申譯さして國家之重事候勿論　天朝御安危に關係致候誠に不輕次第奉恐入候へとも前條之通危急之御時節に付ては不得止事御時宜に候間不肖之我等たりとも苟も王臣として難奉忽候に依り

皇國復古之御大業被爲在度奉誠願候就而は京地十分御守護不相備候ては縱令非常之

聖斷被爲在候ても戊午覆轍を踏候樣にては却て奉增御難題甚恐入候に

付御發擧之上は必勝之利を謀り興覆無疑之節を盡し其上之所は臨機應變之處置候樣有之度奉存候我等不智短才にして深謀遠圖も無之如斯大事始終之得失を謀り其術乏候得共内策之次第左之通

一供人數五百人餘召連不日上　京可仕事
　但陸行にて急速に間合兼候間久間崎又は阿久根邊より天祐丸へ乘舟致し左候へは京地致着人數之儀は一組六十人にして四組二百四十人外に什長二十四人組頭兩人側役兩人上下二人平均にして八十人次に定式方側向三十人同表方十八人足輕四十人迄大凡見賦り帶刀以上百五十人餘に相改候

一當地出立兩三日を置守衞人數五組三百人出立申付又兩日間を置四組二百四拾人同斷小倉下之關迄出張鎭置候事
　但天祐丸大坂着之上則小倉下關迄差廻候本文人數前後繰廻し上坂せしめ且急に用意鎭置候下之關粮米右人數へ一結に積廻し可申尤兩度

運送五日に不出候間其上は大坂碇泊非常に備置候事

一人數凡上　京之上組頭一人へ三組百八十人を江戸芝邸へ爲警衞指出候事

一上京之上陽明家參殿篤と建議之上御內意奉伺其上乍恐滯　京守護可仕候　勅諚被下右之通　御守護十分相備候上は非常之　聖斷を以表向關東へ　勅使被爲指立候趣は一橋公御後見越前先公御大老に出世相成候樣にて然て尾藩長藩仙臺因州土州へ別段　勅命被下趣德川家へ云々詔を被下候而各談合に及　皇國之御爲に志心を盡し可抽忠節萬一違勅之廉相顯候はゝ國家之奸賊執政安藤速可加誅伐旨被　仰出左候へは有志之諸藩合從致し勤王義擧無相違其節に臨候へは勢難及故幕役も戰慄して　勅意を捧し奉らんは無致方萬一長藩其外水府諸浪人四方蜂起して義應可致と案中之勢に御座候何れ之於關東成敗相決可申候

一勅を被下則関白九條御退職左府公関白御歸職　青蓮院様之御幽囚を御解き萬機之事無大小御談判被爲在候様被　仰出候事と奉存候事
一右人數上　京守護仕候上は要樞之場所地面御預被　仰付候様奉願候
一當時種々議論も有之此期に臨候上は徳川家を捨て大義を唱ひ正々堂々天下之義旗を揚干戈用ひる理有之哉に候得共夫は首尾之詰り甚難問に有之畢竟罪は幕役に有之故眞實　皇國復古志心を抱き盡忠之者に候へは是非干戈を用ひす不傷國體成就出來之様策を立度勿論先々より徳川家御扶助公武御合體之
叡慮にㇷ先君遺志も其通りに候間何國迄も右之御趣意相□度奉存候乍併不得止事出來にをいては不及是非儀に可有之と奉存候
右之通概略之定策候間巨細相伺候上萬端治定早々駈下り夫を期して日限等可相決仰て天時を鑑俯て人事を察して不可疑之時機此一擧に可有之候事

文久元年酉十一月

右は文久二年正月十六日陽明家より拜借寫取候吳々如何樣被致度十分に候得共本文之次第御察し被成下度候

極密に御申越之條々實以肝要當然之儀無左候而は後々如何可相成哉も難計第一

皇國之安危に拘り候儀實に以悲嘆不過之尤上にも此儀深く　御痛心被遊候事故申出度は十分に候得共九條關白其餘にも彼是之奸賊多端之事故迚も　上より被　仰出候儀六ケ敷中山大納言正親町三條にて誠實之人體乍去新役之儀迚も奸賊之人體出頭之折柄中山大納言正町三條兩人にて

叡慮を伺事取計之儀は相成間敷併正親町三條も深痛被致候樣子關白には關東一體之了簡且又右に隨從之人多端に候得は迚も關白相退候儀如何にも相成間敷儀吳々痛心迫り候次第仍而何卒薩州長州仙臺土佐之餘

有志之向諸藩幕府へ上書御□屆閣老へも右之次第を束し其上御採用無之候而は相成間敷表立諸藩
叡慮を伺候事に而成間敷哉右之通に相成候上は兎も角も
勅諚被出候哉と察上候何分　公武奸賊を退かねは
叡慮不被爲立候何も恐入候事不惡御覽察願入候也
原本に云右仙臺藩玉虫左大夫より手に入とある

四　長州御所置之趣書付

先年以來　公武御間御趣意齟齬之趣有之哉に於世上窺計義論紛輿人心解散其釁隙に乘し外夷之覬覦を生し不測之變出來も難計且士氣漸々退縮に趣御國威不相立樣にも可相成哉と不堪杞憂過る午年及兩度　公武御一和
叡慮御遵奉に而待夷之御所置被爲在度趣幕府へ及献策候然處其後も外夷

之猖獗日々甚敷内地不慮之變も度々出來時勢切迫に相成終には天下之大患にも可相成哉と存付徒に致傍看居候ゟは天朝幕府へ奉對年來之志も不相立先祖已來之遺敎にも不相叶儀と日夜致煩念時勢熟考候處右物議紛興鎖國を固守し或は開國を主張人心煽動余程御手煩に相成候得とも其歸趣は御國體難相立儀を慨歎仕候外有之間敷御國體儼然と相立候へは開鎖は時之宜に隨ひ御處置に相成候ゟ可然右御國體之基本と申候へは於幕府是を無御疎御事には候へとも今一際天朝御崇安之御筋相立條理判然御合體之御扱世上に顯然と相成年來人心之疑惑一旦氷釋仕海内之議論純一一致に義勇を以干城敵愾之任に相當候はゝ御國威凛然と相成其上にゟ開國之御大規模を被爲建武備益御張興にゟ航海之術廣く御開彼か巣穴を探り控制之御籌略被相立度との主意を以去夏家來之者を以閣老へ及演達置候處去冬參府初ゟ閣老へ爲對客罷越候節最前建議尤之事に付追ゟ及相談儀も可有之段久世大和守安藤對馬守よ

り挨拶有之追而大和守より達有之極月八日右趣意委細書面へ相認差出候處
公方樣達　御聽此往取扱をも被　仰付度　御內慮に候段舊臘晦日大和守より家來之者召呼演達有之候處右は不容易事柄に付熱考之上御請可申上候間暫御猶豫之儀申入置候右に付而は御高論も可有御座候はゝ無御腹臟御教諭被下度致御賴候
右に付藩中永井雅樂參　洛より此方樣と薩州樣へ罷越候由江戶御留守迄申來候由(文久二年三月カ)

五　薩州侯內々御家中へ御示之書付

和泉樣御儀何編是迄國政向御內談申上且先度公儀より御內汰沙之趣有之我等實に多幸之至に候然るを今度二丸へ御住居被遊候に付猶又表向御介

助奉承置候間以來被　仰出等彌以嚴重に相守候樣可承計候事

戌三月

六　和泉樣被　仰出之書付

去る午年外夷通商御免許以來天下之人心致紛亂各國有志抔と相唱候者共尊　王攘夷を名とし慷慨激烈之說を以四方に交を結ひ不容易企いたし候哉に相聞候へとも當國にも右之者共へ私に交書翰往復等致し候者有之哉に畢竟勤王之者に感激いたし候處より右樣之次第に相及候筈には候得とも浪人□華之所業致同意候而は當國之禍害は勿論皇國一統之騷動を釀出し終には群雄割據之形勢に至り却而外夷之術中に陷り不忠不義無此上義に而別而輕事奉存候拙者儀公邊之御爲聊所存之趣有之候付以來當國之面々右樣之者共に一切不相交

命令に從ひ周旋有之度事に候若又私に義を重し絶交いたし難き面々は有樣に申出候はゝ其譯に應何樣成共可致所置候尤此節之道中筋且江戸滯在中右體之者共推參いたし候共私に致面談間敷候自然無據譯に依り致應接候とも敢而不致義論其筋之者へ致談判□□可致返答候乍此上不勘辨之族有之は天下國家之爲實に以不可然事に候條無遠《マヽ》罪科に可被行事

御同人樣御直書

拙者より書取を以申渡候事遠慮に候得とも當時世上情態何とも不穩趣に相聞候に付不得止先は爲相達事に候其後猶又致懇敎候處畢竟上威之輕處より群下類を引に至り候儀に而御當主は勿論拙者にをいても心痛至極之事に候士風沙汰之儀は此前より追々被　仰出置候近比にも再往申渡に爲相成事に候得共方今之模樣に而は非常之原《マヽ》事到來之節致一和處無覺束存候

皇國に生れ候もの誰とても

王朝尊ひ夷狄を悪み候情意は有之筈に候若其志操無之者を禽獸同然事に而別に勤　王家之誠忠派抔可申様更に無之事に候殊に若年之面々免異様にして放恣者共有之哉に相聞へ是以先年より爲被　仰渡事に候處其節とは相變候風儀に彌以不宜次第に候士夫跡律儀廉潔を専らとして社本意之事と存候何様文武研究いたし其武士とは被申間敷候且郷士以下家來末々に至り候而も右様之者共有之哉に付猶以不可然事に候條右之趣奉行頭人能々相心得支配下へ丁寧に申諭候様父兄は同郷軍長之者共より心得違無之忠節を盡し候様敎戒有之度存候事

戌三月

一三月十六日和泉様鹿兒島御發駕に相成候事三月十五日石清水社御法樂

翫藤花

藤浪のなみ〳〵那らす咲枝見はらみの敎よなひく世の春

社頭藤

神垣にかけてそゑのむ藤なミの花にさかゆく春にあへとは

小松帯刀詩歌之事

聞說中原横虎狼、誰先慷慨唱勤　王、腰間頻動双龍氣、欲向東天吐彩光

風光日々新

日にそひて風のしらへも梅かえにきゆるうくひすのとかなる春

右小松は薩藩家老之由

七　京都市中評判之趣同町人書取

于時文久二戌年四月上旬に西明之能將薩州之大主（御實父のよし）御本家御隱居格島津和泉様（御年四十二）蒸氣船にて多人數浪花へ御着同十四日伏見へ御着同十五日夜八時御供揃にて御上洛十六日未明に京都錦小路通東洞院東へ入る西魚屋町と申所に薩州御屋敷へ御着隣近町辻々へは町名之高張灯燈を立

て家別に盛砂手桶掃除致し灯燈を差出し厚御もてなし則十六日朝四時分より御家來三百餘人御召連近衞殿へ御入殿御縁組之儀に付ゟのよし折柄序に近年外夷はひこり關東政道正からす趣御呼出儀奏衆へも御談合既に天子へ奏聞之事取極り其夜八つ時比京御屋敷立寄なしに伏見へ直に引取是は所司代への遠慮なり　翌十七日早朝より近衞殿より御使伏見へ島津和泉　勅諚に依て滯在被　仰渡候事則十七日晝八時分伏見より千五六百人之同勢にて京都御屋敷へ御入俄に近町へ旅宿被　仰付既に廿五町懸りに御旅宿に成り御滯立三十餘日是より風評大かたならす終世俗薩州大明神と云

一右御上洛に付諸司代酒井若狹守大びつくり被致薩州より打取に被參候と被思召候よし十五日初夜比より軍立陣鐘陣太皷打ならし鎗長刀拔身にゟ待受二條城近町へ夜通しに今にも軍起り候と老人童子は遠方へ預け藏は目塗をし道具も諸所へ運ひ火事のことく騒動大かたならす翌十六日は何てもなし薩州にはけ樣之儀夢にもしらす大わらひ

薩長京地の米一合も御用なし皆々御用意也依而米の上りもなし受能く　薩州泊り（上五百五十文 下四百五十文）　宿亭大祝

其外御心附澤山なり

一四月十六日七日両夜月之出紅のことく

一四月廿二日夜伏見京橋寺田屋と申船宿にて薩州勢之内七人打取云々

寺田屋へは惣普請薩州よりいたし金百両被遣大祝跡は大繁昌

一長州御人数四月上旬より追々四月廿八日江戸より若殿御上京同勢千餘人御滞留

一五月廿二日晝比關東へ（五字不明）御勅使大原三位様御下向三位様左衛門督様と御昇進御藏米三千俵　中納言大納言一同之御位之よし大内無双忠臣也

一同朝薩州和泉様同斷關東下向御同勢千餘人

御所より吉例を以和泉三郎と改名被下此和泉三郎と申は往昔右

大將頼朝公之御流之御方和泉國何とか申濱にゐ住吉大明神の御
神託にゐ近衞殿御逢にて御引立に相成候御方三郎と申島津家の
御先祖なり其吉例也と云
一六月十三日京都諸司代酒井若狹守御奉書到來五日之支度六日之道中是
迄は作病此度は本之病氣家老斷也六月九日關東へ下向之よしへこ引大
將大評判惡し
一大坂城代丹波宮津松平伯耆守御奉書到來六月九日伏見通行關東下向其
後評判不分
一諸家樣御人數追々御上京之噂
一九條關白殿入道して鞍馬之奥に隱居のよし
一會津侯御斷之噂御人數少々三條通り宿屋へ御上京いかゝの事也
一六月廿三日近衞殿關白拜賀
一長州屋敷河原町二條下る近隣町家御買得に相成近日御普請取懸り加州

屋敷同斷一昨日當りより外かこひ御普請取懸り

一其外洛中洛外寺院大地は諸大名方加州始中國九州四國關東皆々御請取最早御本陣に相成候樣之寺一ヶ寺も無之是は　將軍御上洛之御手當之よし

一薩州早打飛脚松方三之允より青木彥兵衞聞取書

但松方身分は御使番位と被見受候飛脚番之者兩人附添居候

右松方は四月廿九日京都出立にて船中風惡く當月三日備前鞆より上陸いたし昨七日小倉着未之上刻打立今八日晚時分熊本通行仕候に付彥兵衞先入馬所へ駈着役人へ申含置相待受直に坐敷へ上け此節罷下り候御用筋相尋候處此儀は何分にも難申聞候段斷申候田中謙助有馬新七列打果之次第尋候處此八人之者打取之儀は列國に對し愧敷事には有之候へとも無餘儀事實に面目無之とて落淚咄申候根元大坂着後多人數九條樣酒井樣是非討取可申との議論を發候間九條樣酒井樣打取之事はいと易

有之是は枝葉之事にゐ夷狄を拂之策此節之急務にゐ此節押立左候へは餘は自ら全功相行れ可申且此節は　京都之御威光計相望候譯にも無之列藩何方も以後御威光相立候樣有之度此地に至着仕見候へは以前御國許にゐ之見込よりは幕府弱之模樣付ゐは手段も相變不申候ゐは難相成棄小机大之意味申諭しに相成候間餘は皆納得仕候得共同勢三十何人は是非々々至急に討取不申候ゐは相成かたき趣申募議論押張候に付和泉樣には深遠之謀慮有之機を以度々御諭し有之候へとも一向に聞入不申甚敷に至り候ゐ大坂屋敷より伏見屋敷へ參り候途中より亡命にをよひ候間其節も懇命有之愈以諭に相成候へとも八人之者は決ゐ聞入不申八人迄にゐも是非討取可申段言張一圓承知致し不申候中九條樣酒井樣へ此事露顯に及ひ既に混亂にも至り可申勢に相成候に付乍涙無致方切腹被申付候處夫も聞入不申候間不得止直に打果申候由尤右討手之方は朋友之者之由此節諭を受候人の中も有之いつれも涙を流し袖を濡申との

咄仕候

一長州侯世子江戸より下り懸四月廿八日　京御着其儘滯に相成居候由毎之供廻よりも大分之人數に相見候由

一久世樣上　京は病氣にて御斷有之板倉周防守樣出京之筈に候由

一岡藩小河列其餘諸浪人何れも和泉樣御所置に隨ひ其期相待居申候由彼地發足後は少々之事差起り候も難計蕑見込之筋も有之由噂仕候也

五月八日夜

一薩人伏見にて打果之名前左之通（四月廿三日伏見寺田屋伊助宅なり）

有馬新七
田中謙助
柴山愛次郎
橋口傳左衞門
同　壯助
亡命卽死
一番拔刀

淺手　奈良原喜八郎

深手
山口金之助
道橋五郎助
江夏仲右衞門
鈴木勇右衞門

森山新五左衛門
弟子丸龍助
西田孫五郎

即死
大山格之助
森岡善助
鈴木富之助

八 薩州江戸御留守居より届之書付

修理大夫實父島津和泉守事先達御屆申上候通江戸表に用向有之致出府候途中大坂表へ諸浪人共寄集り相待居不勘辨之儀申立候に付程能申諭候得共不致承服候に付伏見まて罷越兼而近衛家縁談之儀內約に付酒井若狹守樣へ御屆上京致參殿候節右浪人共事情御內話申上候趣御座候處達　叡聞儀奏衆より別紙之通
叡慮之趣御書付を以被　仰渡候間去る十七日京都屋敷へ罷越滯在罷在候此段御屆申上候以上

四月廿五日

西筑右衛門

別紙寫

浪士共蜂起不穏企有之處島津和泉取押置候段先以　叡感　思召候別ゐ御膝元不容易儀於蜂起は實に被惱　宸襟候事に候間和泉當地に滯在鎮靜有之樣に　思召候事

九　京都御所司代書付

頃日道路之風説を承候處西國筋之浪人共多人數兵庫大坂邊へ集り彼是不容易暴論を唱候趣に有之尤支配國外之儀に付巨細之儀難相分候得共全虚説而已にゐも有之間敷哉就ゐは官家之方に諸藩士へ御直談之儀は兼ゐ御規則も有之事御承知之儀に奉存候へ共萬一御行違之廉も出來自然去る午

八月八日之覆轍を蹈候樣之儀も有之候而は以之外之御次第に可至と深御案思申上不堪苦心内々申上候既に今度格別之御緣組も被爲在
公武之御中御一和之上之御一和に被爲在候處唯今聊にても御異論之筋相生候而は實に以　公武之御爲不宜候儀は勿論東西諸臣に有之候而も深恐入可奉存候事に御座候必々卒爾御所置無之樣仕度奉存候此度浮浪之輩暴戻之說を唱候由に候へとも奉對
天朝動干戈候樣之儀は普天之下卒土之濱如何樣卑賤之者といへとも人心之固有する處決而有之間敷御座候間必々御驚動被遊間敷奉存候乍併反逆野心之徒有之萬々一
王城地動干戈惱
宸襟候者於有之は私所司代相勤候限りは若州一國之力を盡し候而勿論諸家御警衞之者共指揮いたし誅伐可仕候間被遊　御安心必々御輕易之御取計無之樣仕度奉存候是全　公武之御爲盡微衷候儀に御座候右之段は決而

表立申上候儀には無御座候得共全御爲筋を存上御兩役限り内々申上置候儀に御座候事

四月十日　忠義

廣橋――

坊城――

右廣橋坊城兩公は傳奏衆忠義は酒井若狹守なり若州小濱十萬三千五百五十八石役知一萬石

一〇　大坂詰藤井來狀之内

京都之一件種々取沙汰仕右に付而は所々聞方も被　仰付候得共都而雲上之秘事と相聞旋と分り兼候由御座候併其主意は薩州より外國交易一切被

差留度との願に御座候由又長州樣より矢張同樣之御願と申内是は長崎と箱舘之兩所迄にして其餘は御斷に相成度との御申立に御座候由右に付ゐ江戸より久世樣御呼登にゐ御參談之筈之由に御座候夫は道理相分り候處亦外々如何成事に御座候哉九條樣と御所司代を奉害候企致候者有之由聞取書別紙之通に御座候何樣解兼候事多事實難量御座候嘸御國にゐも色々評判可有御座候右之風評にゐ米金之双場引立申候俄には變も御座有間敷候得共外國一件は甚氣遣歎成行今之内御手當最第一之事と奉存候以下略之

五月二日（文久二年）　同月十一日熊本着

一一　五月朔日薩州大坂御屋敷御家中にて聞取書左之通

一島津和泉殿御上京御供之人數八百人外に別段警衞軍方士席御小姓組貳

百七十人に壹人宛に引廻付添大組頭貳人被差添候

高六千石程　　　　高五千石程

本郷庄左衛門　　益田民部 右上下惣人數千三百貳拾人程

大御目附にて御家老兼高万石程 菱刈杢之助　軍方御小姓五拾人外に引廻五人

右は大坂御屋敷へ四月十一日より詰方に相成居候處菱刈方は和泉殿より御召にて同廿九日上　京に相成候事

是より以下は聞取書之要旨計書抜

一同月廿三日夜伏見旅宿混雜之様子は島津家軍方大坂御屋敷内に多人數滯留中町御長屋に被圍置候浪人頭中山大納言殿諸大夫田中河内介同岩之助より軍手之面々を此節企候内に爲致同意候に付軍方之御小姓組上京を引廻し永田左一郎へ申聞候處和泉殿より大坂へ相詰居候様被　仰付置候御意筋も有之候付決て御差圖有之迄は上京難相成段申聞候處其内右之面々家來も召連不申銘々單物腰に下け其儘大坂御屋敷を罷出伏

見へ罷登候内久留米之浪人貳人同様に而都合八人
一右之趣大坂詰菱刈方より早打を以和泉殿へ申入候由
一急速に和泉殿御供之御小姓組三十人被差越理解に相成候由尤其内八人
旅宿へ入込
一主命たり共一旦同意之上は不承知候段申候に付討手方主命を背候不忠
者と一言を懸候處早拔刀暫時打合浪人七人仕留八人之内一人は立退き
居混雜相濟候上右樣に相成候趣意一通り申伸《マヽ》自殺に及候由
一京都より被差越候三十人之内壹人は即死七人は薄手深手に而伏見へ引
取深手之内二人四月二十八日果候由
一殘廿二人京都へ引取之道に浪人六十人計待受居候へとも何之手差も致
し不申尤四月廿三日混雜無之候はゝ浪人六十人計は旅宿之面々と申合
其夜京へ入込所司代を討候企有之たる由翌廿四日より島津家軍方之内
多人數伏見稻荷道竹田道へ浪人押として晝夜相詰由に御座候

一右三外今度軍方に上り不申面々貳十人御國より拔懸大坂御屋敷へ着候付菱刈より和泉殿へ相達候處御差圖近邊之町家に被入置候處御長屋に被圍置候浪人共に致同意候儀明白いたし及理解候處致改心候に付御國へ被差下候よし外に百人計も浪人に致同意候者有之哉に候へともいつれも改心に付此分は和泉殿思召にゐ京都に留に相成候よし

一大坂御屋敷內々滯留軍方拾人之引廻永田左一郞廿六歲
右は最前於大坂六人不心得之次第に付段々及理解候へとも聞入不申伏見へ參り候に付其身にをいては此節格別之思召を以引廻被　仰付置候處前文之通預り之面々理不盡之次第に付頭分之申分難立四月廿三日夜自殺之所心付候人も無之翌廿四日朝見出候處落命に至り不申子細相尋候處右之趣致噂無程落命之由

一右之次第菱刈より和泉殿へ相達候處年若之者主命を重し義を不忘段奇特之由にゐ永代八石被下旨和泉殿御自筆を以被下候よし

一四月廿九日晦日兩日之內京都より浪人共大坂御屋敷へ三十人計被差下其內貳人は土佐御屋敷へ引渡三人は久留米御屋敷へ引渡に相成申候外に薩州幷佐土原浪人三人尙浪人頭分は田中河內介是は手錠足かねにて御國へ被差下殘り之面々は未た相滯居候よし

一和泉殿御嫡宮之允殿御呼登にて近々御着坂御上京之由人數千五百人

一伏見旅宿へは爲及迷惑旨にて卽日當坐爲挨拶金百兩被下よし

右之通承り候に付此段申上候

五月朔日（文久二年）

橋本喜源太

一二　井口訓導江戶より來書

明日早飛脚被差立候由にて一書拜呈仕候彌御平安珍重之御儀奉存候私儀

無異儀罷在候間御休意可被下候扨此節京攝騷動之一件に付而は御國も餘程動搖仕候由併太守樣益御機嫌四月朔日御着坐之由にて好き折柄御國内も先は鎭靜に赴き可申と恐悅仕候片山樣にも未た京師より御歸國無之内騷動と被察若御歸國に相成居候はゝ大體事情も相分御國も斯迄うろたへには相成申間敷筈と致噂候事に御座候京師方角之事は此許よりも御國却而相分居候事も可有之候得共猶此内外聞取之趣一通り書付懸御目申候

此節騷動之一件は長州薩州元同腹にて去年來聲息相通居候由薩州も實に惡意には無之

公武御合體にて本朝士氣を振起仕度存念に有之候得共迚も是迄　公義御役人之分際にては張り立て之見込無之候に付　京師之力を假而關東之役人を差替すしては何事も被行申間敷との事は長薩同樣之見込にて長州は

去年中内々京師へ建白之趣有之　公武御合體京師にも開國之規模に被立戻候樣手都合致し置（京都へ差出候書付私手に入候得共漸夜前機密間にて分寫位之事にて寫方屆不申次に上可申政府に御所望可然）夏之比より永井雅樂江戸へ下り久世安藤之兩閣老を說き付け禁裏御遵奉可被遊儀を御勸め模樣に因ては御役人替之儀汰沙をも取持候心組に爲有之哉にも相聞申候薩州には固より長州內意には候得共元來人之跡尻を追候儀は不仕國柄にて迚も穩成扱而已にては被行兼可申候に付幕府驚愕せしめん爲竊に浪人を誘ひ諸藩之慷慨家を煽き立斬奸主意書之趣を以所司代酒井若州九條殿下を刺殺罪を關東問へき勢を示し候手段は昨年より有之既に去冬　京師へ建白有之　勅命を關東へ下し御役人共人に非らさる事を被　仰遣又薩州へ命して人數を率ひて江戸へ登り役人之黜陟をもさし引可致旨被　仰下候樣申立に相成候處はや長州之趣意相貫き居候哉　德川家を動搖爲仕萬一內亂を生し候ては彌以外夷之術中に陷候事に付薩州建白は御取揚無之由にて薩之君臣逡巡致居候へとも浪人共

固り其誘にてをち〱登り込居無味に引取候樣にも難被致和泉殿此節發途に相成程能取鎮に相成候筈之處浪人とも大坂に待受ひた早りにはやり候故大坂薩邸に留め置近衞殿に縁組之内約有之由に而伏見より上京被致右浪人共事情內話に被及候處早速達　叡聞別紙御書付之通滯京被仰出候內浪人共坂邸より拔け出駈登り候樣子に付京都より家來數輩を遣し伏見旅宿高田屋と申處に而出會宥めに懸り候處浪人共和泉殿は差置我々計りに而も初念を遂んと聊承伏不致　京師に可押登勢に付不得止浪人之內薩人八人打果和泉方にも即死三人（一人即死二人深手とも云三人は他所にて漸く取人に付不貢とも云都合十一人之よし）鎮め形に相成候由に御座候安井仲平は和泉殿自ら事を起し置候而は鎮靜之功を立候趣に取成し威勢を張る之手段狸之あはれたる樣に而誠に大事を起すにはあらす其證には人數少しと云

小鹽謙一聞來る

筑前醫師　公義へ御目見致候者因幡文貞話筑前侯此砌播磨路（此處まて登り之事聖堂）

取沙汰も同様大倉谷まて登りに相成候處先年國元立去候和學者小金丸何某と申者近年浪人に立雜り京攝之間に罷在候ゟ內情承り候得は和泉殿は浪人共盟主に取込候ゟも迚もはかゝ〵敷人柄に無之幸筑前侯登りに付途中へ廻り盟主と成し若不承知に候はゝ殺害に及可申との企を聞遽に返忠之存念を起し候處無味には迚も足拔け出來間敷とて和泉殿へ狠藉仕懸け被召捕筑侯へ引渡に相成候處にて右之企申出候に付大倉谷邊に四日計滯留外聞を出し探索之所此者申分に相違無之病と申立引返之由林家之用人此田權之助と申者出會話酒井右京亮樣家來金子泰甫より承り候由和泉殿も播磨路邊にゟ浪人共仕懸盟主に被成呉候樣逼り候に付程能申大坂迄連來り右之者共は詰腹切らすとも云些不穩閉ち籠置れ候由此兩條は致暗合安井見込と大に相違何程に可有之哉備參考置候事近衞殿參り早鐘にゟ和泉殿にも懸る內　勅を被受候ゟは今更　公義に對し心配に被存居候樣子に御座候此後如何之所置に相成候哉何方よりも耳目を測て罷在申候前文之逌實

は長州同腹にて別に手段を被設候哉に候處　幕府には折節安藤侯も退役水野和泉守樣板倉周防守樣孰も一時之人望にて長州之建議も既に　公方樣へ御耳に達し御取揚に相成先月半比には一橋樣越前土州老侯も萬端平常之通りに心得候樣被　仰出去る十五日より御旗本一統騎馬登城先徒三人草履取迄にて既に昨日四日勝麟太郎樣へ參り懸氣を付見候處駕乘候旗本體は只一人見受其餘は皆騎馬にて御座候何樣水戸家之寃を雪き儉約之基を開き幕府一新之兆と竊に目を拭ひ申候得共何卒間に合かしと祈る事に御座候永井雅樂も去る十六日京都出立廿日比江戸着にて京攝動搖之樣子も見聞致し且長州君侯御上京無之ては叡慮難伺取由にて君侯も當月廿日比には此元出立と申事に御座候和泉殿樣子兼て聞及候所にては　公義隨順之人に御座候由之處此節之振舞甚以疑敷安井見込よりも後之兩說實正にて宮部鼎抔は只慷慨家之言に煽動されうろたへ出たる物とのみ私儀は相考申候併しケ樣之事柄不容易儀にて

一途には難押極畢竟は薩州むくつけなる風儀之上さすか同腹とは乍申徒らに人に先きを被爲候而は衰へと申樣なる所より長州之別途に出るより添書あり（御役人替等けぬき合にて西國には未た聞へぬ内と見ゆ又長州ともかくそく之樣に見ゆ）行違たら〳〵と相成候共にては有之間敷哉私儀も外國には行はくれ此節之御奉公に京師探索に罷越見申度夜前三池家へは話合置申候若許を受候はゝ尚彼方より御通路可仕候薩州も

勅命を受候抔外見には羽振好樣にも御座候へとも土臺大事を仕出候丈之仕込にも無之由にて國體淺露《マヽ》に相見へ少し心ある者は大分孚《本ノマヽ》を見くひり候樣に被存候何樣　此方樣には御國內きすとも不仕樣堅固に御取打しはらく樣子を御覽被成候はゝ眞僞之境も相分可申未た天下分目之戰と申に而も無之候得は日和を見る之嫌疑も無之譬ひ

天子を挾んて諸侯合する人有とも海內之文化如此相開け候上は不理なる號令は萬民受引申間敷候得は內輪之覺悟第一に而機會を見澄し必に後之

先之突き所可有之候長州之仕方は心は如何樣にもせよ先は順路に赴き候組立に付脇方より差ませ不申手一盃に致せ置若風波も起り候節は眞實に御手を被添是非大業成就爲致候樣有之度萬一左樣にも御座候はゝ所謂君子は人之美を成と申者にてさすか御大國之體を得一入奥ゆかしく心有人には彌以感心可仕候武將感狀記に其人は覺不申途中にて親之敵に出逢候者有之相手は强勢にて無心元傍觀致居候處若は危く見へ候に付敵に向ひ跡を用心せよと聲を懸後に氣移り候處を若は槍り付け親之敵を討濟候事有之心ある武士は親之敵を討る人よりも傍の人を賞候由覺へ居事之大小は殊なり候得共誠に理りある事歟と考合申事に御座候此節之儀は天下之大事一國之私す所に無之儀は申迄も無之片山君には折々御殿にも御出可被成定て御後見も可有之御座候へは爲御參考卑見を述申候間三先生を奉初講堂當り何卒篤と御研被仰立筋も可有之哉と不顧僣漏寸志を奉呈候餘は後鴻に讓り匆略仕候以上

壬戌五月五日當賀

井口呈助
正徳判

片山喜三郎様
簗瀬騏《マヽ》兵衞様
加々山權內様

尙々柏木氏初右田井上三御奉行一時に被　仰付候由何れ人望に而珍重々々多賀々々

一三　五月十一日主水様御直命聞取

今度　主上叡慮之旨於關東夷戎交易御取扱後逐年萬民次第に及困窮候趣被聞召深被惱　宸襟候折柄今度島津和泉上　京申上候內には夷戎打拂

之儀甚　御感悦に被　思召彌關東之御處置筋改正に至候樣との　叡慮に候たとひ於關東交易御改革無餘儀次第に有之候共天朝之御取意彌貫通被遊度との御存念に被爲在交易一條之儀は丑年以來假定約之趣を以十ケ年之猶豫申上候先其分にてさし置尙又和宮樣御緣組御一和之譯を以五年之間御打拂御猶豫被　仰出度との趣關東より諸藩に被　仰出候上之事に候得共　勅書之趣自然關東異儀申立候趣も有之候はゝ將軍家に無御係天朝より公卿引卒し大藩之有志之被　仰出候御存念に被爲在候趣畢竟關東之御處置筋老職共暴政之儀と被　思召候依之右一條之御改正被遊　玉體はたとひ如何成蒙神罰北條時代之如く遷島被遊候とも聊御厭無之專一神州之名義を汚候てはならす剩萬民之國窮患心難默止片時も早卑賤之輩安堵御代に服候樣被遊度との叡慮之旨御座候由

一四　五月十五日新清二位長谷三位岩倉中將之外

書記御用（マヽ）一同連署

今度關東へ　勅使被差下幕政改正之儀
叡斷之三策被　仰下候に付ては於幕府
叡慮徹奉行之節は夷戎膺懲之師可擧と存候萬々一御請不被申上候とも再
應徳川家長久を被　思召候厚腆之　叡慮被　仰下候其上戻
勅喩暴政相發候節は　朝廷之御威光不被爲振候てはならす列藩不伏速に
發兵端候得共天下二分之勢相成候歟左候節は　朝廷安危何とも難申上恐
入候儀と奉存候尤御結局之　叡慮は奉恐察候得とも至其期萬々一被動
聖慮候ては　皇國之威不被爲立列藩勤　王之忠魂廢弛し　皇國彌犬羊蹂
躪之衢と可相成儀は必然候間　叡慮斷然不被爲動日に擧國一致攘夷之成

功可有之存候前件之儀申出候も多罪候得共
皇國重事不堪默止
宸慮御決意之處乍恐奉伺度言上仕候事
一島津三郎樣御下向去る七日京都御着直に近衞樣へ御參殿之處御用之儀
被爲在候間御參　内被成候樣議奏衆御取次を以　御内勅被爲蒙去る九
日近衞樣御參殿之上關白樣より御拜領之御直垂を御召替御參　内被成
候處不容易御懇之被爲蒙御褒美　勅御劔一振被遊御拜領候段被　仰渡
候間此段得御意候以上
四月（文久二年）
大《太カ》平をおたゐにものはさ川まいをもらのこはひをなをましもく

採襍録巻十

一　長州侯於京師邸家中面々へ被諭候直書

從來存意　官武ヘ申立候は偏に　天朝ヘ忠節幕府ヘ信義祖先に孝道相立候決意にて今般上　京叡慮之所被向盡力周旋仕候段御請申上候然上は如何程の艱難にても忠節確守し信義孝道隨て相立候處置せしめ候付我等旨趣を體し爲國家奉公においては本懷たるへく候　戊七月（文久二年）

二　長州侯於京都邸中其藩中へ爲讀知

去夏以來　公武之御間御周旋被盡御力候は

天朝江御忠節幕府江御信義御先祖様江御孝道被爲立度との御趣意被爲在今般御上　京之上　叡慮之所被爲向御周旋可被遊候段御請被仰上候に付ては右三道共全相立何も無御手障可被成御整候は勿論御事に候得共萬一も至極之御艱難に御遭遇被遊御處置候節之御心算豫め御決定不被成置候ては竟に御趣意筋も不相貫徹之御事にて衆議御參考御熟案被遊候所時に寄り處に隨ひては天倫第一の忠節を被遊御純《マヽ》守候て信義孝道も從つて相立候御場合に可有之其節之御處置御決心之趣も被爲在候に付此往御周旋一件取扱ひ候面々は別て事に臨み輕重之宜を制し心得違無之樣被仰出候に付御家中右御決定之御深意を奉體察御奉公之御覺悟可爲肝要候事

七月廿四日　（文久二年）

三　京地風聞書

一長州侯五月二日御建白は專ら文意薩藩ゟ相當り且於關東御周旋有之候樣　御内勅も御香《マヽ》取候處　勅使大原三位樣幷島津三郎殿江戸御着前日道を變へ中山道より御上京に相成候儀者如何にも功を被爭候樣相見申候然處御上京之上京師之動靜御熟察に相成候處薩藩專ら透通宜有之候趣に付少に初之御存念とは相變申候共にては無之哉尤最前長井雅樂在府中御建白に相成候上書は御願下に相成候由世上取沙汰仕候前條之通御内勅有之候に付ては關東ゟ　勅書之趣一々御請も御坐候哉否御存意被　仰上御周旋可有之筈之處此節御上京之儀些と御都合惡敷共は無之哉之由薩藩より相唱申候

一阪《マヽ》布政之助桂小五郎中村九郎兵衞之三人京師におゐて内外機密御用懸相勤諸所周旋いたし候由之事

一七月十六日大膳大夫樣初て學習院ゟ御參會傳奏議奏衆御出席長州侯より被　仰上候件々左之通

一天氣御窺

一昨年以來内々存意申立　叡聞に被爲達被下候御禮

一長門守ゟ　御内命猶拜賜之御禮

一御掛念御辨解奉願

一御辨解被　仰聞候はゝ御禮

一五月十三日被差下候　勅諚御請申上向後父子申談周旋可仕段之儀申上

已上

一中山樣御書簡之事

昨日長門面會一事之無事何等之事も無人物篤直らしき人丁寧人にてろくに心底も云盡兼候程之人にて萬事無異に相濟候御安心被遊候委細は拜上萬々

中山公の由

十七日夕　忠能

姉小路様の由

公知君

右前顯の通にて御規式年頭御禮之様成被仰立相濟申候由

一御父子樣之内何れの御方關東御周旋京師御逼留有之候哉御模樣未相顯不申候

一薩州京師密用懸本田彌右衞門藤井良節の御兩人相勤候由之事

一長州密用懸三人より本田列江參會致し呉候樣賴談之由追々於所々出會いたし候處此節之儀何れも天下之爲に付無腹臟申談呉候樣との事にて些少之事も其後は議合いたし候由藤井良節より直話承り申候尤長州侯五月二日之御上書薩藩江相當り且　勅使江御逢無之御行違御上京に付ては兩藩行違候儀は無之哉甚懸念之段承合候處其儀は少しも懸念致し申間敷前比ケ樣々々と前文之次第良節物語申候勿論薩藩へ滯《マヽ》話仕候内長藩より親く出入致し候儀屢見受申候事

一薩州鎮撫方島津石見病死後代り罷登候筈候得とも是まて何之樣子も無之處七月二日島津右門と申大臣國許發足仕候由にて先手の面々軍役方と申役人五六十人計御國御番方御備手と云七月十七日伏着追々上京致し申候右門儀着之上京地相國寺江直に相越候由承り申候事

一薩州伏見屋敷に相滯居候岡藩小河彌右衛門列御家老連名に而罷下候樣申來候處未事平もいたし不申且右彌右衛門列は有馬新七列暴擧之末流にも有之准今罷下候ては三郎殿鎮撫いたし被置候に付同子之聲聞にも相係り且出府中之事に付一應は伺も不仕候ては難相成旁に付暫留置度段薩藩より岡藩御留守居江熟談いたし候處至極尤之事に付國許江早々通議いたし可申段返答いたし候由にて今以相滯居近々京師薩藩買上之町家江引移候手都合いたし置候段藤井直話いたし申候是等は三郎殿鎮撫行屆候名聞のため大勢引受置候儀は可笑事に御坐候

一薩藩此節の費用莫大の事に可有之兼て御國力驚入候段申候處成程疲弊

いたし候得共根元　公武之御爲薩日隅三ヶ國之士民一命を投け三ヶ國を差出候て三郎殿被思立候事に付國用疲弊之儀は聊頓《マヽ》寫いたし不申候段藤井宅にて上藩擧て申候意中之儀は難計候得共其英斷果決外々之諸不藩及處有之實に此節之處置當否之境私共の弊《マヽ》見にては難相極御座候得共誠に天下之强國にてヶ樣之頸敵と境を接候儀行末無心元事共に奉存候事

一當時之勢薩長兩藩の外々藩より差て御建白も無之右は最前の勢にては日和見有之又兩藩周旋有之事に付無用に足手纏に相成候よりも不出社上策と相考或は人之跡を踏候も如何と種々之儀《マヽ》論も可有之候得共最早此節之儀も五歩通相治候間今出張いたし候得は德川家の怒にも觸不申事行れろに相成候間格別力を不勞して功業も相立諸侯方今ぞ至極の御出府にて御周旋時に付御國抔も急に御出府力を御添被下候樣有之度抔藤井列より密話いたし候處私共も爲何識に御座候哉些汗面仕候氣味に

御座候事

一當時之勢にては急に攘夷之都〔マヽ〕も相見不申開國之儀は一切被行候氣色に相見不申候事

一勅諚の內一橋御後見越前政事惣宰職追々被仰付候よし此末は惣宰職急に御上京諸事被仰合御國是相定り兵勢御沿革等重大之事二三ヶ條相成居候處始終如何相治申候哉實に興廢存亡之大機會と相見申候右之御模樣は今少程も御座候事と相考申候事

一薩州藤井良節儀は先年國難にて亡命いたし暫時御國にも相越候同藩諏訪宮之社主井上出雲事にて中程工藤左門と歟申候當時前文之通相唱候由是より十四年以前より筑前に御役害〔マヽ〕に相成居る由此節之儀に付押て登坂いたし候處三郎殿勿論其名を被知居候に付直に歸參被申付當役被命置候由にて御國元には段々知音之向有之候趣に御座候事

一土州侯御出府懸流行之痲疹にて大坂御屋敷に御滯りに相成候由然處近

來承り申候へは此節之儀御周旋有之候樣　御內勅有之候處御幼年に付御斷に相成爲申と取沙汰仕申候事實何程に御座候哉同藩密用懸にも追々應接仕居候間其內實を得可申上候事

一阿州侯より御上書御座候由之處諸建白裏《マヽ》卦に出御上洛等は不宜旨有之由淡州之儒者江戶居住いたし居候鈴木重種と申者當時京師相越居候者より承り申候未た京地官家方にも御存知無之由所々手配いたし置候間手に入次第可奉備電覽候事

一御所司代松平伯耆守樣御事先年櫻田異變之砌寺社御奉行御在勤にて其以前諸刑流は三奉行の事に付御吟味懸りの由にて此節御上京に相成候ては人氣に差障り候趣申立られにて御辭職に可相成と京地専ら相唱申候當時官家之權勢前々よりは爲打變世上に付前文之通相成申候哉難計候尤跡御役は本田侯被　仰付候抔と唱申候間形も無之事《マヽ》にては有之間敷被考申候事右は今度長州勢州兩藩之御建白奉入尊覽候間席此元之樣

子承り候儘相認達御聽申候勿論文意私共江も疊兼候處御座候へとも乍自由草稿之儘差上申候扱御奉行江之方は私共出立先日御奉行衆井上久之允方御逢有之此節之儀御國元江屹と不申越候ては不相叶儀有之候はヽ御目附付御横目申談申越候様格別不申越候ても相濟可申儀且出所等不正巷説は却て人々疑惑を生候間申遣間敷段御演達に相成奉得其意居申候右に付為指儀にも無之候間此節も申越不申候間御序も御座候はヽ此許に御座咄にても被下候はヽ別て本懐之至に奉存候此段宜奉願候已上

七月廿一日　藤林健左衛門

古閑富次

甲斐武一郎

猶以申上候右は私共見込之筋も間には書加甚拙劣に御座候間必他見御用撫(マヽ)可被下候已上（文久二年）

四　藤堂家上書

先年より愚存之趣申上候儀に有之候處天下之形勢殆累卵之場に相成候得は是上之御處置毫髪も御謬誤被爲在候時は被對　天朝御申譯も無之且は

神祖之御鴻業も忽墜地可仕左候ては忠孝之道にも被爲背萬民塗炭に陷り候事實以不堪痛哭之至に候尤右を挽回可仕策略等無御座候得共世上之光景御心附にも相成可申哉不憚諱忌左に申上候

一凡物事には本末と申儀有之其本末不失順序候時は雖國天下可治若顛倒仕候時は如一家一身不齊候事は古今同一に歸申候既に諸藩於横濱港互市通商御許容に相成候根元を細澤《マヽ》仕候に一時之權道と申にも無之又は有無を通し四民一統融通相附候筋にも不相成其實は必竟夷狄之跳梁を

被爲厭因循苟且之御政事に歸申候儀と奉存候其大概を擧て申候得は兼て亞國條約之儀に付

禁廷ゟ御伺に相成候處深被爲惱　叡慮に付諸大名存意書差上候樣被

仰付候魯亞兩國より英佛之軍艦近日渡來可仕淸國全勝之勢に乘し押掛候に付應接甚御面働に候間夫迄に假條約御承知之調印相濟候はゝ英佛を如何樣にも可申諭と亞使節申上候處右は

禁廷ゟ御申上濟に相成不申候ては御取計も難被遊併淸國之覆轍を踐候ては不容易候に付不被爲得止調印之上使節ゟ御渡に相成候其節も同志之面々連名にて申上候通如前條危殆に相及候得は不被爲得止御處置にも可有御座候得共迅速に御使を以右之事情一應

天意御伺も可有之乍去　勅答以前に大患相生候場合に相成候ては御不

本意に付臨機之御處置も無御余儀譯と奉存候へ共　天意御伺之御使不

被差上調印御渡に相成候ては御違　勅にも相當り御尤にも不奉存候段

申上候事に候其後前議に付尾張中納言殿水戸前中納言殿松平越中守登城之儀等右之趣に候處過激切迫不敬之儀共に付愼被　仰付且外匹夫に至迄罪之輕重有之候得共蒙嚴咎候抔是以御余儀なき譯と奉存候得共其本は尊

天朝惡夷狄候より事起り候得は道理においては正敷事故今一段御斟酌有之可然歟と奉存候之處前顯之通忠肝義膽之士も被爲刑候に付右之黨類彌增憤り激發仕遂に彼是狠藉等有之候得共夷人交易相始候てより何一つ本邦御爲筋に相成候間閭閻の小兒に至迄異人を惡候事蛇蝎よりも甚敷上は　朝廷下至于士庶人一體同心の事にて幕府而已格別御優待被爲在候樣に相見候其内爲異人本邦人を防禦いたし候樣に相成右等總て本末顚倒とも可申奉存候扱英國より相願候沿海測量可致段御觸御座候處私領分伊勢之儀は神廟切迫の事に付寸土も夷狄に爲穢候ては不相成候間其段追々願立候に付先志州海岸へは碇泊も不仕通船相濟此儀は難

有奉存候事に候然る處近來御殿山を異人館に御取建に相成候抔は有志の者長大息仕候儀にて左候ては海中の御炮臺は悉皆夷狄に被下候同樣の儀に御座候得は此一事は別て速に御破却に相成候樣致度奉存候前條申上候通士氣踊躍仕候折柄如漢土爲異人不被致誘導候事は恐悅至極に付此上は士氣相奮候樣御皷舞有之候樣奉懇願候斯相成候得は夷狄何程之難題等申出候ても應接之上御手引に相成候事も有御座間敷と奉存候何れ異人も此儘に御差置にては御國辱は申上候迄も無之事故攘夷の處に御英斷の程偏に奉希候扨此擧被爲在候に付ては如當節人心携貳各疑惑を抱候樣にては事に觸れ禍起蕭墻可申候間不取敢　公武御合體海內一致に相成候樣御仕向被爲在度甚差越候儀に御座候へ共其御處置と申候て外は有之間敷嚮にも粗申上候通近來被對
天朝御不實御不敬之儀も有之安政午年以後御政事何となく御苛酷之樣にも奉存候得は右之件々宛然如日月蝕御改被爲在候事を天下に御示し

被遊度其内此比承知仕候に先年愼被　仰付候堂上方幷尾張殿を初今般
御宥免被　仰出候趣至極御尤之御儀爲天下可賀事に御座候其外匹夫迚
も赤心報國の輩は御善祝被爲在候時は自然緩急之節屹と御一臂にも相
成候事故呉々も如先年嚴刑酸法之御沙汰無之樣奉存候乍去右は一少事
とも可申上第一
禁廷へ之御侘《マヽ》不被　仰上候ては相濟申間敷細に申候得は數ヶ條可有御
座候得共其綱を擧て申候得は
皇妹御降嫁抔は御模樣も被爲有候哉然を曲て被爲任御願候とは返々も
無勿體御事故此度御改正之期會にて　皇妹御降嫁御禮は申上候迄も無
之夫よりして近來御不實御不敬の御斷等被　仰上且責て被慰　宸襟候
樣にと申御廉にて春秋二季には　行幸被爲在候樣相成候はゝ稍天下之
士拜伏も可仕猶又　御上洛も中古廢絶之事故俗吏共は不可然可申上も
難計御座候得共近く

愼德院樣　日光御社參之儀も有之候得は右も大同小異と奉存候此儀彌
御治定之上夫ゟ《本ノマヽ》《ソレガタメなるべし》爲に海內疲弊不仕可成丈御手輕之儀被　仰出候はゝ一
同感服可仕と奉存候斯相成候得は自然
公武御合體にて海內一致に相成可申候間其機會に乘し夷狄御打拂にて
征夷大將軍之御名相輝可申左候へは特に被爲協
天意候而已ならす萬民安堵可仕實は
神祖之御鴻業にも被爲劣間敷と奉存候斯く相成候も本末順序を瞭然と
被遊被爲得機會候故之儀と奉存候對　政府右樣之儀申上候者所謂遼東
白豕に御座候得共萬一御採用被成下候得は本懷之至に奉存候已上

五月廿日（文久二年）

藤堂和泉守

五　土州藩人大坂より同藩への文通

此度泉州侯御上洛之儀は
天朝幕府の爲薩國の力を以て屹度御周旋之思召に候處今十二三日之比
藩士堀次郎儀大原卿へ被爲召
叡慮之達《通カ趣カ》と被仰聞　叡慮之大略は是迄幕府之暴政違　勅等之儀をも寛
大之御仁惠を以　御宥恕被爲遊此上には公武御合體德川家を　御保助
被爲遊賞罰を明にし攘夷狄候樣之廉々難有　叡慮之由斯之通にて御受
相調候哉否之儀をも被仰聞候由にて勿論
叡慮之處聊不奉違背奉畏候旨申上否右之通り和泉侯へも申上同十六日
朝和泉伏見御立辰之刻頃御着京一旦御邸へ被爲入候處巳之刻近衞殿よ
り被爲召御參殿被爲成候處中山公正親町三條公岩倉公御參集にて
叡慮之通に次郎へ大原卿より被仰聞同樣之由被仰聞且泉州御存慮をも御尋御座候由にて
和泉侯被　仰上候は　叡慮之處一々奉畏候乍併攘夷之儀も兎角内を整

へ不置候ては不相成儀に付先つ一橋刑部卿を以將軍家の後見とし其他尾張越前を始め賢明之諸侯へ寃罪を以禁錮或は退職被仰付候勤　王之御志有之御方を本に復し暴逆を逞し　天朝に迫りし賊を彦根侯を始間部安藤侯等を云輕重に隨ひ悉く罪に行ひ或は封を削り其地を以　天領とし畿内之地に親王方を置て　天朝の羽翼とし后に逆徒　天朝ゐ迫て事の不相調樣豫め備を立然後攘夷の策に相及可然旨申上且　叡慮をも御伺被下度旨及言上候處正親町三條公被仰候は尾越侯等を再本に復し候儀は中々難事にて可有之左樣相成候ては却て內亂を釀し候樣可相成旨被仰聞候由を以再泉州侯より是等の儀　叡慮の儘に御決定の上御達遠臣へ被仰聞度叡慮關東へ下り候上尙亦奉違　勅　叡慮候はゝ其節は不得止事臣等追討可仕候臣既に國を出し時身命を　天朝に捧け居候上は聊顧候處に非す弊藩雖微弱三ヶ國之人數を以屹度盡力可仕獨成否の處に至ては豫め難期と云共當今の人情を以て相考候處列藩の中にも勤　王の志有之諸

候數多有之候得は一度事相起候はゝ必す
天闕に馳集り可申依て　叡慮之處屹度御英斷を以御決定に相成候樣被
仰上度旨申上候由にて中山公正親町三條公早速參　內及奏聞候處　主
上毋數被思召不淺　御滿足之由にて其處兩公より泉州侯へ被仰聞其餘
難有仰をも御蒙り候且は當時滯在の儀を被仰聞候由尤表向は諸國浪士
共數多洛中へ入込居候趣に付萬一亂妨等に被及程も難計依て暫之間爲
取締滯　京居候樣被仰聞夜半過御退殿其儘伏見へ御歸り翌十七日伏見
御引拂を以七ッ時頃御着　京に相成將又　叡慮之儀も多分泉州侯御建
白之通り　御英斷に相成久世閣老　御呼立《登カ》之上　勅書御同人ゑ御渡に
相成筈にて今十七日關東へ被　仰遣候由且幕府違　勅致候時は干戈を
動す御成算故其用意は屹度相調右次第御國よりも多人數馳登御調へに
相成居候由薩藩士有志之者共泉州侯御供之外夥敷伏見大坂等に相潛居
候者を初其他諸藩同志之者共も萬々一和泉侯關東へ御下り之思召歟又

は聊にても手緩き思召有之候て機會を失ひ候樣之儀有之時は不得止泉州侯の命を不用機に投し同志之者俱に事を可起存念に有之候由之處和泉侯前件之通之思召故孰も望に叶ひ右二藩士は素より諸藩之者迄も大に相悦ひ時を相待且薩藩役手よりも妄之儀無之樣精々相制居候由

右四月十五日より同十八日迄之中承申候

長州山田又助と申者君命を受長門下關にて和泉侯へ拜謁仕候處弊藩は是迄頻に苦心致し何卒
天朝之奉休　宸襟度存念に有之候處當時寡君關東に罷在殆機に後れ候故所詮先鞭は御尊藩よりマヽ被取候へ共二に至ては決て他へは不讓屹度盡力可仕旨申上候處泉州侯より決して先後抔を相爭候譯には無之互に國力を盡し謀を合せ　叡慮を可奉休旨被仰聞候由

一長州侯には關東にて御周旋被遊幕府より是迄屢違　勅奉惱　宸襟候事は不及申失政之儀幾重にも恐入寃罪を以退職禁錮等致候賢明忠義之御

方を本に復し暴逆を逞し
天朝に迫り候逆賊を悉罰し正道に復し候上將軍自罪を謝候樣被遊候思
召之處有志之者は今に至り關東にて御周旋は甚手緩く何卒此機を不失
朝廷より賞罰を正し候樣被遊度存慮の由同藩政府は大振居候得とも君
側に長井雅樂と申者有之彼之論大に害を成候由
一島津泉州侯は蒸氣船にて室津より御上陸之由鹿兒島より大坂まて二晝
夜にて往來候由也
一福岡侯は御參府之筈にて大倉谷迄御出被遊候處同所にて御病發姫路迄
御引退御歸國共又は同所にて御決心御上　京とも云伏見にて人足御雇調等有之由なれ共御上京不
詳右四月廿二日迄承申候（文久二年）

六　井口來狀

一大坂會集浪人名前

中山公諸大夫 田中河内介
河内介嫡子 同 左馬助
清川八郎事 出羽 大谷雄藏

安積五郎事 武藏 木村惣之助
筑前 平野次郎
備中 飯居曾太郎

肥前 中村主計
京 青木賴母
久留米 原常吉

同 荒木半三郎
同 酒井傳四郎
同 古賀曾一

鶴田陶司
同 中增俊太郎
以下闕と見ゆる 小河彌右衞門

田邊歸一郎
赤座源太郎
堀鎌之助

夏日淳平
樋口勝之助
安野藤次郎

井上重五郎
高野左一左衞門
森玉藏

福原武一郎
田部龍作
宇野兼藏

高島善左衞門
廣瀨友之助
矢野勘太郎

彌左衛門代　同人（ママ）　左一左衛門召連候者

竹五郎　末吉　庫兵衛

歸一郎代　友之助代　勘太郎召連候者

甚三郎　義三郎　喜助

右二十六人豐後岡人數也

筑前秋月　豐後岡　野溝僕

海賀宮門　野溝甚四郎　長之助

同

光五郎

此名前比日安井より承り候人數とは相違いたし是は聖堂當りにて取はやし候名前にて委敷定て出所可有之候へ共承り届は致不申候已上

大概當時之形勢右之趣に候處爰に一り氣（ママ）毒なる事は永井雅樂頭日來引入之末甚不首尾と申事にて世上には切服（ママ）致し候と評判も有之候子細は

未篤と不相分候得共京都江戸主人へ申出候御振り齟齬致し候事有之何共申譯無き事出來致候と申事に候右は初發森井聖堂邊にて聞出し咄候得共左樣之麁忽容易に可有之人柄にも相見不申如何哉と存候へとも初發　此方樣へ御相談口は　將軍樣　御上洛願曰（マヽ）有之度候へとも當時柄萬民難儀にも可有之田安樣にても御名代にて可然と申事に候處此度京都より下候ては是非　御上洛に而無而は難相濟樣立きり被申立久世樣もとふか夫れに困り引入に相成候樣之說も有之此處前後之通歷々不審有之居小子不叶□に說之替る處之子細を最早探索（歟正）致居候處に而大方夫等之處歟と推察致候昨日參候へとも鹽屋參り居是非只今老中役人に而めつたやたらに話出も遠慮いたし一應之處承り矢張森井話と大同小異に而說話之鼻計り（マヽ）に齟齬有之と申事に候何樣返（マヽ）覆表裏を申樣なる人柄に而は有之候へとも才力家にて少權變に達候樣自負之氣味も相見京都には京都に說之入候樣老中には老中に說之入候樣聊口のすへり樣よ

り左様之儀にも至候歟又は家軸にも兩説有之周布正之助と申御中老此方實は正當之人物にて人望も有之候へとも行不申永井説に相成候由にて内輪之議論六ヶ敷共に而は無之や右先推量之處に而實正之處は追而探相届次第可申入此段熊谷は勿論學校へは辛島へ通路可有之候先は右差置申候已上

六月朔日當賀　　呈　助

忠　三　郎　殿

於江戸亘殿へ啓太より差出申候書付之寫二通左之通

言上

伴　野　七　之　助

岡　田　斧　五　郎

杉　浦　龍　次　郎

四郎太夫と改名被仰付候

高島喜平
桂川圭稅

將軍樣講武所にて四郎太夫々々と被遊御呼候に付御返事申上候處
御側より以前之名四郎太夫にて當時は喜平と申候段申上候處四郎
太夫か好ぞと　上意之由

海陸御備向御軍制取調之御用相勤候樣可申渡旨紀伊守殿被　仰渡依之
申渡

右は三御奉行立合被申達候事

七月廿六日

右之通被　仰付候に付御城內是迄林大學頭樣御詰問右調所相成日々被
差急御調御座候由私儀は高島四郎太夫樣砲術御門弟にて三十七八年御
敎示を受御懇意之儀に付內々被申聞候は日本海國之儀に付軍艦御備第
一之儀に付少く共貳百艘位は御備に相成候ては難叶　公義御一手にて

御出銀は不被爲屆候に付諸侯樣より御出金に相成軍鑑は　公義の御備に被致度との說起候處其儀は不宜軍艦は矢張其國々之軍艦に被成置度之段高島先生より剱切被置候由併小諸侯樣にては御一家にて一艘は被及力間敷御兩家或は三家催合に無之候ては難出來左候ては相應々々に諸家樣御出金に相成軍艦は　公義の御備に可相成候歟如何樣とか上之御裁斷に可相究　御國之儀御大國の儀に付公義より不被　仰出已前に一艘にても御買入に相成候樣心配いたし可然尤一日も早き方宜敷併右は內密之儀に付他洩樣相心得候樣との儀に付筋々書達仕候ては他聞も御座候事に付此段內密奉言上候已上

六月　　　　　　　　　　池部啓太

演舌

異國向船御買入被　仰付候はゝ平常之御辨利に相成候樣運送船可然と奉存候運送船迚も武器類御備に相成候得は隨分（此間落文カ）軍艦御買入

被　仰付候樣との儀御達に相成候後に候はゝ平常不辨利に候共軍艦にゐ無御坐候ゐは相濟申間敷と奉存候且又別紙之通一日にゐも早き方宜敷蒸氣船參り候はゝ御買入被仰付度其期に至り御願に相成居候ゐは間に合兼可申候間兼ゐ御願出被成置候との儀被差出置候はゝ此方樣御軍艦御備被　仰付候儀　公儀御承知に相成居候はゝ御都合可被宜敷と奉恐察候此段も御内意言上仕置候已上

六月（文久二年）

池部啓太

七　大久保一藏詩之事

爲客京城多感慨、孤蓬今夜意如何、風波不起鷗眠穩、十里長江載夢過、

右唐哥は島津泉州侯初て上　京下りの砌淀川にての作の由承りし也

八　一條家より內達に關する件

七月廿二日一條樣より青地源右衞門御紙面を以御呼出に付參殿之處
太守樣への御直筆白木文箱にして御封印付至急に相達候樣
御沙汰に付卽日早打にて甲斐武一郞川邊鐵之助被差立候

御直書寫

蠻夷渡來以後　皇國人心不和を生し當時不容易形勢に至被惱　宸襟候
に付　皇國之御爲は勿論　公武猶御榮久候樣去五月關東へ
勅使被差下被　仰出候御趣意有之候處於大樹家も今七月朔日　勅旨御
請被申上　御滿足之御事に候然上は早速事實不行候ては無詮も《マヽ》折角之
被　仰出於關東も御受之筋難立候間右　叡念彌以速に被行候樣被遊度
思召候就ては薩州長州專周旋いたし　勅感之御事に候得は於細川家も
同樣爲　國家抽丹誠周旋の儀御內々　御依賴被遊度

御沙汰に候此段早々御内達可有之候事

或人紙面之寫

一條樣より青地源右衛門急に參殿いたし候樣被　仰出候に付罷出候處
極々機密之御文箱御直筆
太守樣へ御差上被成度尤御返翰御急爲有候趣を以諸太夫を以御引渡に相成申候右は如何成御用筋歟は存不申候得共此程より於　御所西國筋之大藩出京被　仰出候哉之趣に付追々私儀は聞膳仕居候處今暫御延引之御樣子に有之候處一昨日より俄に差起候由尤一條樣へは中山大納言殿を以被　仰出候由右之趣意は幕府において御周旋被遊現實の處御出京被　仰出御人數京都へ相詰候哉之趣に相違無之との御内沙汰に今朝も拜承仕候乍併此儀は機密之御事柄に付御他言御用捨被成下度何樣御倫旨歟御沙汰とか申御事柄に可有之哉に相考申候追而御樣子も相分

可申候得共内々申上候其外筑前肥前土佐久留米抔も同様之趣に承候へ
とも尚相調可申上候何分於　御國は乍恐
太守様にも彌御心勞被遊候方と奉恐入候いつれに御家老衆も御人數御
引連御出京候場にも可相成哉云々
右早打出立同日之仕出之由

京都御使者田中八郎兵衛一條様へ差出

今度　御内勅之御儀於越中守様冥加至極難有被思召候段は御請被　仰
上候通御座候就而は薩州長州御同様御上京被　仰出候御事に而御座候
候哉差寄外夷御拒絶之
叡慮に被爲在候得は何時干戈之萠有之御出馬或は人數被差出候も難測
左候得は御家督後日淺く新政之折柄にも有之一際士氣を被爲振軍用之
御手配等可相成は御在國に而被成度此段左府様へ御内願被成度尤御上

京と申儀に相成候得は關東御伺濟も不被爲在ゐは其儀雖被爲出來事にゐ前文之通御心得にて御在國被成度との御儀に御座候事

閏八月

田中八郎兵衞

九　姫路侯言上書

今度當表へ立寄御取締之儀當分相心得候樣被仰出候に付上　京仕都下之形勢承及候處邪正混淆俄に難相辨候得共萬一姦計相巧不軌相企之徒有之候節は乍不及奉

朝命誓ゐ回顧不仕は勿論加之役筋之者心得違等之儀有之御沙汰に候はゝ筋にへ幾重にも談判可仕自餘形勢に隨ひ勘考仕度覺悟に御座候已上

六月　（文久二年）

酒井雅樂頭

一〇　石山家より通知の件

一將軍樣御上　洛之儀於　御所御好無之趣に付澤三位樣へ奉伺候處　勅書三ヶ條之內御上　洛之儀被仰遣候得とも此儀於　天朝は餘り御益にも相成間敷哉之御見込於營中相立居候且　勅使着府も無之以前關東より御上　洛之儀申出候趣にては矢張例之乘機と姑息を營候抔との御見込有之方々も不少趣
御沙汰に候由
右七月三日石山樣より爲知來候事

一一　島田氏梟首の件

一戊七月廿三日今曉四條橋より北一丁程上る河原に
此島田左兵衞權大尉事大逆賊長野主膳へ同服《マヽ》いたし所謂奸計相巧み天地に不可容大奸賊也依之加誅戮令梟首者也　文久二年壬戌七月　日
右之惡逆人は九條殿家來島田左近近江彦根之家來にて島田家へ養子に相成元來惡賢之人物にて五ケ年以前午年彦根大老職に相成候後同家中歌讀に永野主膳と申者と心を合せ九條關白殿彦根大老之中にはいり種々樣々之惡計殊に其比乍恐水戸侯へ内　勅被下置候も同人探出一天下大騷動となる事此ものより起り其後追々立身今は九條家諸大夫よりも顏宜敷相成斷に
和宮樣關東御入輿御發端も此者をもひ付御所諸公家之内に欲深き處は噺込諸司代若劦へも三浦と申惡家老其邊の惡もの計寄て終に恐多も舊冬御口惜なから萬民の爲ならはと御發與遊され夫にて右島田二萬程も

ふけ候よし勿論　宮様の中人はしかけの事故五位に昇進富貴萬福に相成手かけ十三人も搆榮曜花榮（マヽ）無此上事に候へとも當四月より種々上元（マヽ）に悪徒少し宛縮入折からに候處先達て右島田屋敷へ向兩度迄も大兵なる御侍一兩人連尋に御越に相成既に拔身にて家中さかし被成書物抔は皆々取被歸候由併運强留守中にてのかれ居貳度目には九條殿新地攝州なた邊へ御用邊にて下り居右之儀承り其儘迯去隱居候處最早三四十日餘にも相成心寛之候哉天なる哉命なる哉右廿日夜妾宅木屋町に條下る町川付屋敷へ妾（名君香十七歳）是から一盃催そふかと致居候處暮過比大男二人尋參り目早左樣之方は御出無御座と申裏の川原へにかし候處則河原へ一兩人待伏直にとかまへ發且より是之事さつはり白狀させ終になふり殺しに致し胴體は高瀨川へ水葬首は其儘不相分昨日御役所より檢使被差遣候得共首なしにて不相分併右島田と云事は內々知候よし扨今七月廿三日四條河原へ首一つ見せ物にし獄門有之候由噂四つ時時分見に行

候處大勢之見物にて漸首計は見受申候三尺計之竹に少しあをのけにして南向廿日之夜より夜前まて鹽水にても漬有之候哉大さ倍程に成青々とはれ髪ははら々舌をたしほふへたに二三ヶ所操拔耳そき扨は々くさくて見る目もなし是を胴と首と丁度合也（廿日の夜高瀬川二條下る川中に首と片かひなき死かい流込素裸白き絹のたすきをかたろあり實はへこなり誰とも不知翌廿一日には町中一統評判申處島田なること粗知るとあり）其傍に札を立左之通見物人又は當時諸家中皆うつし取

此島田左兵衞――――（前文の通なり略之）

右之惡逆人已下は京町人より書取を以差越候由夫を拔書致置ぬ又云右書付の内に三百年來公義差置て四條河原の獄門は始と申事併去る午年水府留守居初其外數多之忠臣掃部めか江戸にて獄門にかけ何れ其家中屋らたん／＼と殘り候人御座候へは京地にも其類あり今日は胸はれて悦人澤山御座候故もゆかりもなき京中の人さへ一人も氣の毒かるものなく心ち能と計申也

一寺町錦小路行當錦天満宮御社内に張帋

賢武亡　君賊輕　君賊忠　國臣衰
朝臣競　天命正　民有活　君威嚴
佞勇興　臣亡重　臣罸道　夷備强

外に七月廿三日

天公國忠勇士の手を借りて大奸國賊島田を罸を梟木に掛させ玉ふ
諸人是を見て手を拍て悦ひとす恨らくは諸人をして竹之鋸挽せさ
る事をいゝ傳此上は大惡强暴之長野良言《ヨシコト》を得て土中に埋み國中の
人々をして山葵《ワサビ》卸を以摺おろさん事を

右見る人群集

一九條樣御家來島田七月廿三日夜四條河原にさらし種々惡謀之拔書付打
果候者は吟味に不及此外三人の首を此處にさらし候上は自身より名乗
出御法に付可申旨付可申旨付紙御座候由

側に落首

夕涼みむすめ島田のきるをのは長土ちゝみり薩摩上布り

一二　本間氏同上

本間精一郎

一閏八月廿一日梟

此者之罪狀今更申迄も無之第一虛喝を以衆人を惑し高貴の御方へ出入いたし薩長土の三藩樣々致讒訴有志の間を離間し姦謀を相工み或は非理之貨財を貪り取其外不謂姦曲難盡其上此儘差置候ては無限禍害可生依之如此令梟首者也

右之通罪條板に書四條河原橋より半丁計上西の岸に首を竹六尺計上にくゝり付有之候同體は高瀨川小橋より一丁計上にて本川岸に懸有之切取候町は木屋町四條上る貳丁目にて御座候誠に〻〻今晩方より數萬人

の往來騷動無申計勿論切取候町は大大《マヽ》心配物入御上樣七半頃御越被成夫迄首骸共其儘差置有之候唯々風聞は先達而より方々より國主方上京に付江戸御引合之趣萬事先例之通達に相成候趣意外之樣子取々之風聞猶又後日定斷相分次第模樣早速可申上候疵數ヶ所有之右當人は百萬遍屋敷御所侍にて本間家之悴當時木屋町二條下る町江借宅いたし其夜先十町江遊に參居候處段々付來歸を待受候事着用は黑紋付小倉織之野袴は上着に有之候黑縮緬羽織四ツ目紋付紺足袋

但出羽越後邊浪人とも云

一三　宇鄕氏同上

一閏八月廿三日朝松原通鴨川河原へ手鎗差貫き

梟首　　　　　　　　　　宇鄕玄蕃

此者島田と同服《マヽ》主家をして不義に陥らしめ其罪實に彼より重依之天《加カ》誅者也　戌後八月

但九條殿諸大夫執頭之由

一御國出奔之松田重助幷井上何某二男にて井上何某兩人七月中頃面體付にて御吟味に相成居候由

一四　京都より來信の件

八月廿九日京出立之御飛脚閏八月八日着便に申來る

廷議御暴盛相成總之事迄關東へ被仰下よし春嶽様惣宰《マヽ》職被蒙　仰早々御上京之筈に候へとも關東も御初政之事故暫之間御猶豫御願相成候處夷狄討拂之儀に付急に上京に相成候樣一兩日跡に被仰向候よし此地薩長土州抔も悉皆攘夷之建白にて一ヶ所も開國御唱に相成候御藩無之打

變たる世上に相成申候

一五　京都の近況

一田中方等今廿二日着同廿七日御請一條左府樣へ相濟申候此末猶被達奏聞御模樣追ゐ被　仰付候由何樣近日之朝政目を驚申候中にも久我樣千種岩倉富小路御辭官落飾少將内侍右衞門内侍押籠音信不通孰も酒井若狹守へ致一味關東へ内通之段御辭令に有之候よし中々　公武御合體とは存懸も無之御事に奉存候事

八月廿五日蟄居

御落飾　久我樣　岩倉中將　千種少將　富小路中務

議奏御役御辭退之處被　召留御差扣

中山大納言　正親町久世宰相

一六　堀小太郎御咎の件

松平修理太夫家來堀次郎事

戌八月三日（文久二年）　堀小太郎

右は元小納戸勤候者に有之候處當三月中江戸勤番中出奔島津三郎出府の爲迎京都迄罷越同所おいて浪人共を爲騷立置三郎に爲取鎭其外京家江取入京都之首尾取□候に付三郎之心意に叶ひ江戸江召連直に留守居役に被取立京都伏見大坂留守居をも兼幷小納戸頭取をも兼帶相勤罷在候處當八月三日脇坂中務太夫《マヽ》樣御宅江留守居西筑右衞門被召呼修理太夫家來堀小太郎儀奉對　公邊へ不屆之所業も有之吟味にも可被及候處格別之譯を以修理太夫へ御任に相成主人方において嚴重に咎め可申付

旨被　仰渡之

松平修理太夫家來　堀　小太郎

申渡

右は於京都浪人者を爲騷立對
公邊不屆之所業有之候に付急度御沙汰可有之處格別之譯を以修理太夫
手限嚴重に取計可申付旨被　仰出之　右八月三日

一七　京都近況の件

一御所司代被　仰付　牧野備前守
一土刕侯是迄大坂滯留之處八月廿五日京都妙心寺内大通院へ引移之事
一肥前より人數六百計上京之由尤幕府より命を受たるに無之京都警衛と
申候由

但此一條御國にて在郷より出候外聞之見聞のよし

一八月初旬の頃如例異人馬上にて公義御役人數人前後に乗馬品川通行之節薩刕五六騎にて左右に別れ異人に當て鐵鞭を以面皮を打破出血等も有之直に高輪屋敷に馳込申候に付御役人之やせ馬にては追付不申跡より右屋敷に懸合申候得共一切騎馬之者出入不仕返答仕申候由　右八月

一當五月廿九日夜品川東禪寺において松平丹波守様御家來内より異人及殺害其人場所を立歸切服《マヽ》丹波守様は翌日より御固御免閉門被仰付釘打

一品川御殿山異人館頓斗取止めと申譯に無之併急き之模様には無之寛々いたし候事八ッ山下上り場突し出候ヶ所も數十間之石垣を十人計そろ々々仕懸居候よし

一江戸是迄異人共旅館御固め御免且公義衆武藝熟練の人被附置候御番士も御止と歟御國元にて噂承り居候處左様之譯にては無之旅館も已前と相替不申候御大名衆御固めも御番士も有之事

右江戸詰歩《マヽ》御小姓より御歩頭に録上之内要又拔書

一八　朝廷より被　仰出書

勅意被　仰出御書付

今度以勅使被　仰諭候に付一橋刑部卿再出後見越前々中將政事惣裁職等之儀大樹御請申上兩登城政事變革之儀盡力相勤候旨
勅使歸鄉《マヽ》言上有之於幕府不都合の事共深く恐懼の由自今奉遵　勅意心力精誠を盡候而公武御一和上下一致萬民安堵候樣處《マヽ》知有之可奉安　宸襟刑部卿初閣老周旋之旨言上候舊來の流弊卽今急速に新政難行次第も有之候旨猶被廻　叡慮候得共前條復正議　朝命を尊崇之志情奮起之趣に來間暫　御猶豫處置方御考察可被爲在候事

閏八月十五日（文久二年）

一九　京畿動靜京都詰之者より申越書状之内

長州世子去る三日江戸へ御出立惣體薩藩其外よりも大膳大夫様御出府に相成候内願之由に候處長州侯も五月二日於關東御建白之末に付於京師御周旋之稜無之猶關東へ御引返に相成候ては天下に御面目を被失候仕合に付世子御下向之儀先月廿七日學習院御參會有之候節相究候由相唱候事

一長州侯御建白前に二册御願下於京都も初度學習院御參會之節御辨御願相濟居申候當五月二日之御建白暗に專ら薩藩へ相當候に付同藩より右之趣此節御内密用懸り之者へ問合候處後悔之段返答致し候に付猶又願下之儀及示談候處其儀は相成不申候此儘捨置候段挨拶に相成候由薩藩密用本田彌右衛門より相話承り申候事

一島津三郎殿へ　京師官位御推任之由にて近衞殿下諸大夫進藤何某先月廿八日關東下向薩藩よりは藤井良節一同出立いたし候事

八月（文久二年）

二〇　生麥事變に關する件

八八廿一日島津三郎樣江戸御立途中異人打果之儀に付御屆書

島津三郎儀昨廿一日東海道生麥村通行之節先供近く外國人乘馬にて向より參り候處横合より浪人體之者三四人罷出外國人へ何歟及混雜候體に付三郎供方之者は引纒居候處右浪人體之者外國人壹人を打果し其餘之外國人は迯去浪人體之者も行衞相分不申三郎供方之者右所業にをよひ候處には無御座候此段形行之御屆申上候已上

島津三郎使者

國分市十郎

島津三郎儀昨日御當地出立仕候段は御屆申上候通候然處神奈川宿手前にて夷人共四人馬上にて行列内へ乘込候に付手招等を以叮嚀に精々相示候へ共不聞入無體に乘入候付無是非先供之内足輕岡野新助と申者夷人へ切付候處直に異人共迯去候を右新助跡より追懸付越夫形何方へ罷越候哉行衞相分不申候猶精々探索いたし尋得次第其節之時宜承屆早速御屆可申上候得共先早々御屆可申旨程ケ谷驛より申付越候此段申上候已上

八月廿二日　（文久二年）

薩州留守居

西　筑右衞門

右之通御使者と御留守居之屆は始末之趣意相違いたしいつれか實なると難辨候處御留守居より之御屆之方實にて有之候よし依て御使者之人

は切腹いたしたる由風評有之候右御屆等之儀如是間違出來候儀如何之譯に候哉甚不審に候いつれに御使者獨斷にゐ取計たる事にゐも有之歟兎角に難解事に候

薩州より御屆

先般島津三郞供廻之内より夷人討果候に付當人吟味下死人被差出候樣御達之趣奉畏候然處行列を切候者は討捨候薩州之家風仕來候に付其邊を以宜敷御斷被下候樣奉願候何分大勢之供廻之事にゐ當人吟味も出來兼申候間是非差出不申候ゐは難爲叶儀に御座候はゝ召連候人數不殘差出可申候若夷人承引不仕候はゝ直に薩州表に罷越候樣被　仰付可被下候左候はゝ程能穩に相斷決ゐ　御國辱に不相成樣取計可申候間此段申上候樣被申付越候以上

月日　(文久二年)

西　筑右衛門

二一　石部驛斬賊之事

從關東御用召に付九月廿三日與力貳人同心四人京都發足石部之宿也

西組公事方與力　渡邊三郎
同心　森孫六
同心　大河原十藏

上田助之丞は迯去候由但上田は深手に而隣家へ迯候而果候へとも首は取不申候間立除候由

一刻限は暮前之由矢走之渡抔に而は首を出し見候由

石部驛江は多勢二十人餘浪人體參り候而あちこち見繕暮前切入候尤四人之面別宿に而候處二軒に打寄咄居候處二三人宛打入其餘は戶外に扣居候由

右戊午以來長野主膳島田左近之大逆謀に與し加納繁三郎上田助之丞等

の諸奸吏共に心を合古來未曾有之御國難を醸し聊にても國事を憂候者は悉無名之罪を羅織し甚に至候ては死流之嚴刑を用ひをのか毒計を逞せんと致候段天地不可容之罪狀一々不遑枚擧依之加天戮者也

壬戌九月廿三日

右石部於三《マヽ》宿は不斗禍を生し候に付此上地形落文か町内より此度可相恤候若其儀無之は追々可及誅討候以上

但此節は粟田口北側に致梟首候何れ四條河原迄持出し候筈之處夜明に近付候間彼所へ懸候かと相見申候此節は紙に記下置候に付風吹にてくる々々廻り文字見へ悄き由なり

二二　中山殿へ長州家老兩人御呼出にて御渡之書付

先年以來被　仰出候攘夷之儀　叡慮御決定之趣御良策出于此他有間敷

と斷然獨立可有盡力決心之旨言上先以　叡慮御符合深以御感悅御事に付何卒抽丹誠周旋有之　公武を始萬人一和一致候而爲　神州盡精力早蠻夷拒絶に決定治定候樣幕吏へ懸合に相成候樣に被遊度　叡願に被爲出候此由可申達旨　御沙汰被爲在候事
後八月廿七日　（文久二年）

採襍録巻十一

一　地下官人上書

地下人結城筑後守村井修理少進上書

勅使關東へ被差下候に付ゐは毛利大膳太夫へ内　勅被爲在深重　叡慮之御旨趣於關東島津三郎と申合可有周旋候樣被　仰付候由之處　勅使東着期に相成木曾路發程多人數引卒上京之事不審千萬に奉存候但風聞には先達ゐ家臣長井雅樂を以建議之次第聊謗詞に似寄候義も有之趣御諭に相成候に付深恐入居爲御斷上京有之由に候得共當五月二日於關東大膳太夫申立候書取之趣にゐは全體公武之御間周旋之筋島津見込之趣意と表裏不同にて專關東御威光而已を主張陰に外藩精忠之向に　朝廷より建議誠意令壓倒天下公論之歸する處は幕府にゐ有之候趣を以不顧

朝廷従前之幕議を令助重往々自己航海之私論を御國是と可相定了簡に而　叡慮之被爲決候處を遵奉周旋之姿絶而相見へ不申候其上格別之内勅を乍蒙老中申談上京之始末全　朝命を蔑如仕候筋に相當其意不容易儀と奉存候畢竟謗詞御斷之名目は發端之飾言に而第一大樹公御上洛之儀を口實にいたし追々可奉動　叡慮事共申出も難計候最初　勅使被差遣御趣意を被爲盡候上は縦令如何樣之儀存付言上候共　勅使歸京結句奏問之上ならては決而御採用不被爲有儀勿論速に歸府尚　勅諭之趣に基島津申合周旋有之候樣不被　仰付候而は　朝廷御信義も不被爲立御談判二端に相成　勅使已下於關東御趣意を被貫徹候妨にも可相成尤追々　叡慮之御旨於關東御遵奉已に越前中將御登用之場にも相成旁以今日之御模樣　勅使下向已前と事變候形勢に付以前大膳太夫老中申談上京之趣意邪正は差置關東之御趣意と異同之程難計候間萬一推而言上之次第有之候はゝ御取捨之儀は暫御見合被遊　勅使以下江御打合に相成

今度上京言上之子細屹と御聞糺之上御所分被遊候御事と奉存候右御打合御聞糺等之儀は關機密候事に御座候間殿上人地下官人の内御精撰之上委細被　仰含急速關東へ被差下島津三郎と申談篤斗勘辨有之候樣被仰出度御事と奉存候左候得は　朝廷之御信義も被爲立且大膳大夫意底も瞭然と相分り可申候自然言上之事共御輕易に被　聞召候而は　朝議御動搖に相成其上關東へ被　仰付候事件名實共相崩千歲之御遺憾とも相成哉と深奉恐歎候右等御熟察之上適當之御所置可被爲在候處私共賤臣不顧御時宜麁忽に言上仕候段幾重にも奉恐入候已上

戌七月　(文久二年)

筑後守守伴

修理少進政禮

二　御沙汰書の件

夷狄月々猖獗御國威日々逡巡之儀深被悩　宸衷段々關東御往復有之終七八ヶ年乃至十ヶ年内には是非々々以應接征討之内何れにも必可及拒絶旨言上依之暫御猶豫有之、右期限には斷然可有掃攘候に付武備充實海軍調練は勿論之事第一全國一心一同不相成候而は蠻夷壓倒せられかたき儀候間先開國中一和之基源く　叡念に付願之儘以　皇妹大樹彼配偶公武御合體宇内被表候深重之　聖慮遐邇に布告し海上協和御國威更張之機會不取失樣屹度可廻遠略儀に被　思召候事

右一紙　四月七日（文久二年）

叡慮に被爲在候尤改而被　仰出候儀には無之候得共爲心得内々　御沙汰被爲在候事

三　老中より傳奏へ文通の件

關東より　傳奏衆へ被贈候書簡

一筆啓達いたし候秋暑未退候得共各方益御勇健被成御座珍重存候然處關東御不都合之事共有之深以恐入候次第此度以　勅書被　仰出候通今後之儀は只管奉推戴　勅意心力を盡し誠精を勵し偏に以　公武御一和天下一致萬民致安堵候樣取計何卒奉安　叡慮度と刑部卿初一同日夜心痛罷在候事に御座候未事業に施候儀無之故被安　宸襟兼候御儀も可被爲在哉と奉存候幕府之新政不容易次第にゟ百思千慮盡評議候故之事にて候此段御差合之儀も被　仰出候得共前書之通政體篤と居据相窺候上ならては上京仕候ゟも可奉　叡慮も無之に付此儀は暫く御猶豫之儀相願度候是迄深く被爲惱　宸襟候儀も畢竟久世大和守安藤對馬守不束の取扱有之候事故　大樹公にも深恐入思食候私共一同に於ても不堪恐懼至奉存候事に御座候自今以後は偏以　公武御合體之儀誠精粉骨仕候樣

尙　宸襟も被爲在候はゝ私共一同ゟ被　仰出度御至當之御儀は何分にも遵奉可仕自然於時勢難被行候義も御座候はゝ從是御斷申上候儀も可有御座候間此段其許へも厚御含み有之候樣致度候已上

八月七日　（文久二年）

板倉周防守

水野和泉守

松平豐前守

脇坂中務大輔

松平春嶽

德川刑部卿

廣橋一位殿

坊城大納言殿

四　有馬家に關する文通三件

有馬家の儀昨夜殿下御退出之上伺候處何も御承知被成候乍去先方の人中山家ゟ行向ひ懇願候方都合に可成哉之御存旨尙殿下之處は中山家より被爲聞候方都合之由其上同卿より浪華留守居被招寄國論之處具に尋問に被及候方宜候哉之由乍御面倒此旨公知朝臣へ被示候樣宜可申入內々云々

八月十六日（文久二年）　忠房

河鰭少將殿
　內々
机下

有馬家の事御噂在之尙殿下ゟ伺候處先廣幡家へ罷出及懇願候云々

八月念七（同上）　忠房

姉小路殿
内々

有馬家の事申承來候間可然御通達御賴申入度候尤藩士ゟは內々の事故左樣御承知可被下候云々

八月廿九日（同上）　　公知

修理少進殿

五　學習院に於て長州侯へ仰含の件

八月二日於學習院兩役松平長門守面會之節於關東此二通之旨も可有周旋被　仰含

戊午已來官武降黜幽閉等之輩追々再出に相成候處於地下之輩は今以其儘之分も有之候間早々赦免可有之樣思召候三條入道內府儀は被爲慰忠

魂被贈右大臣候に付而は於水戸故前中納言以出格之儀被贈大納言度思召候且往年來長岡驛等にて横死候者より始め其後安島帶刀鵜飼吉右衞門列以下諸國之士於關東死罪且牢死致候者國事に死候者は○印近は伏見一擧等にて死失致し候者○印共靈魂招集以禮爲葬令子孫祭禮候樣被遊度尤現存之者共は夫々如舊相復候樣との　叡慮に被爲在候不拘存亡預是等之輩姓名其向々取調不洩樣早々可申上候其上前條之趣御處置被爲在度　思召候事

右一紙

右御文段之内○印ゟ○印の間は何卒御消被下候よう三郎殿被相願候へ共於京都は元と暴發いたし候處は激烈に候へとも國家より相發候事に付矢張同樣の事に有之三郎より爲討果候處は彼暴發動を不止候に付無據沈撫方役前通相勤候事故聊貪着無之決而消に不及段被　仰向候御使者不行着前三郎殿色々被申立　勅使大原三位卿へ懇願有之

終に被消候由

水戸前中納言爲國家忠節盡力卓越之段深　叡感候に付被贈大納言候儀に付尙又於當中納言も繼其志爲　皇國可有丹誠段自幕府被申渡候樣被遊度　思召候事　右一紙　現存之中爲　皇國彼盡忠節候段　叡感不斜格別之以　思召被贈右大臣候七月廿九日御內意被爲在事

八月九日嵯峨小倉山二尊院墓に　勅使被立宣命

江戸之部

六月朔日御禮以前布衣以上御役一役一人つゝ芙蓉間へ罷出御老中列座被　仰渡候趣

近年之內御上　洛可被遊旨被　思召候御治定之儀は追而可被　仰出候此段御內意可申達旨被　仰出之

御禮後萬石已上之面々於黑書院再御目見被　仰付上意之趣

近年不容易時勢に付今度政事向格別に令變革候間何れも爲　國家

厚相心得心附候儀は可申聞猶年寄共可申談候
御入後御別座中務太輔殿被申渡候趣
今日上意之趣誠に以厚思召　國家之御慶事無此上難有事に候昇平殆三百年其流弊綱紀も相弛武備御行屆に相成兼候折柄近年外國の事務頻に御差湊に相成右御取扱振より自然天下之物情に差響き終に奉惱叡慮候に至り深く恐入思召候素より　公武之御間柄聊も御隔意被爲在候御事には無之候へとも何となく御情實御通徹と相成兼候故よりの儀に付御上　洛萬端御直に被　仰上度との思召に而則御内々被仰出に相成候併御上　洛之儀は寛永以來御廢典に相成候御式に候得は萬端の取調急速には御行屆に難相成候に付暫之處年寄共より御猶豫奉願候處此度之儀は御舊例に不被爲拘格別御省略御行粧等萬端御簡易に被遊候　思召に付色々取調次第と被　仰出候事被　仰出甚御急き思召候事に付萬事御誠實に思召御直に被　仰上御合體御熟筭之

上從來之弊風御一改御武威被遊御振張　皇國を世界第一等の强國と被遊度御傳業を被爲在上は　天朝の　宸襟を奉安下は萬民を安堵爲致度との思召に候得は何れも厚く奉得其意御政事向御變革の筋等各見込の趣も可有之候得は聊も不憚忌諱　國家の御爲第一に相心得心底を盡し可被申上候猶追々被　仰出儀も可有之候間飽迄も其意を體し可被抽忠誠候也

六月（文久二年）

六　幕達數件

水戸への御代香　　　新見伊勢守

當月廿六日源烈殿三回忌に付水戸表へ爲　御代香可被差遣候間用意可致候

水戸殿
御　城　付

當月廿六日源烈殿三回忌に付ゐ此度限り　御代香御側衆新見伊勢守被
仰付候間此段可被申上候

水戸殿家老へ

此度源烈殿御年回に付　思召を以去る午年以來御内沙汰又は御伺之上
御手限にゐ愼等被　仰付候面々　御免に相成候間其段可申上候

八月

尾張殿家老

竹腰兵部少輔

四月廿五日

尾張前中納言殿御事先達御愼　御免被　仰出候節御在國等御願被成候
儀は不宜且又大納言殿にも度々御對面等被成候儀は御斟酌被在之御親

族方其外他へ御面會又は御文書御往復等の儀都て御遠慮被在之様にとの御内沙汰之趣相達置候處　思召御旨被爲在候に付先年御不興の筋は皆悉　御宥許被遊候間以後都而平常の通御心得被成候樣被　仰出就而は　御對顏も被遊度　思召に候間近々御登城之儀可被　仰出との御沙汰に候此段大納言殿前中納殿江可被申上候

一橋附
家　老

刑部卿殿御事先達御愼　御免被　仰出候節御親族方以下文言同斷此段刑部卿殿へ可被申上候

右於芙蓉間老中列座紀伊守申渡書付渡之

松平越前守

松平春嶽事先達愼　御免被　仰出候節在所へ罷越候儀は都而遠慮致候

様との　御内沙汰の趣相達置候處　思召御旨も有之候に付先年御不興の筋は皆悉御宥許被遊候間以後都而平常之通可相心得旨被　仰出候此段春嶽へ申聞候樣可被致候

在國
松平土佐守
名代

松平容堂事以下同文此段容堂へ申聞候樣可被致候

右今晩紀伊守宅へ呼出書付渡之

五月三日

松平肥後守

以來重立候御用向可申談候間度々登　城相談可致旨被　仰出之

右於御白書院溜老中列座和泉守申渡之

御座間
同　人

御目見上意有之

五月六日
松平春嶽

以來御用向可申談候間折々登　城相談可致旨被　仰出之
右於白書院黑鷲之御杉戶際溜御老中列座和泉守申渡之

五月七日
尾張前中納言殿

右御登城御對顏畢て於竹之間御吸物御酒御菓子御茶出之

御座之間
徳川刑部卿殿
名代
松平修理太夫
島津淡路守
右御登城御目見
一御刀片山刀
代金廿枚
島津三郎儀用向有之上京いたし候處浪人者相集不穩樣子も有之候に付鎭靜可致旨蒙　御內諭差向取計骨折候に付被下置之
右於白書院椽頰老中列座豐後守申渡之
七月三日
一大久保越中守樣近來御目附にて外國奉行兼帶被仰付置候處今日御側御

用御取次被仰付候事
但此人英名之聞有之力量者也

一御使　脇坂中務大輔　松平豐後守
徳川刑部卿殿
右者以　思召再相續被　仰出一橋領拾萬石被遣旨今朝被　仰遣之
御座間
御同人
右御登城　御對顏今度以　叡慮被　仰進候に付　御後見被　仰出之

一和泉守殿御申渡
大目附江
萬石以上之面々向後軍艦にて參勤歸國幷歸邑いたし不苦候尤陸地通行之節も供方之儀不及伺勝手に減略可被致候

右之通萬石以上之面々江可被相觸候

七月

一右同斷

大目附江

條約御取結に相成候國江船艦誂度面々は不及伺神奈川奉行長崎奉行箱館奉行江誂可被申候右之通向々可被相觸候

七月

七月九日　松平春嶽

今度　叡慮を以被　仰遣候旨に付御政事惣裁被　仰付候事

但六日に被召候得共御不例に付今日に相成候事

永井玄蕃頭小栗豐後守勝麟太郎なと申有名の人々都而御引擧に相成外

國奉行やら講武所奉行やら御役付相成候事　(文久二年)

七　老中より所司代へ文通

宿次飛脚狀

勅使大原左衞門督去十六日其地可致發足候處俄に持病之胸痛差起屈身難澁に付發足暫延引全快次第發足之義被相願及言上候處願之通被　仰出猶發足日限治定次第可被申聞旨傳奏衆申聞候に付書札被越之到來則及言上候以上

五月廿日　(文久二年)

御老中連名

酒井若狹守殿

八　同上

一当地之　勅使大原左衛門督参向被　仰出去十六日其地発足之旨伝奏衆被申聞則御指越候書札等被越之到来及言上候以上

五月廿日

御老中連名

酒井若狭守殿

一鷹司入道准后殿近衛入道前左大臣殿鷹司入道前右大臣殿萬端如平常可心得去月廿日被　仰付候に付而は当月下旬還俗被　仰付入道准后殿には昔年之儀故可任所存旨被　仰出思召　御内慮之趣当地へ宜申上旨伝奏衆被申聞致持参之書付等被越之到来則及言上候　御内慮之通たるへき旨被　仰出候間其段伝奏衆へ可申達候以上

五月廿日

御老中連名

酒井――殿

一九條關白殿近頃疝痛難澁其上咳嗽疾熱之往來四時に感冒にて日夜之困苦に付追て及年急速にも快氣之驗量由依之重職之勤奉恐入候辭職之儀被相願候通

勅許被遊候ニ近衞入道前左大臣殿へ還俗之上關白内治等思召候に付

御内慮被　仰遣候間　思召之通無滯相濟候樣草々取計へき旨傳奏衆被申聞持參致書付被越之到來委細被申越候趣令承知候則及言上候處　御内慮之通たるへき旨被　仰出候間其段傳奏衆へ可申達候已上

五月廿日（文久二年）

御老中連名

酒井――殿

九　幕達等數件

松平出雲守
黒川備中守
福田甲斐守
立田録助
池野勇一郎

御國益御主法方被廢候間可被得其意候尤御主法方役々并に支配向之内右懸りのもの共へも其段申渡右に付ては御主法方役所引拂右地所御作事奉行引渡候樣可被致候

八月四日

御目附ヘ

御國益御主法方頭取調役同勘定役元　同物書御用出役同御門番人出

役
御國益御主法方被廢止候に付右役々何も被差止候間可被得其意候以上
去月十九日學習院へ御用召に付罷出候處中山大納言初傳奏衆列座に而
被　仰出候は其方父子の內壹人可致滯京旨との蒙　勅命候右に付嫡子
長門守出府爲致候間委細之儀は出府之上可申上旨申付越候已上
八月七日

松平大膳太夫內
山添金之助

申渡之覺

安藤對馬守
名代
小野次郎右衞門

勤役中不正之取計有之段追々就達　御聽候急度も可被仰付處出格之以

思召先達ゟ村替被　仰付候場所其儘被　召上替地之儀は追ゟ可被下候
且又隠居被　仰付急度愼可罷在候旨被　仰出之

同人妾腹之男子

安藤鱗之助

名代

小倉新左衛門

父對馬守勤役中不正之取計以下替地の儀追ゟ可被下候まて同文且又隠居被　仰付家督無相
違其方被下雁之間詰被　仰付之

久世大和守

名代

小野次郎左衛門

勤役中不束之取計有之段追々就達　御聽候急度も可被　仰付處出格之
思召を以先達ゟ御加増壹萬石被　召上隠居被　仰付急度可罷在旨被

仰出之

久世謙吉

名代 小倉新左衛門

父大和守勤役中不束之取計（以下壹萬石被召上迄同文）隱居急度愼被　仰付家督其方五萬八千石雁之間詰被　仰出之

右於和泉守宅豊前守列座同人申渡大御目附淺野伊賀守御目附松平助次郎相越候

五月

水戸中納言殿

源烈殿御事爲國家忠節盡力卓越候段深く　叡感に付被追贈從二位大納言候旨今般京都より被仰遣候依而御使を以被　仰遣候

御使

水野和泉守

水戸中納言殿

源烈殿御事爲國家忠節盡力卓越候段深く　叡感に付被追贈從二位大納言候に付而は猶又被繼其遺念　皇國之御爲可被有丹誠段　京都より被仰遣候に付　叡慮之趣厚御心得猶此上被盡誠忠候樣　被仰遣之

御使

閏八月二日　水野和泉守

御座間

松平阿波守

右御目見上意有之以來折々登城致し被心付候儀は可申聞旨被　仰出

閏八月八日　松平肥後守

今度京都守護職在京被　仰付候に付守護中御知行五萬石被下場所之儀

追而可相達候
今度京都守護職在京被　仰付候に付而は彼是入費も不少儀に付出格之
思召を以金三萬兩拜借被　仰付之
閏八月八日
右之通近々御女儀樣へも京へ御登之由
松平容堂
右登城於御坐間御目見被　仰付候間於御白書院老中方御逢有之　上意
之趣京都より被　仰遣候趣も有之候に付國家之心付候儀は無遠慮可申
聞との上意
閏八月九日
酒井若狹守
名代
田付主計
思召有之候に付先達之御加增壹萬石被　召上隱居被　仰付

酒井修理太夫
名代
小倉新右衛門

右家督帝鑑間詰御老中宅にて被　仰付趣略之

一御大名方御參勤之儀　思召を以御弛に相成候段被　仰出候尤御參勤年割の儀は追て御達に相成候段も御廻狀にて既に一昨日此方樣へ相廻申候評判には三ヶ年に百日之御滯府と申事に候段々春嶽樣思召にて天下之御政事向一變追て異船打拂之埒に至り可申由

勅使
大原左衛門督

右　禁裏より被遣御言傳物御禮　御諚之趣於御白書院御下段老中列坐

和泉守演達之

銀貳百枚
綿百把

大原左衛門督

右歸路之御暇被下拜領物被　仰付旨同人演達之

同人

銀十枚
時服二宛

家老貳人

右御暇に付被下旨右同人申渡

大原重德殿

打寄るなけのさゝ波千代の數治る御代を祝ゝふらな

春嶽殿

高とのゝゐはよかゝりし魚ならぬもくなるもりよにさる君らな
此笠の濵のゝしきをなら見もをゝふはさまいの月の宮人
武藏のゝ尾花か波をかきわけてみをはくまなき十六夜の月

此節公家衆參向に付御馳走役被　仰付左之面々

勅使　松平近江守　親王使　佐竹壹岐守　准后使　秋月長門守

魯西亞人

右閏八月九日登　城五つ時揃溜詰諸司代大坂御城代其外御譜代衆出仕
有之候由各裝束着用

一〇　上意の件

上意振

先般申聞候通今變革に就ゐは參勤交替之儀も相改候條武備充實候樣可
心懸尤委細之儀は年寄共より可及演説猶存寄有之候はゝ無忌憚可申聞
候

方今宇內之形勢致一變候に付外國之交通も被差免に相成候に付ゐは全
國之御政事一致之上ならては難相立筋に候處御太《マヽ》禮等打續一新之機會
を失ひ天下の人心居合兼終に時勢如斯及切迫候次第深く御心痛被遊候
に付上下擧ゐ心力を盡し御國威御更張被遊度　思召候尤環海之御國海

軍を不被爲興候而は御國力不相震候に付追々御施設可被成候へ共此儀も追々被　仰出に而可有之右に付而は參勤之年割在府之日數御緩之儀追而可被　仰出候依而は常々在國在邑致し領民之撫育は申迄も無之文を興武を振ひ富强之術計相心得銘々之見込之趣も有之候はゝ無伏臓申立候心得に可罷在旨被　仰出

右閏八月十五日(文久二年)渡り御書付

一　上杉家より諸家へ廻達

以廻狀致啓上候然は昨廿一日松平對馬守樣より依御達今日彈正大弼被致登　城候處於御白書院御椽側松平春嶽樣御老中樣方御列座水野和泉守樣被　仰渡之趣幷板倉周防守樣御渡之御書付貳通右寫三通各樣迄致通達候樣被申付之付廻狀數通相認持廻申付候御受之儀は御先格之通御

取計可被成候已上
閏八月廿二日

高津隼人
木滑要人

加賀中納言様
松平越中守様
細川越中守様
松平飛驒守様

松平相模守様
松平内藏守《マヽ》様
松平播磨守様
御留居中様

一二　幕達數件

和泉守様被　仰渡振寫
參勤御暇之割別紙之通御猶豫被成候に付而は武備不調之儀も有之候は

ゝ御沙汰之品も可有之候且參勤之期限達に不及候樣可被心得候

一今度被　仰出之趣も有之候付參勤御暇之割別紙之通被成下旨被　仰出候就而は在府中時々登城致し御政務筋之理非失得を始存付候儀も有之候はゝ十分被申立且國郡政法之可否海陸備禦之籌策等相伺或は可申達又は諸大名互に談合候樣可被致候尤件々御直に御尋も可有之候事

一在府人數別紙割合之通被　仰出候へとも御暇中なり共前條之事件或は不得止事所用有之出府之儀は不苦候事

一嫡子の分は參府在邑共に勝手次第の事

一定府の面々在所に相越候儀願次第御暇可被下候尤諸御役當之儀は別紙在府之割合を以被　仰付候事

一此表ニ差置候妻子の儀國邑ニ引取候共勝手次第可被致候子弟輩形勢見知之ため在府爲致候儀可爲勝手次第候事

一此表屋敷之儀留守中家來共多人數不及差置參府中旅宿陣屋等の心得に

而可成丈手輕に可致候且軍備の外無用の調度相省家來共の儀は供先使者勤共旅裝之儘罷在不苦候事

一國許在所より懸隔候場所警備之儀に付而は追而被　仰出品も可有之候事

一年始は朔御太刀馬代參勤家督其外御禮事に付而之獻上物は是迄之通たるへく候乍去手數相懸り候品は品替相願不苦候事

一右之外は獻上物は惣而被成御免候尤各別之御由緒有之獻上仕來候分は相伺候樣可被致候事

參勤割合

春中　當戌年

松平兵部太輔
佐竹右京太夫
島津淡路守

夏中

加賀中納言
細川越中守

秋中

松平大膳太夫

松平相模守

冬中

松平阿波守

松平出羽守

溝口主膳正

來亥年

春中

松平美濃守

松平安藝守

夏中

松平修理太夫

立花飛驒守
龜井隱岐守

秋中
藤堂和泉守
松平越中守
松平土佐守

冬中
松平內藏頭
南部美濃守

來々子年

春中
松平陸奥守
松平三河守

宗對馬守

夏中

松平右近將監

松平肥前守

松平飛驒守

秋中

伊達遠江守

丹羽左京太夫

松平富之丞

冬中

上杉彈正大弼

有馬中務大夫

南部遠江守

右之割合を以在府の儀は三ヶ年目毎に大約百日を限可申候松平美濃守宗對馬守は大約一ヶ月を限可申候事

一春中在府の面々は前年十二月中參府四月朔日御暇被下夏中在府之面々は三月中參府七月朔日御暇被下秋中在府之面々には六月中參府十月朔日御暇被下冬中在府之面々は九月中參府十二月廿八日御暇被下候儀と可被相心得候尤上使を以御暇被下候面々は右日限前御暇被　仰出にゐ可有之候事

一松平美濃守松平肥前守三月中參府五月朔日前御暇被下宗對馬守は前年十二月參府正月末御暇可被下候事　已上

大目附に

于度諸大名參勤之割御猶豫被　仰出候に付ゐは是迄之割合を以當年可致筈之輩病氣等にゐ延引又は旅中之面々は其儘在國いたし不苦候

右之趣萬石已上之面々に可被達候

閏八月

萬石已上之面々勝手次第乘切登城被成御免候尤殿中小袴襠高き袴等相用可申候　御城内召連候供之者も可成丈相減可申候乘切に無之迚も無益の人數は相省き候樣可被致候

右之趣萬石已上之面々に可被相觸候

閏八月

大目附に

正月廿八日　二月廿八日　五月朔日　七月廿八日　九月朔日

右日限以來月次御禮不被爲請候其外是迄之通に候

御謠初　嘉定　玄猪　右御規式以來被差止候

右之趣面々江可被相觸候

閏八月

大目附江

今度衣服之制度御變革左之通被　仰出候間明廿三日より書面之趣に可

被心得候

一正月元日裝束

一正月六日七日服紗半袴

一二月朔日裝束

但御禮席に不拘面々は服紗小袖半袴

一三月三日無官之面々御禮服紗小袖半袴

一三月三日服紗小袖半袴

一四月十七日御參詣之節裝束　但殿中は服紗袷半袴

一五月五日染帷子半袴
一七月七日染帷子半袴
一九月九日花色に無之服紗小袖半袴
一御神忌且格別重き御法事等の節は是迄之通裝束
一御定式御參詣之節は諸向共服紗小袖半袴
一勅使　御對顏御返答の節は是迄之通裝束
但席ゝ不拘面々は服紗小袖半袴
一御禮は萬石已上共都て服紗小袖同袷又染帷子半袴
一月次は別御禮衆の外平伏
一平服は以來羽織小袴襠高き袴着用可致候
右の通萬石已上共不洩樣可被相觸候
閏八月廿三日
今度獻上物御免被　仰出候へとも初鶴初菱喰初鮭之儀は是迄

禁裏ゟ御進獻にも相成候儀に付右品獻上仕來候面々幷林肥後守より獻
上の免《マヽ》は只今迄の通獻上候樣可被致候
右之趣萬石已上之面々ゟ可被相觸候閏八月萬石已上以下乘切登城御免
相成候得共老人等駕籠に而登城いたし候儀も可爲勝手次第候併供連候
儀は格別省略いたし召連候樣可被致候

右之趣向々へ可被相觸候　閏八月

一足袋之儀以來平服の節相用候ても不苦候

一以來夏足袋相願候に不及勝手次第相用不苦尤　御前邊且御用召等之節
は是迄通相心得御前邊へ足袋用候節は其時々可申聞候
　但御目見被下候者右に准し夏足袋相用不苦候

右之趣向々ゟ可被相觸候　閏八月

是迄諸屆等の使者差出候節麻上下着用致來候處以來は平服にて罷出可
申候尤麻上下着用可致儀は前日呼出候節相達に而可有之候右之趣可被

相觸候已上　閏八月（文久二年）

一三　目明文吉の件

高倉押小路上る目明文吉

右之者先年より島田左近江随從し種々姦謀之手傳いたし剩去戌年以來姦賊之者に心を合諸忠志の面々を爲致苦痛非分之賞金を貪り其上島田所持致候不正之金子預り過分の利足を漁し近來に至候而は樣々姦謀を相工み時勢一期の妨し相成候に付如是誅戮を加へ一死骸引捨いたし候同人死後に至り右金子借用の者は決而不及返濟候此以來にても文吉同樣の所業相働候者於有之は其身分の高下に不拘卽時に可令誅戮者也

閏八月

右四條橋上河眞中に晒し有之候よし

一四　道中御奉行屆書

去る廿一日薩州島津三郎江戸表出立東海道筋罷越神奈川宿手前武州橘樹郡生麥村通行の節英國商人の由三人壹人女異人騎馬にて右三郎先供行列之中に入込候に付供方の者可引戻とたし候由候得共不聞入不作法いたし候由にて供方の者二三人拔連討果壹人は其場にて即死壹人は神奈川宿迄參り倒相果一人女異人も疵をうけ迯去候處同日トンタクにて外國人一同手明の砌にて俄に貳百人程黨をむすひ三郎通り越候芝生村邊へ押懸發砲いたし既に神奈川奉行支配定役山本傳四郎神奈川宿町醫師國山毛碩右兩人出會頭鐵砲にて被打拔候由暫時の間往來通路も相絕候處其内追々役人相駈付異人の人數を相制其場を引取被置神奈川方定役人保土ケ谷宿迄罷越薩州家來へ及懸合異人討留候名前等承候處多人

數之中急には相分り兼追々取調之上此方より其筋は可及遣候間各方にははは存寄も合候幷異人の方存寄も有之候はゝ勝手次第國元へ參候樣いたし度と申候而一向取敢不申同宿出立いたし候事

閏八月

右道中御奉行より　公邊へ屆に相成候事

一五　竹田侯御直書

我等此度蒙　台命近々可致出立の處留守中之儀深介安勞候當年は久々にて在城士庶一統へ寬々相親み我等心中得計申諭し下情をも委敷承上下親睦國體一新候樣可及指揮に樂しみ歸國いたし候之處春來世上不穩且膝下にも意外之儀有之旁未行屆候中不計今度蒙　台命存意を不果早々出立遺憾不少候御用の品により暫滯府可致も難計不一左も候へは別

而の儀家老重役共申談上仁下義廉恥の風相立候樣所庶幾候
一近年世上不穩中には時勢慷慨の士勤王の名として妄動の族も有之趣勤王は　皇國の生靈誰も同樣無勿體も奉對　天朝不臣之心底斷然可有儀に無之候へ共銘々身之分限に應し勤　王の處分有之事に候猶幕府二百五十年の御德澤毛頭忘脚仕間敷且　公武益御合體の御時節聊心得違有之間敷惣而進退我等下知を可相待候尤留守中の儀は月番の家老差圖に可任候向後萬一心得違妄動の族も候はヽ屹度可申付候兼而覺悟可有之候
一軍備の儀近年改革申渡置候處未全備不致治世の弊風兎角是非の論何れも現實の檢無之事に候得は眞の得失利害容易難言此度其筋より申出候通及下知置候器械製造賦役等財用に抱候儀勝手掛不任心底儀も可有之此上家老初武備懸之者勝手懸之者互に無伏臟惣而形容を省き眞實現業に不指支候樣精を入申談國力相應の備相立候樣可致候猶又其手々々之

組士足輕等常々親み厚く調練無怠惣ゟ非常の節應下知不覺無之樣心懸專要候

一文武修行之儀年若の者共別ゟ不可有懈怠武家惰弱の風俗我雜放蕩深戒むへき事に候條何卒質直淳厚禮讓を守り長幼の序朋有の度其父兄たる者常々懇に可申諭候

一速に勝手向差支四民扶助不行届意外の事に候就ゟは質素儉約の儀度々申示候事に別に不及沙汰候へ共此上精々少略の事に候乍併一張一弛無之ゟは却ゟ人情に戻り不宜候分限に應し折に觸遊散人心欝閑不致候樣有之度候

一民中撫育の儀は近年及下知置候通彌以其筋の者共精を可入候當年は寛々廻村役人共世話振成立の模樣夫々寛見可致と存候處此度の仕合不及是非候且先達ゟ大雨洪水城下初所々潰落不容易儀畢竟國の榮辱の苦樂我等身の上に關候儀深致心痛に實に民は國の基大切の事に候間此上役

人共彌増一致いたし差入引立窮民飢餓流離無之候様按撫専要の事に候

右心事の大略此度不時參府に付書付相示候要旨猶脱漏も可有之歟家老共初諸士我等心中推察前文の件々眞實に可相守候猶參府之上御用の品に寄覺悟の儀も有之候間此段は國中一統可致安堵候也

文久二年壬戌十月　　　　御諱

右は竹田侯御出立前御家老へ御示之由

一六　筑前藩平野次郎歌の事

天津風ぬけや錦の旗の手になひかぬくさもあらしとそ思ふ

君か代の安けかりなはかねてより身は花守となりけむものを

春秋のみゆきも絶ていたつらににほふみやこの花もみちかな

いさ誰もゆくてをしなん紅葉山とてもちるへきいろもみへけり

暮にみりとしやよしれの山にねてあれもさなからさ櫻かりせん

大中臣國臣

右五首は加屋楯行より傳聞す

一七　府中御觸命の事

蠻夷渡來已後　皇國人心不和を生當時不容易形勢に至深く被惱　宸襟候付去る五月關東江　勅使被差下被　仰出候御趣意有之速に事實被行候樣被遊度候間　太守樣へも爲御國家御周旋の儀御內々被遊　御依賴旨　一條樣より御直書到來に付不取敢御同方樣迄御請の御使者被進候處此度一橋樣御後見春嶽樣惣裁職被蒙　仰薩州長州滯京專周旋の事に付　此方樣へは於御國方御周旋有之萬事御手配御用意御座候ゐ被抽御丹誠候はゝ尤可爲　叡感との趣猶被　仰下且又　公義にゐも諸侯方

御參勤御緩御家內方御國御住居を始別紙寫の通非常の御變革も被　仰出候付　天朝幕府の御趣意をも被奉御武備充實に至候樣　御覺悟筋の儀追而嚴敷　御沙汰被爲在候筈に付孰も其心得に而罷在候樣可申聞旨被仰出候條奉得其意組支配方へも屹度可被示置候以上　九月廿日

（文久二年）

一八　幕府達書

覺

今度　御內勅被爲蒙　仰且從　公義御大變革被　仰出候付而は今日一統及達候通に而御國中是迄の風習一新いたし不申候而は難相濟依之差寄質素節儉の儀　御手許を奉始　御左右御裏（マヽ）夫より御家中百姓町人よ（マ）る末々迄も軍國同樣の心得に相成簡易無造作に而萬事實意相貫候樣との　思食に付御平常の御事柄は申に不及舊來の　御家格に而も品によ

り御差略或は御差止も可被遊旨被　仰出候條衆力一致差入不依何事右の釣合を以見込の趣至急取しらへ相進候樣附屬の御役々へも精々可被相示候以上

九月廿日

但前文一同被　仰出候事

公義御大變革の被　仰出は長文に付別所に相錄置候事　九月廿九日

（文久二年）

一九　土藩士持參三條卿より直書の件

一土州士谷守部樋口眞吉京師より長崎へ用事有之越候幸便に三條樣より御國への御書持參仕候付願く御側近く御役人へ御屆仕度旅人方林某迄申述將又魚住源次兵衞宮部鼎藏末松孫太郎佐々淳次郎と書付此の御方々ゟ面會仕度との儀演舌御座候由其儀林某末松方迄知し申候付早速旅

宿にゐ面談有之候由右兩士發足の日御屋敷より靑地源右衛門櫻田覺助御用も御座候哉三條樣へ出方に相成居候に付何れ近々御便も可有之と演舌御座候由尤持參の御書翌日藪作左衛門請取に相成候附ゐ外に段々御話も申上度との儀演舌御座候處私儀今日は御持參之御書受取に被差出候間外に御話も御坐候はゝ右役人筋々ゐ御申聞可被下との作左衛門返答有之候處土人も少々立服の面容且はをかしく樣子にゐ爲有之由其後水津熊太郎應接京師形勢談判付ゐは少々議論も爲有之よし其後顏會の人ゐ水津君御議論は餘程御上手能き御役人と相伺申候付格別御話も出來兼候との挨拶爲有之由

但土州人持參之御書も如何の儀に有之候哉一向相分不申候しかし外の儀にゐも有之間敷何樣攘夷等の儀に付　御上京の事なるへし

旅宿滯留中面會の人ゐ送る

扶桑男子有誰憐　日月光微五百年

機會卽今何再到　拂來雲霧見青天

會　　　　　　　　　　　　　　　　　　樋　眞拜

熊藩諸英君賦呈

右御書持參の兩士へ或人御趣意相尋候處一向不申存然し京地に而及承候には　太守様御上京若其儀不被爲出來候はゝ良ノ助様御上京被遊候様との趣に拜聞仕居候との返答候事

一土州人出立後果而中村格左衞門早打に而到着此儀も一向相分不申候へ共御上京の儀なるべし

三條橋よりの御直書

先達而細川越中守　御內沙汰の儀御請有之御滿足右御使上京の節卽今御用無之旨申達に相成候へ共方今の事體猶又上京　朝廷輔翼之斡旋有之候様被遊度更內々　御沙汰候事

但中村格左衛門持參の御書此條なるべし（文久二年閏八月頃）

二〇 英人打果に付再達書

島津三郎下向の節於生麥供方足輕岡野新助異國人を切付其儘何方ゟ哉立去候に付外國人共より再應苦情申立候趣御座候由にて島津登并私被召呼委細被仰渡候趣具に旅中ゟ申遣候處猶又早速巨細手を付取調候得共何分今以行衞相知不申候併此者義は孰れにも召捕差出候心得に御座候間暫御猶豫被下置候趣奉願候右に付ては其餘携候者も可有之精々元調可差出旨被　仰渡供頭山口彥五郎と申者差出町御奉行樣にて御尋有之候得共先行列の內の儀に付委敷樣子は分兼候付先供の內にて右次第心得候者兩三人可差出候旨御達有之候尤右の趣御精細度々御沙汰承知仕其期度々其筋役人共ゟ細々申含旅中ゟ差遣候處前文申上候通精々取

調候得共何分勇壯の若者共數百人有之行列ニ立障候新助右の通取計候事にて假令尋當候共可差出筋無之行列ニ無禮相働候者は打果候古來よりの國風仕來に候旨申立其場の樣子混雜中故外に誰そケ樣と見留候者も素より無之先供の內より差出候迚も御精覺難申上趣にて夫共に差出候事に候はゝ我々一同被差出度抔申張罷在騷立も可仕哉の形勢御座候得は此上取調の致樣も無之候就ては於　公邊御程宜外夷共ニ被　仰渡被下候ても承伏不仕萬一國元へ軍鑑《マヽ》差向候樣申出候はゝ外に致方も無之事候間薩州へ渡來仕候はゝ　皇國の御威光不相汚樣精々穩に取扱應接いたし候樣可仕候間右之趣可然被　仰諭被下度段可申上旨三郎申付越候此段申上候以上

閏八月廿九日　（文久二年）

松平修理太夫內

西　筑右衞門

二一 勅意被 仰之御書

今度以　勅使被　仰諭候に付一橋刑部卿再出後見越前ノ中將政事總裁職等の儀　大樹御請申上兩人登　城政事變革の儀盡力相勤候旨　勅使歸京言上有之近代於幕府不都合の事共深恐懼の由自今奉遵　勅意心力精誠被盡候ゟ　公武御一和上下一致萬民安堵仕候樣處置有之可奉安宸襟刑部卿初閣老周旋の旨言上候舊來の流弊卽今急速に新政難行次第有之候はゝ猶被迫　叡念候得共前條復正議　朝命を尊崇の志情奮起の趣に候間暫　御猶豫處置方　御考察可被爲在候事

閏八月十五日　（文久二年）

採《さい》襍《しゅう》録《ろく》　一

日本史籍協会叢書 **103**

昭和　六　年　八　月二十五日発　行
昭和六十二年十二月　七　日覆刻再刊

編　　者　日本史籍協会
代表者　藤井貞文
東京都杉並区上井草三丁目四番十二号

発行者　財団法人　東京大学出版会
代表者　菅野卓雄
一一三　東京都文京区本郷七丁目三番一号
振替東京六・五九九六四電話(八一一)八八一四

印刷・株式会社　平　文　社
本文用紙・北越製紙株式会社
クロス・日本クロス工業株式会社
製函・株式会社　光陽紙器製作所
製本・誠製本株式会社

日本史籍協会叢書 103
採襍録 一（オンデマンド版）

2015年1月15日 発行

編　者　　日本史籍協会
発行所　　一般財団法人　東京大学出版会
代表者　渡辺　浩
〒153-0041　東京都目黒区駒場4-5-29
TEL　03-6407-1069　FAX　03-6407-1991
URL　http://www.utp.or.jp

印刷・製本　　株式会社 デジタルパブリッシングサービス
TEL　03-5225-6061
URL　http://www.d-pub.co.jp/

AJ002

ISBN978-4-13-009403-0　　Printed in Japan